文化と
まちづくり
叢書

創造の場から 創造のまちへ

クリエイティブシティのクオリア

萩原雅也=著

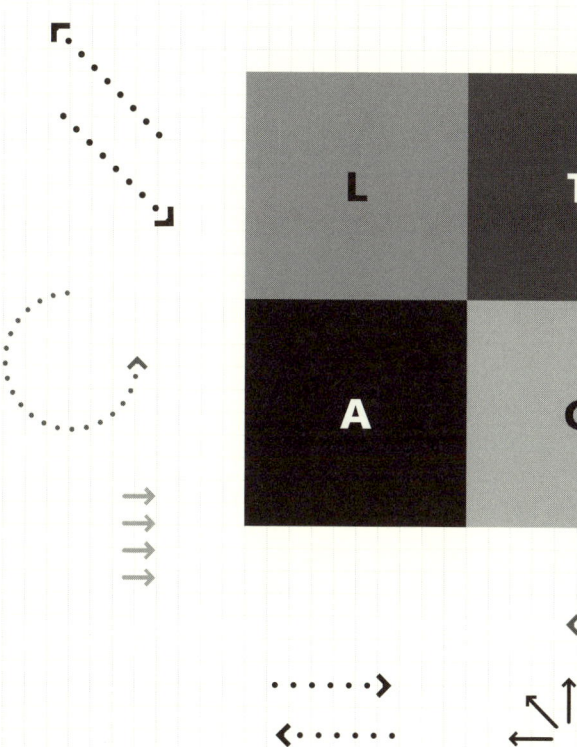

水曜社

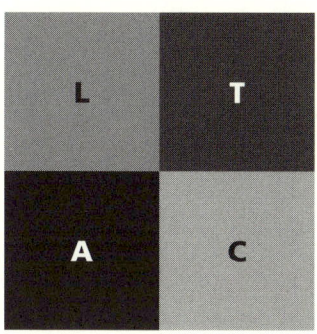

目次

はじめに

1章　「創造の場」をとらえる
　　　──4つのカテゴリー ……………………………………… 9
　　1節　創造都市と芸術文化への注目 ……………10
　　2節　創造都市の「創造の場」とは ……………14
　　3節　産業組織論からのアプローチ ……………16
　　4節　企業組織における「創造の場」事例
　　　　　──コクヨS&T社 ……………18
　　5節　創造産業の同心円モデル ……………26
　　6節　「創造の場」の4つのカテゴリー
　　　　　A：アトリエ・L：実験室・C：カフェ・T：劇場 ……………29

2章　「創造の場」をみる
　　　──まちづくり・アーティスト集団・NPO ………………… 35
　　1節　城下町における地域活性化
　　　　　──伊賀上野のまちづくり ……………36
　　2節　前衛アーティスト集団の18年
　　　　　──「具体美術協会」 ……………52
　　3節　アートNPOのつながるちから
　　　　　──ココルームの実践 ……………76

3章　「創造の場」を解析する ……………………………………… 99
　　1節　事例から
　　　　　──C：カフェの重要性とL：実験室との連関 ……………100
　　2節　心理学における創造性研究 ……………102

3節　文化・歴史的活動理論の射程 ……………107
　　　4節　「創造の場」をつくる5つの要素 ……………109
　　　5節　「創造の場」のシステムモデル ……………119

4章　「創造の場」をひろげる
　　　──界隈・地域・都市 ……………123
　　　1節　アート拠点からの星座的展開
　　　　　── BEPPU PROJECTの活動 ……………124
　　　2節　地域文化資源の地下水脈と農村再生
　　　　　──上勝町・神山町 ……………143
　　　3節　文化芸術創造都市試論
　　　　　──近代京都の都市再生 ……………160

5章　創造するまちへ ……………195
　　　1節　「創造の場」のインプロビゼーション ……………196
　　　2節　折り重なった文化地勢
　　　　　──「創造の場」の基層 ……………197
　　　3節　文化のパースペクティブ
　　　　　──「遠い」/「近い」文化 ……………200
　　　4節　ネットワークの3つのレイヤー ……………202
　　　5節　創造都市のアーキタイプ ……………205

おわりに
参考文献一覧
索引

はじめに

　アーティストや作家が集まって生活し、交流を重ねながら芸術活動を行う「芸術家村」は、洋の東西を問わずに形成されてきた。我が国では、古くは1615年に本阿弥光悦が幕府から拝領した土地に開いた鷹ヶ峯光悦村があり[1]、昭和期においては、東京池袋近郊につくられた5つの画家のアトリエ村からなる池袋モンパルナス[2]、芥川龍之介の書斎澄江堂を囲繞した作家・文人と美術家による田端文士村[3]などが知られている。近代ヨーロッパにおいても、19世紀フランスのバルビゾンやポン＝タヴァン、北ドイツのヴォルプスヴェーデをはじめとする「芸術家コロニー」の存在[4]が著名である。これらの芸術家村の中には、今日までその形容を維持していたり、地域の文化資源やアイデンティティとして関心を集め、現代まで影響を与え続けているものも少なくない。

　狭い地域に芸術家が集住した主な理由としてあげられるのは、1つには、鷹ヶ峯での光悦、池袋での詩人小熊秀雄や画家寺田政明、田端の芥川など、アーティストを惹き付ける芸術思想や魅力を持ち、ヒューマンネットワークのノードとなった人が存在したことであろう。もう1つには、芸術のモチーフとして重要な「田舎」に残る自然、アトリエや制作場所などを確保することができた広い土地や低い家賃という環境要因があげられるだろう。

　芸術家村では、夜ごとにアトリエ、下宿、近くの酒場やカフェなどで熱い議論がたたかわされ、芸術達成に向かう仲間同士の濃密な対話が行われて、新たな芸術的思潮が生まれることも珍しくはなかった。芸術活動は個人の創造性に始まるものであろうが、密接な交流や対話という集合的、関係的な作用が行われる「場」にも依拠するものである。

　芸術家村は、都会の喧噪を離れたいアーティストを引き寄せたとはいえ、都市から孤立して存立していたわけではない。制作に必要なマテリアルの多くは都市の産業によるものであったし、何よりもパトロンや顧客が存在し、ギャラリーや美術館など芸術の受容、発表、評価が行われる「場」がある都市とのつながりは絶対に欠かせないものであった。その意味で芸術の達成のためには、地域と都市に存在するいくつかの「場」が関わっているのである。

このような一人ひとりの人間が持つ創造性を結びつけ、芸術文化をはじめとする多様な創造を推進していく「場」を包括的にとらえた概念が「創造の場」である。「創造の場」という概念は、今世紀に入り、新たな都市ビジョンとしてクローズアップされた創造都市研究によって提起されたものである。知識経済化の進展、国境を越えて自由に移動する資本などによる大きな社会的変動のもとで、創造都市は、市民の創造的活動にもとづき、地域資源を活かした多彩な芸術文化活動、市民活動、経済活動に発展の動因を見出している。

　創造都市への関心が高まり、「創造の場」の必要性が次第に認知されるようになると、その構築に向けた努力が、自治体においてもなされるようになってきた。クリエイターを誘致するためのスタジオ、アートセンターなどの拠点施設、ミュージアムや芸術系大学などの設置、創造産業クラスター形成への環境整備など、規模も方向性も異なるさまざまなものが政策として実現されてきた。

　しかしながら、「創造の場」とはどのようなものなのか、どのような集合的プロセスをとおして創造が達成されるのかという理論的、実証的研究を要する課題は依然として残されたままである。

　本書のテーマは、「創造の場」についての理論モデルを構築し、具体的事例について分析を加え、その成立や展開にとって必要な要素や条件は何か考察することである。さらに、「創造の場」が生起する環境として創造都市を再考し、そのあり方についても示唆を得ることとしたい。このように地域に根ざした「創造の場」とは何かを考えることをとおして、創造都市が、地域の置かれた状況や固有性に対応したまちづくりの具体像として、より多くの人びとや都市、地域にとって、さらに身近なものとなるはずである。

　では、考察をはじめるとしよう。

注
1）佐藤［1956］、INAX BOOKLET［1995］を参照
2）宇佐見［1990］、玉井編［2008］を参照
3）近藤［1983］を参照
4）時田［2007］にくわしい。

第1章

「創造の場」をとらえる
——4つのカテゴリー

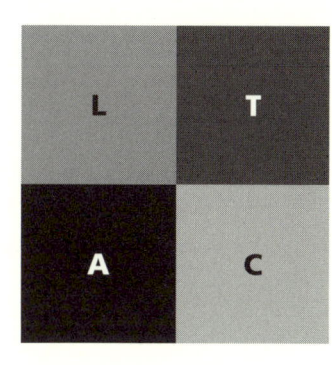

1節　創造都市と芸術文化への注目

　本書がテーマとする「創造の場」という概念は、創造都市（creative city）に関する研究の中で取り上げられ、議論されてきたものである。創造都市研究のリーダーの一人である佐々木雅幸は、創造都市を、「市民の創造活動の自由な発揮に基づいて、文化と産業における創造性に富み、同時に、脱大量生産の革新的で柔軟な都市経済システムを備え、グローバルな環境問題や、あるいはローカルな地域社会の課題に対して、創造的問題解決を行えるような、『創造の場』に富んだ都市」[1]と定義している。人間が持つ創造性[2]を結びつけ、多彩な創造的営為[3]を推進していくプラットフォームとして考えられるものが「創造の場」であり、それを豊富に生み出すことによって創造都市が構築されると考えられる。

　創造都市論は、ジョン・ラスキンの影響を受けたウィリアム・モリスらによるアーツアンドクラフツ運動、ルイス・マンフォードやジェイン・ジェイコブスの文化都市論などに淵源を持ち、文化経済学をはじめとする領域の研究と関係を持ちながら形成されてきた。モリスは、『ユートピアだより』において、20世紀半ばのロンドンで起こった騒乱から始まる長い社会変革の末に訪れた理想の未来社会を描き出している。そこでは、一律な学校教育制度や貨幣経済は消え去り、義務による労働に替わって、すべての人びとが創造のよろこびに突き動かされ、芸術家として自律的に仕事をしている。服従と苦役に満ちていた「工場（factory）」という言葉はなくなり、協働のための「集団作業場（banded workshop）」と呼ばれている。この「集団作業場」は、「創造の場」につながる概念の萌芽である。

　創造都市に関する論考は、1990年代半ば以降、チャールズ・ランドリー、リチャード・フロリダ、佐々木らによって世界的に論議され、展開されてきた。グローバル化、知識経済化の進展をはじめとする大きな社会的変動のもとで、市民の創造的活動にもとづき、地域資源を活かした多様な芸術文化活動、市民活動、経済活動によって発展する創造都市は、21世紀における都市モデルの1つとして定着している。また、欧州文化首都・都市やユネスコによる創

造都市ネットワークなどの社会実験や政策も、研究と連動しながら進められてきた。このような、今日までの創造都市論の系譜についてまとめておこう（図1-1）。

　国境を越えて自由に資本が移動し、国民国家・経済の枠組みによる集権的な政策運営が行き詰まるもとで、「都市の世紀」のスターとして創造都市に先行して脚光を浴びたのが、「世界都市（global city）」である。ロンドン、ニューヨークや東京などに代表される世界都市は、巨大な株式・外為市場、地球規模で展開する多国籍企業を擁し、銀行、証券や保険など専門サービス業で働く高額所得者が集住しており、グローバルな経済システムの中心として巨万の富を占有している。さらに、圧倒的なマスメディアの発信力を背景にエンターテイメントなどのマスカルチャーの面でもヘゲモニーを握っている。しかし同時に、レストランやホテル、建設業などの非専門サービス業に従事している移民や非正規雇用の相対的低所得者も数多く居住しており、1つの都市の中に暮らす人びとの間でも著しい経済的格差が存在していることが指摘されてきた。

　もとより、世界を覆うグローバル経済の中心として都市ヒエラルキーの頂点に立つ一握りの存在に加わる可能性を持つ都市はきわめて限られている。多くの都市や地域では、製造業をはじめとする既存産業の停滞や中心市街地の衰退といった都市問題、社会問題への不安がひろがり、これまでの地域経済のあり方や都市政策に対する疑念を深めるようになっていたが、それに対する都市モデルとしての世界都市は手の届かない遠い存在であった。

　この非人間的で巨大な世界都市の対極にあるものとして位置づけられ、今世紀に入り、世界都市に代わる都市像としてクローズアップされるようになったのが創造都市である。その典型とされたのはボローニャや金沢などの中規模都市であり、特色ある文化・産業を発展させている人間的なスケールの都市の存在に大きな関心が集まるようになったのである。地域に根ざした多様な芸術文化活動、市民活動、小規模な企業の水平的ネットワークとインプロビゼーションによって発展する創造都市モデルは、多くの都市を勇気づけるものだったといえよう。

　創造都市を巡る論議では、芸術文化のもつ創造性が、これまで関連づけら

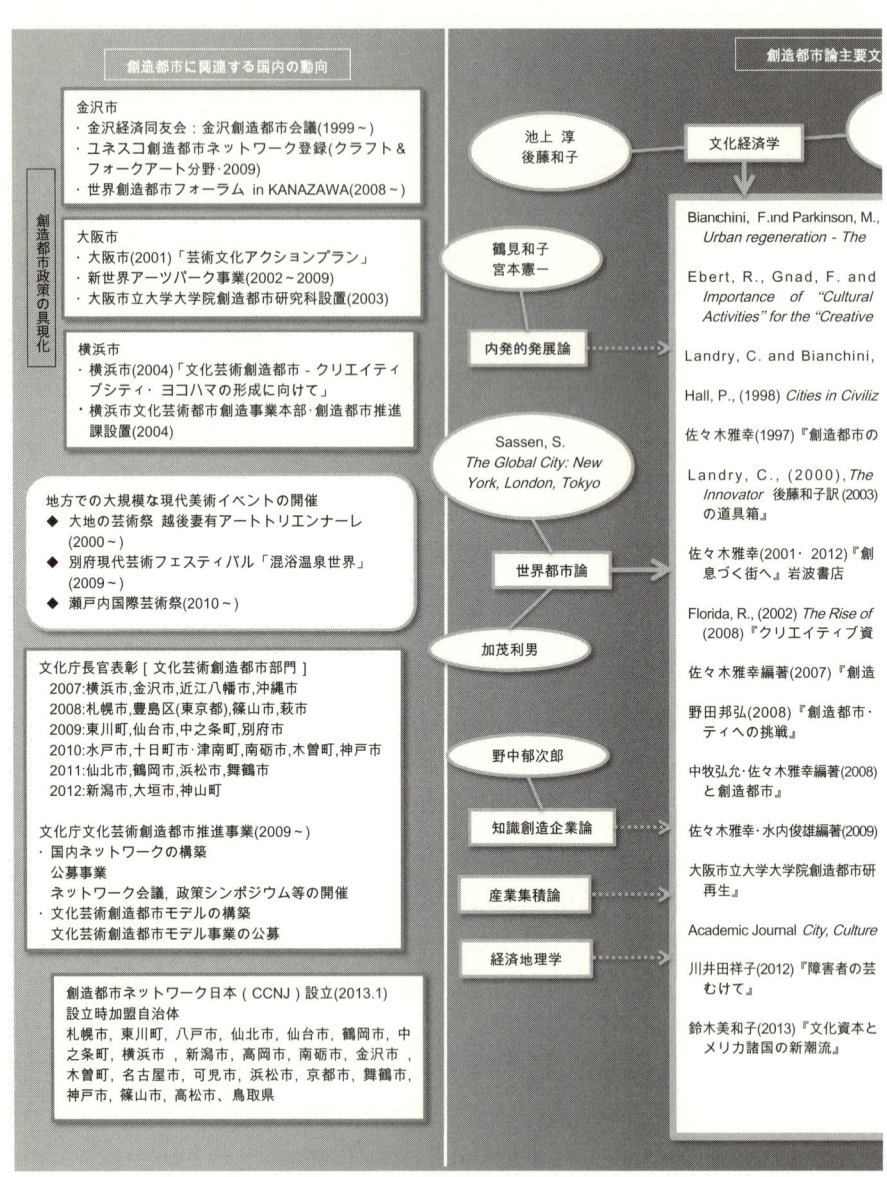

図1-1　創造都市論の系譜：創造都市論主要文献と関連領域・論者，国内外の動向の概要

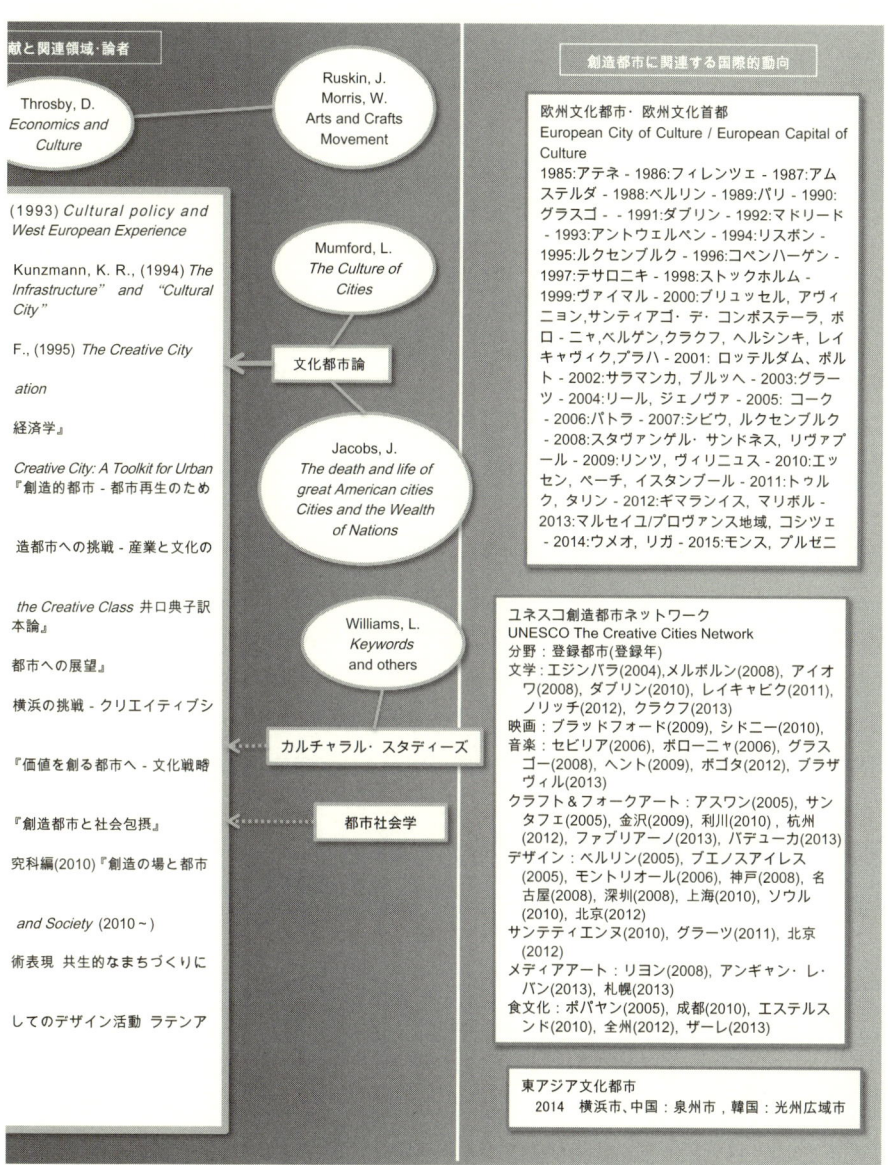

（出所）筆者作成

1章 「創造の場」をとらえる　13

れてきた範囲を超えた分野から注目されるようになっている。再生に成功している都市をみると、芸術文化が、創造産業[4]の創出という経済的側面だけでなく、教育、医療、福祉といったさまざまな分野と結びついて、あらゆる人びとのエンパワメントやコミュニティの再生に貢献しているとの認識が広がっているのである（後藤［2005］）。創造都市を考える道程は、必然的に芸術文化とその潜在力への考察につながっているのである。

　芸術文化がもつ多面的な力が発揮されるものとして、次の4点があげられている。第1に、脱工業化都市において創造産業が製造業に代わってダイナミックな成長性や雇用面での効果を示すこと、第2に、芸術文化が住民に対して問題解決に向けた刺激となるなど多くの活動にインパクトを与えること、第3に、文化遺産・伝統が都市のアイデンティティを確固とし未来の素地を耕すこと、第4に、地球環境と調和した持続可能な都市を創造するための役割が文化に期待されることである（佐々木［2007］）。

　このように芸術文化への期待が増大し、創造都市という概念が提唱されるのに伴って、文化政策が対象とする文化概念がより幅広いものへと変化してきたことも指摘されている（後藤［2003］）。文化はもともと多義的な概念であったが、創造都市をめぐる文脈の中でさらに含意するものを拡張しながら、都市再生や発展のための有力な資源として一層の注目を集めるようになっている。

2節　創造都市の「創造の場」とは

　しかしながら、歴史や風土に根ざした都市に固有の芸術文化は、日頃から接している地元の人からは「古くさいもの」として扱われ、日常生活の中に埋もれており、特に意識されることもなく眠っていることも多い。この伏在している芸術文化の持つ価値が見いだされ、文化活動はもとより産業活動や市民活動にも活かされ、地域経済・社会の発展につなげることができるかどうかが創造都市形成の鍵を握っているといってよい。

　日本における代表的な創造都市と目される金沢の内発的発展は、都市の文化資本の質を高めて、創造性あふれる人材を養成し集積させて都市経済の発展をめざす、文化的集積を活かした文化的生産ととらえられている。その今日に

至る発展の経緯は、ある意味で江戸時代に始まった職人的生産（クラフト・プロダクション）が、フォーディズム（マス・プロダクション）を経て新しいクラフト・プロダクションが復活、再構築したものとして考えられ、歴史的展開のなかに位置づけられている（佐々木［2007］）。この文化的集積を活かした都市の文化的生産が、集中的に展開されるところが「創造の場」である。

　金沢の「創造の場」の例としてあげられているのが、歴史的価値を持つ産業遺産である紡績工場・倉庫群をドラマ工房などにリノベーションした「金沢市民芸術家村」である。ここでは、煉瓦造の工場空間が持つ文化的な雰囲気が刺激となり、市民ディレクターによる事業企画などの市民参画と24時間利用可能という条件とが相まって、市民の創造的な文化活動が展開されている。また、同じく創造都市として注目を集めているボローニャでは、旧株式取引所をリノベーションしたマルチメディア図書館、旧タバコ工場を再開発した文化施設等と創造的仕事を支援する演劇協同組合、社会的協同組合が相まって「創造の場」を形成していることが指摘されている（佐々木［2007］）。

　一方で、後藤和子［2006］は、創造都市のあり方を考えるとき、創造性の3つのレベルを考えるべきであると主張している。芸術文化の分野として扱われてきた個人の創造性、それが集合し産業化され経済分野と関連づけられる集合的創造性、さらにそれらが特性によって環境的要因に結びつき都市空間の中に位置づく空間的創造性の3つのレベルである。アムステルダム市の調査によれば、個人の創造性や創造的活動が労働やビジネスと結びつき創造産業としてスタートする際に、都心部に立地することが多い。その理由として示唆されているのが、生活の質の高さ、活発な情報交換や社交ができるカフェ等の存在、オープンな雰囲気、固有な文化と多様性を持つことである。創造性が集合的に発揮される経済的セクターである創造産業においては、文化的な雰囲気を持つ交流・関わり合いの場所が不可欠であると考えられるのである。

　これらの研究からは、「創造の場」は、人を惹き付け、インスピレーションをもたらす文化的雰囲気などの特性を持つ場所と、そこで展開されるさまざまな創造的営為を一体としてとらえる概念であるといえよう。市民活動から経済活動までのさまざまな活動領域において、芸術文化と多様な出会い・交流によって、人の持つ創造性が刺激され、エンパワメントされていく相互作用の時

空間が「創造の場」としてとらえられているのである[5]。

創造都市論に対する関心が高まるに連れて、産業と文化の「創造の場」を持つことの必要性が認知され、それをつくり出すための政策がいくつかの自治体において実行に移されてきた。しかしながら、後藤［2005］が指摘するように「創造の場」とはどのようなものなのか、その構造を理論的に明らかにするという課題は残されており、「創造の場」についての実証的研究は未開拓のままとなっている。

3節　産業組織論からのアプローチ

創造性やそれが展開される「場」や状況への関心は、創造都市論に限られるものではない。人の発達や進歩をもたらす創造性は、多くの領域、分野の関心を集めている。個人特性、認知過程、社会文化活動など多様な考え方、領域からのアプローチが行われ、創造性についてはさまざまな定義が存在しており、統一された意味を見いだすことは難しい状況にあることも指摘されている[6]。このような幅広い創造性に関わる研究の中で、創造都市論の「創造の場」に強く影響を与えたのは、イノベーション研究に関わる産業組織論である。

市場の変化や競争の激化が加速するなかで、企業が生き残っていくためには不断のイノベーションが必要であり、そのための新たな知識を創造できる組織形成についての実践的研究が積み重ねられている。知識の有り様や知識創造のプロセスへの関心が集まり、クローズアップされてきたものが、個人の知識と能力をつなぎ合わせる組織的な学習である。厳しさを増すビジネス環境のなかで、企業の成功は、ますます学習に左右されるようになってきているのである（Argyris［1991］、ハーバード・ビジネス・レビュー編集部訳［2007］）。

近年の産業組織論における研究の多くは、このような組織における学習を、実際の企業経営、組織運営の実務に活かせるものとして構成され、提案されてきたといえるだろう。たとえば、組織学習を、日常の問題に対処するルーティンワークを学ぶものと、既成の認識枠組みや組織そのもののあり方を見直す創造的解決に関わるものの2種類に分け、その相互作用についての解析、組織学習のマネジメントについての実践的なノウハウをまとめたものなどがある。野

図1-2 4つの知識変換モード（SECIモデル）
(出所) 野中・竹内 [1996] p.93

中郁次郎・竹内弘高 [1996] は、それまでの研究のうえにたって、暗黙知・形式知、個人・グループが相互に作用しあいながら新たな知識を創造するSECIプロセスを提示した（図1-2）。共同化・表出化・結合化・内面化という4つのプロセスによるこのスパイラルモデルは、産業集積論や学習論においても参照されるなど大きな影響を与えてきた。

このプロセスが展開される時空間として提示されるものが、個人が直接対話し、相互に作用しあうことによって暗黙知を共有することのできる「場」の概念である。「場（Ba, place）」とは、「共有された文脈—あるいは知識創造や活用、知識資産記憶の基盤（プラットフォーム）になるような物理的・仮想的・心的な場所を母体とする関係性」[7]と定義されている。

この野中らの概念に影響を与えたのは、生命科学の立場から長年にわたり「場」について考察してきた清水博である。清水は、細胞、分子レベルへと細分化していく分析的アプローチでは生命を決してとらえられないことから、多様な細胞が共有する全体的働きとしての生命＝「場」を理論化している（清水 [1990、1996、2003]）。異なる個性や生き方をするさまざまな共存在者が1つの「場」を共有して生命という高次元の働きとなるという考え方が、知識の共有と移転をモチーフとするSECIモデルには投影されている。

「創造の場」は、この野中らの知識創造企業論における関係性にもとづく時

1章 「創造の場」をとらえる　17

空間としての「場」の概念を継承しつつも、「創造の『場』」という点から見れば、企業はもちろんのこと、まず企業が存在し、労働者が生活する都市や地域そのものが創造的でなければならないと考えて、創造都市論の中に」[8]導入されたものである。この考え方に沿えば、「創造の場」は、産業組織の中での、暗黙知を共有できる「場」を包含しつつ、より開かれた関係による、芸術文化や市民活動などさまざまな領域における「場」をも統合する概念として構想されている。

　ここまでの先行研究レビューから、「創造の場」を次のように定義することができる。「創造の場」とは「芸術文化をはじめとするさまざまな領域における、社会にとってあるいは個人にとっての『新しさ』の生産、伝達、評価が、ある程度集中的に実現される時空間として認識されうるもの」である。

4節　企業組織における「創造の場」事例
　　　　ーコクヨS&T社

　さらに「創造の場」について考察を進めるために、企業内の「創造の場」の事例を1つ取り上げてみたい。ここでみていくのは、ユニバーサルデザインにもとづく文具製品の開発に取り組んでいるコクヨS&T社（コクヨ）の事例である[9]。

文具製造のコモディティ化
　コクヨは、大阪市内に本社を置く1905年創業の文具・事務用品の最大手メーカーである[10]。帳簿の表紙づくりからスタートし、現在ではノート・ファイル・ハサミなどの文具、OAチェアー・デスクなどのオフィスファニチャーまで幅広く手がけるようになっている。

　文具業界は長い歴史を持つ安定した業界であり、景気に左右されない保守的な業界といわれてきた。しかし、近年、文具通販大手「アスクル」の躍進に象徴されるように、これまでの卸から小売文具店という物流構造の変革も含めた急激な変化の波に洗われている。流通コストの削減等によって通販業者が躍進する一方で、製品そのものは、「100円ショップ」で多くの文具が販売さ

れているように、機能や品質はどこの製品であってもあまり差がなくなり、グローバル化のもとで価格競争に拍車がかかっている。文具の製造は、市場として飽和状態にあり、コモディティ（commodity）化が極度に進行した状況にあるといえるであろう。

このような状況の下で、これまで当たり前とされてきた文具の使い方を根本的に見直して、新たなユーザーの発見をもたらし、閉塞状況にあったともいえる文具製造にブレークスルーをもたらす革新的理念や価値として迎えられたのがユニバーサルデザインであった[11]。

ユニバーサルデザインの理念

ユニバーサルデザイン（Universal Design：UD）は、年齢・性別・体格、障がいの有無といった身体的能力の違いを問わずに誰でもが使いやすいように施設・製品・情報をデザインすることである。

UDの理念は、1990年、建築家・工業デザイナーでありノースカロライナ州立大学センター・フォー・ユニバーサル・デザイン（CUD）所長を務めていたロナルド（ロン）・メイス[12]が、「ユニバーサルデザインの7原則」（後述）として提唱したことに始まる。1990年代以降、高齢化の進展、ノーマライゼーション（normalization）やバリアフリー（barrier free）理念の浸透にも伴い、UDは世界的にデザインの基本要件として受け入れられるようになった。

バリアフリーデザインは1970年代半ばから我が国でも広く知られるようになったが、既存製品や施設などの個々の「使いづらさ（バリア・障壁）」を取り除くという問題解決型の考え方であり、障がいの種別によって対立することもあるニーズのすべてに対応することは難しい。

これに対し、UDは、さまざまな人びとの身体的能力や使用環境、心理的な状況もあらかじめ考慮し、「多様な個人の幸福の追求」のためにすべての人のニーズに応えてデザインを行おうとするものである。このため、UDは、従来のバリアフリーでは答えきれなかった問題にも対応し、すべての人に使いやすいものを生み出すことにつながるコンセプトと考えられている。

コクヨのUD

　コクヨは、日本において早くからUDに取り組み、UDを推進する日本企業のトップとして知られている[13]。同社におけるUD文具第1号は、1999年に発売したクリヤーブックであり、書類を入れるポケットの開口部に波形のカットを入れる工夫により、書類の出し入れしやすさを向上させたものであった。それ以降10年足らずの間にUD製品は次々と開発され、ファイルからノート、パソコン周辺用品、筆記具等多数のUD文具を市場に供給し続けている。

　また、UDの普及に向けて学校と協働した授業の提案を行っており、そのための教材キット・指導案・ワークシートをD-project（金沢大学教育学部教育実践総合センターとの産学連携プロジェクト）の意見をもとに作成し、提供している。2006年度からは、これらの教材を活用した出張授業をプログラム化し、2007年3月までに24の学校等で実施してきた（コクヨ［2007］）。

　文具は子どもから大人までが日常生活の中で必ず使う身近なものであり、コクヨのような大手メーカーがUDに取り組むことは、UDの概念を社会に広げ、定着させていくのに大きな力となっている。2006年11月に開かれた「バリアフリー化に関する閣僚会議」において、これまでのコクヨの行ってきた取り組みが評価され、第1回の「バリアフリー化推進功労者表彰・内閣総理大臣表彰」を受賞している。コクヨグループのCSR（Corporate Social Responsibility）においても、UDは中心に位置づけられている（コクヨ［2007］）。これらの点から、コクヨは日本におけるUDの先進的企業であると広く認知されているのである。

　コクヨが製品化しているさまざまな文具は、それぞれの使用目的に適応した材質や機構、価格などのファクターを考慮し開発されている。コクヨによる「コクヨデザインアワード」[14]の受賞作品をコンセプトモデルとして持つものであっても、実際の製品化に当たっては、他の社内企画製品と同様に同社が蓄積してきたノウハウ、企画力、開発力が重要な役割を果たしている。むしろ明確なコンセプトが目標として設定されるため、エコロジーにも配慮した機構や材質、マーケティングなどに高度な対応が要求される。

製品開発チーム

　コクヨでは、UD 推進のために「ロン・メイスの7原則」を参考に独自の「6つの要件」(図1-3)[15]を定め、この要件に沿ってデザインされた製品が、本当に UD と呼ぶのにふさわしいか、使いやすさ（ユーザビリティ）が配慮されているか、社内でチェックを行っている。これにより UD としてふさわしいと判断された製品は、コクヨオリジナルの UD マークをつけて市場で販売されている。

　しかし、UD の「6つの用件」は、製品開発にすぐに反映することの可能な技術や改良点を直接的に示すものではなく、具体的な製品となるまでには常に開発現場での試行錯誤やコンフリクトが伴う。UD 製品の開発に当たっては、UD の原則や要件にもとづいて、これまで当たり前として受け入れられていた製品のあり方を根底から見直すこと、新たな使われ方やユーザーを見いだすことが要求され、製品開発過程の再構築や評価のための新たな視点を模索するなど創造的な問題解決が求められたのである。

　このことは、「特に私たちの製品は、従来から誰もがずっと使い続けてきたペンやハサミです。そのままの形で作り続けたとしても、別に『使いにくい』

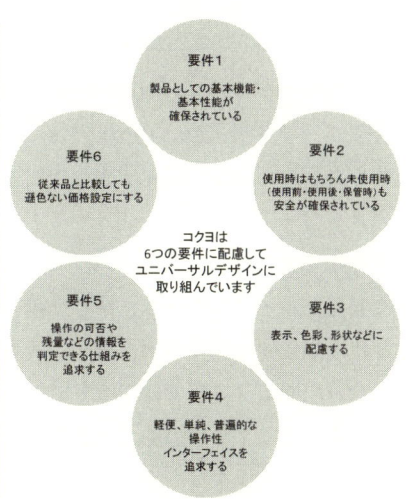

図1-3　ユニバーサル・デザインの7原則とコクヨの6つの要件
（出所）日経デザイン編［2005］並びに『コクヨユニバーサルデザイン報告書』［2007］

というクレームがくるわけでもありません。それをあえて徹底的に見直そう！と決断したわけです。(中略)確かにかける手間とコストを考えると、勇気のいる決断でした。しかし、この業界でも安い輸入品が出回り始め、私たちには価格競争以外に採るべき道を探る必要があったのです。低価格だけを追い求めるような時流の中でも、違う価値を考えている会社があることを知っていただきたいという思いで取り組みました。」[16]というコクヨ幹部の発言によく現れている。

　UDをはじめとする文具は、そのほとんどが自社開発である。先にふれたが、2002年から毎年公募コンペ方式の「コクヨデザインアワード」を主催しており、その受賞作品のコンセプトにもとづき数点がUD製品化されている。UD文具として代表的なヒット商品となり、グッドデザイン賞も受賞した「キャンパスノート〈paracuruno〉」「カドケシ（消しゴム）」はいずれもこのデザインアワードの受賞作にもとづいて商品化されたものである。「カドケシ」は、年間100万個という消しゴムとしては異例の販売を記録するとともにニューヨーク近代美術館（The Museum of Modern Art：MoMA）の「MoMAデザインコレクション」にも選定されている。

　文具の製品開発にあたっているのはコクヨS&T社内にある製品開発チームである。コクヨの製品開発は、通常、企画部門からの指示によってはじまるが、1万8000アイテム（2007年）に及ぶ文具の製品開発工程は、そのすべてを3グループ・計約20人の開発チームが担ってきた。もちろん定番の商品も数多く全製品の開発を毎年実施しているわけではないが、平均すれば開発チームのメンバー一人あたり年間3〜4点の製品開発を行ってきた。

　開発担当者は、数年で異動することもあるが、他の部署に比べると比較的長く開発グループに所属し、同じ種類のグッズを担当し続けることや、次々と異なる種類の製品開発に当たるケースも多い。開発チームは小規模であるために、全員が同じフロアで仕事をしており、隣の担当者が何をしているのかが見える。またそのグッズの前任者が近くにいるケースもあり、職場でのフォーマル、インフォーマルなつきあいをとおして暗黙知やノウハウの移転が比較的容易に行われる環境にあるといえるだろう。

　また、開発作業は細分化されずに製品になるまで担当者が替わらないのが

普通である。後述するハサミ〈テピタ〉は3種類とも一人の担当者が一年以上にわたり担当した。開発担当者は、プロダクツデザイナーへの指示から最終製品チェックまでをプロデュースすることが役割であるが、本人の能力や志向によっては図面を引いたり、メカニズムを考えることもあるという。そうでなくても、文具は部品点数が限られた製品であり、日頃から使い慣れていることがほとんどであるため、イメージスケッチ、試作品の製作や試行などのかなりの工程を担当者が自分の机の上で行っているケースが多い。他の開発メンバーも仲間の仕事の進捗状況や工程、そこに関わる関係者の様子などを知ることができる。製品開発は担当者によるいわば「職人的仕事」として行われ、その集合として開発チームが機能しているともいえよう。

ハサミ〈テピタ〉の開発プロセス

「切るときに、手、指への負担（ふたん）を軽くする」をテーマに、2002年に開発されたのがハサミ〈テピタ〉シリーズである。多様なユーザーや使い方、価格に合わせて、左右対称ハンドルタイプ、左右非対称ハンドルタイプ、オープンハンドルタイプの3種類が製品化された（図1-4）。

3種類すべてが、普通のハサミに比べ、ハンドル部分を非常に厚くしており、握りやすく力が入れやすいため、長時間使っても疲れにくい仕様になっている。また、廃棄の際には金属の刃と樹脂のハンドルに分別できるなど環境に

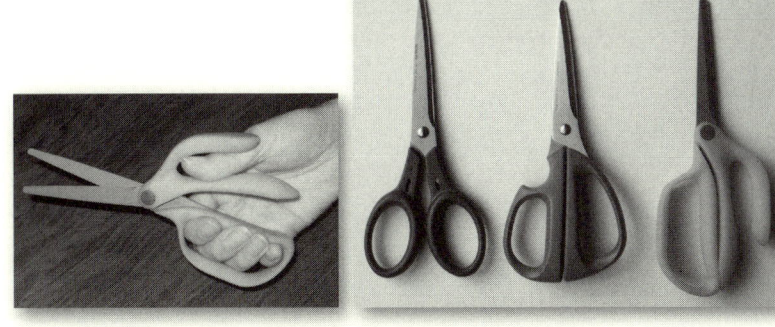

図1-4　3種類のハサミ〈テピタ〉

（出所）筆者作成

も配慮している。

　左右対称ハンドルタイプは、左利きのユーザーも念頭において開発されたものである。左利き専用に作られたハサミは右利き用に比べて値段が高いこともあり、左利きの人は不自由を感じながら右利き用に作られた左右非対称のハサミを使用していることが多い。そのために左右対称のハンドル形状がUDとなるのである。ハンドルは力を入れる内側の部分は厚く、関節に当たる外側は薄く立体的にデザインされている。また、人間生活工学研究所センターの「日本人の人体計測データ」に基づき3万人の手の大きさのデータから導き出した3サイズ（小：32mm、標準：35mm、大：38mm）のハンドルを採用し、手の大きさに合わせてサイズを選択できるようにバリエーションをそろえている。

　「左右非対称ハンドルタイプ」は、ひとさし指がかかりやすいくぼみをつくるとともに、断面形状が最大で20.5mmの握りやすい極厚ハンドルを採用している。力が入れやすく、指に接触する面積が広く握ったときの分散荷重が小さくなるため、切るときの負担が低減され疲れにくい。

　「オープンハンドルタイプ」は、子どもから高齢者、障がい者など、もっとも多様なユーザーを前提として開発されたもので、ハンドルの片側が閉じられていないユニークな形状のオープンハンドルを採用し、多様な握り方ができるよう工夫されている。また、これまでのハサミとは異なる柔らかなエラストマー樹脂を使用しているため、持った時の感触や指あたりがソフトになっている。社内の開発チームと外部のデザイン企業とのコラボレーションにより、ハンドルデザインの決定、UD製品としての評価が行われた。ハサミを落とす危険性を回避したうえで、使う人が自由に握ることができれば、使いやすく、手や指への負担も少なくなるのではという考え方から、片方がリング形状で、もう片方のハンドルの端が開いている形が採用された[17]。

　オープンハンドルタイプの開発に当たっては、子どもから高齢者、手指に障がいのある人まで、試作品をさまざまな人に使ってもらい、チェックと試作品の改良を繰り返した。UD製品の開発のための研究会などの外部との連携組織は特に設けていなかったため、高齢者や障がい者などのモニターは担当者が個人的なネットワークによって見いだしていった。たとえば別の部署で介護用

品を担当していたときのつながりから老人ホームの入居者に協力を依頼したり、さらに関係者をたどって特別支援学校を紹介してもらったりした。

　最終段階のプロトタイプの試行では、特に親指付け根の関節部分に負担があることがすべての人から指摘され、関節に墨を塗って当たるところを確認し、ミリ単位で形状の修正を繰り返した。このような試行錯誤の結果、これまでにないハンドル形状のハサミを創り出すことができたのである。

　また、オープンハンドルタイプの開発過程で試行を依頼した手に障がいのあるモニターが、厚みのあるハンドルを机に置き、もう一方のハンドルを叩くようにして使うことがあった。担当者によれば、「これまで、ハサミは手に握って切るものだと思っていたが、その固定的な概念が崩れ、本当にびっくりした」とのことである。これまでにない極厚のハンドル形状が、ユーザーにとって使いやすい新しい使用方法を発見するきっかけとなったのである。担当者のこのときの経験がその後の卵形のステープラー〈たまほっち〉やカスタネットハサミなど「机の上に置いてたたいて使う」UD製品の開発へとつながっている。

閉ざされた組織の「創造の場」について

　コクヨの製品開発チームの活動は、コモディティ化の進んだ状況のもとでこれまでにない新たな文具を開発するという創造的営為としてとらえられ、それが集中して行われる「場」は「創造の場」といってよい。

　産業組織論の「場」と創造都市論の「創造の場」は、ともに個人を超えた集合的な営為によって新たな価値創出や問題解決を可能とする「場」の持つ機能への着目という点で通底している。しかし、前者は組織的な実践による知識創造、イノベーションの「場」であり、後者は多様な出会いと交流、関係性の「場」として想定されており、この点で違いがある。

　しかしながら強固な組織の内に設けられ、製品開発という所与の目的とゴールが規定された企業の「創造の場」が、地域や社会からまったく孤立しているわけではない。開発過程には外部のモニターやデザイナーが加わり、開発担当者のプライベートな交友、開発チームや協力者とのインフォーマルな交流も関わっている。

しかしながら、外部からの参加者に期待されているのは、あくまでも製品の試行などの限定的、周辺的役割だけである。強力な目的的組織である企業においては、外部からの参加者が固定された役割を超えて、自律的に創造的営為に関与するという拡張の可能性はあらかじめ閉ざされている。企業内における創造的営為は、その周囲にあり得る創造的営為との相互関係やひろがりを生み出すことは想定されておらず、意識的に切り離されているのである。

ところが、遡って考えてみれば、そもそもコクヨのUD製品開発の起点は、UD理念という新たな製品づくりのコンセプトが組織や企業の枠を超えて自由に、制約なく移入できたことにあった。それが可能となったのは、UD理念が社会的なひろがりを持つべく提唱され、公開され、文化として共有、公有されていたからである。

本事例でも開発チームが蓄積しているアイデアやノウハウ（たとえば手に障がいのある人のための机において使うデザイン）や経験などが外部へ、他の組織・集団などへと自由に受け渡されれば、新たな創造的営為を誘発する可能性がある。しかし、それらは企業では特許や秘匿情報へ回収され、外への自由な移出はきわめて難しい。これは、厳しい競争にさらされている企業にとっては合理的な行動であり、明確な役割分担とマネジメントは生産活動の効率性にとって不可欠の要素である。それらによって企業は自立性と利益を担保し、創造的営為のための豊富な人的、物的資源を占有し、生産性の高い「創造の場」を組織の内部に醸成することが可能となっている。

創造的営為の成果が経済的利益に還元される企業活動にとっては当然のことではあるが、組織内の「創造の場」は、次の創造的営為を刺激し、誘発する可能性がきわめて少ないと思われる。

5節　創造産業の同心円モデル

前節でみたように、企業活動によって編成された「場」と、創造都市論が重視する「創造の場」とは、その活動内容や成果が外部に開かれているという点で対照的なものと考えられる。しかし、創造都市は、文化芸術などがもつ創造性を産業を含むさまざまな領域に及ぶ活動に結びつけ、都市を再生しようと

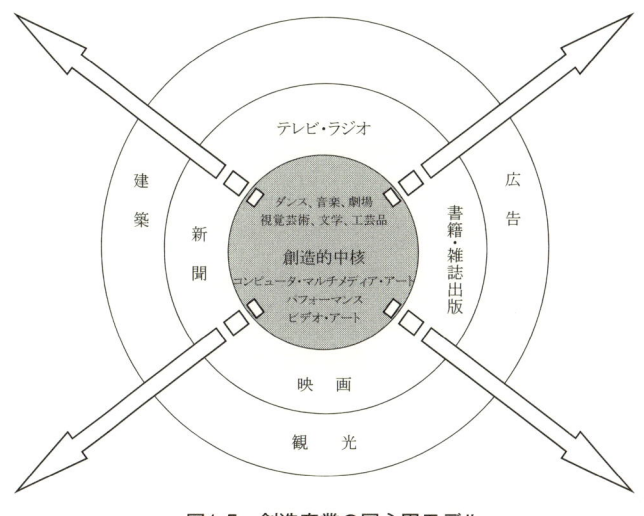

図1-5　創造産業の同心円モデル

（出所）佐々木［2007］p.53

するものである。都市において創造性が集中的に発現する「創造の場」概念をより精確なものとして確立するためには、創造都市論が焦点化してきた関係性に基づく交流や対話の「場」と、産業として組織された活動を含む幅広い創造的営為のための「場」を結びつけ、1つの理論、概念として統合しなければならない。後藤の指摘する都市における創造性の3つのレベル、個人的、集合的、空間的なものを「創造の場」に関連づけ、個人の創造性が集合し、大きな創造性となる過程を定位することが必要なのである。

　このための考察を進める手がかりとなるのが、佐々木［2007］による創造産業の同心円モデルである（図1-5）。このモデルは、デヴィッド・スロスビー［2001］にもとづき、芸術文化に関わる個人の創造力を円の中心に位置づけ、創造都市の経済的推進力となる創造産業へのひろがりまでを俯瞰したものである。同心円は三重となっており、中心の小さな円にはダンス、音楽、視覚芸術、工芸品、コンピュータ・マルチメディア・アート、ビデオアートなどの芸術が、その外側には、芸術的なものを普及させる書籍・雑誌出版、テレビ・ラジオ、新聞、映画、コンテンツ産業が、さらにその外には文化領域と関連を持

1章　「創造の場」をとらえる　　27

つ限りにおいて広告、観光、建築などが置かれている。この同心円は、多様な内容を持つ創造的営為をその表出形式・所産によって配列したものと考えることができる。

　この円に並べられた創造的所産を生み出すことができる「場」の存在を考えてみたい。創造的中核に位置づけられた芸術をつくりだす「場」としては、画家のアトリエや作家の書斎、劇団・楽団の稽古場、メディア・アートの工房などがあげられるだろう。その外側には、何人もの才能を結びつける集団的な活動であるテレビのスタジオ、映画の撮影所があり、さらにその外には芸術家やデザイナーなどと無数の人びとが携わる産業の現場がある。個人が呻吟しながらアイデアを創意しているとき、集まってイメージを交換し検討するとき、メディアをとおして作品を社会に対して発信するときなど、それぞれの行為にふさわしい空間や特性を持つ「場」が必要となるのである。

　この同心円の階層構造には、中心にある個人から外の産業へと関わる人と空間が拡大していく創造産業のリストに紐づけられて、それぞれの段階に適合した多様なスタイルの創造的営為のための「場」が存在しているということができる。

　さらにこの同心円構造が示唆することは、一個の所産に結実する創造的営為が、1つの円環の中で完結することは少なく、多くのものは大きさや性格が異なるいくつかの「場」が関係しながら展開しており、円が外へと広がることで達成されるということである。創造的中核に位置づけられている文学においては、作家の書いた原稿が出版されることが必要であり、工房で製作された映像はテレビ、映画として放映され、DVDとなって視聴者を獲得することによってはじめて芸術的所産として完結できる。個人の内面でふくらんだ想像、創意が、人から人へと次々と受け渡され、作品や製品として結実していく生産過程には、多様な空間・特性を有する連続した「創造の場」が必要なのである。

　この同心円モデルは、三重をなす創造的営為の所産のリストの背後に、それを生み出した多様な特性を持つ「創造の場」とそのつながりが埋め込まれているといえるのである。

6節 「創造の場」の4つのカテゴリー
Ａ：アトリエ・Ｌ：実験室・Ｃ：カフェ・Ｔ：劇場

　しかしながら、同心円モデルは、個人の創造性を起点として社会的に認知されていく増幅過程を、円の拡張という一方向のへの動きの中にしかとらえることができず、「創造の場」を構造的に把握するという点では十分といえない。

　そこで、同心円モデルの中心から外側へと拡散していく方向性を、創造的営為を行う主体（個人⇔集団・組織）と創造的営為の性格（内向的⇔外向的）という２つの因数に分解し、「創造の場」を俯瞰、整理するための縦・横軸として、「創造の場」を面的に位置づけてみたい。このマトリクスによって、静かにイマジネーションをふくらませるためのプライベートな部屋から、チームや集団で活動する実験室や製作スタジオ、不特定多数の人々が交錯するホー

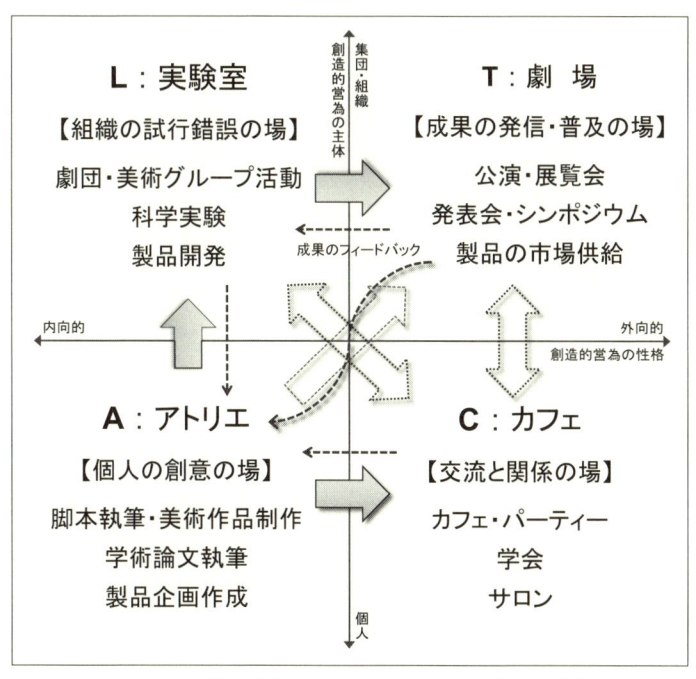

図1-6　「創造の場」の４つのカテゴリーと創造的営為

（出所）筆者作成

ル、ストリートや広場まで、関係性の濃淡、機能、規模や開放性も実にさまざまな特性を持つ「創造の場」とその連なりを1つの概念として統合することができると考えられる（図1-6）。

　図1-6の左下には、個人が自らの内をみつめる「場」がある。左上には、集団や組織がその目的をめざす「場」、右下には、個人と個人が交流する「場」、右上には、集団や組織が外部へ向かう「場」が位置づけられる。左下にある「創造の場」は他のすべての創造的営為の起点となる「場」であり、画家の創作、論文の執筆のための部屋が代表的なものとしてあげられる。左上は組織として試行錯誤を重ねるダンスグループの稽古場や科学実験室、右下はアイデアを交換するカフェや学会、右上は団体活動の成果を発信し社会に波及させていく演奏会や発表会がある。この4つのカテゴリーを、それぞれの代表的な場所の名をとって、A：アトリエ、L：実験室、C：カフェ、T：劇場と名付けたい。

　この4つのカテゴリーによって、具体的な創造的営為の展開をトレースしてみよう。たとえば、演劇では、はじめに、劇作家や脚本家による台本の執筆という営為がある。このときの「創造の場」は、書斎などのプライベートなスペースとしての性格をもつA：アトリエにあり、静謐で集中力が高まる環境などの条件を満たすことが必要とされるだろう。台本を役者一人ひとりが読解し、台詞をおぼえるという営為もこのような「場」によって行われる。続く舞台稽古では、役者が集まって演じることができ、演出家がその出来映えをチェックすることが可能な空間や設備を備えたL：実験室としての「場」が必要となる。それまでの創造的営為の成果を外部に向けて発表する公演では、数多くの来場者を収容する客席、交通アクセスの利便性や音響等の設備などの条件も求められるだろう。それらを満たす、文字どおりのT：劇場としての「場」によって、演じる側の創意と受け手の享受能力が相まって芸術的価値の伝達が行われる。公演での反響、稽古などで積み重ねられた経験は劇団、個人にフィードバックされ、次の営為に活かされる。劇作家や役者が脚本や演技などについて交流、対話を行うC：カフェとしての「創造の場」も創造的営為を支えている[18]。

　このように創造的営為を、それが展開されている場所の特性によってとら

え、分節化するとともに、それらのつながりをみていくことによって、結実に至る創造的営為のプロセス全体を俯瞰することができる。前節でみてきたコクヨの事例では、製品開発チームは主にL：実験室に位置づけられる「創造の場」で活動していたと考えられる。ハサミ〈テピタ〉の開発という創造的営為は担当者が企画を練るA：アトリエが起点となり、社外モニターなどの協力を得るL：実験室を中心として効率的に行われ、市場というT：劇場によって社会的にひろがっていくと思われる。SECIモデルは、この経路の内のA：アトリエとL：実験室がつながっていくプロセスをとらえたものといってよい。文学やアートなどの個人に大きく依存する創造的営為も、出版社、ギャラリーやマスメディアなどの集団・組織が、関与の度合いに濃淡があったとしても必ず関わることによって、その価値が多くの人に伝わり、社会に受け入れられるのであり、企業活動と同じような経路によって達成される。

　これに対して、創造都市論における関係性に基づく相互作用の「創造の場」である、多様な背景を持つ自律した個人の出会いと交流の「場」は、C：カフェに位置づけられる。このような「創造の場」は社会的な拡張の過程に直接的に介在することは少ないかもしれないが、内的な価値観が他者へ発露され、個人を起源とする創造的営為に深化や発展をもたらすことに大きく寄与していると考えられる。このC：カフェとしての「創造の場」が持つ重要な機能に注目したのが創造都市論なのである。

　すべての創造的営為は、個人から集団・組織へ、内面的なイマジネーションから外部化された産出物へという2軸によって分節され、それが展開される空間のスケールや特性の異なるさまざまな「場」として4つのカテゴリーの「創造の場」に定位することができる。また、創造的営為の異なるプロセスに対してどのような特性を持つ場所が必要とされるのかを知る手がかりが得られ、創造的営為の進展に伴う「場」のつながりもこの4類型の間に埋め込まれている。

　一時期ブームともなった自治体政策によるいわゆる「ハコモノ」、文化施設建設は、主としてT：劇場としての「場」を用意するものであったが、その前にある創造的営為のためのA：アトリエ、L：実験室、C：カフェとしての「創造の場」を想定していなかったために、外来のコンテンツの移入に頼るし

かなかった。そのために、消費型の芸術文化振興に終始してしまったということができる。都市が、創造都市として持続的、内発的に発展していくためには、創造性のコアとなる個人をはじめとする４つのカテゴリーの「創造の場」をどう内在させ関係づけることができるかが問われている。芸術の都と謳われた20世紀初頭のパリは、貧しい画家たちのアトリエとなった古いアパルトマンから、魅惑的なカフェ[19]や劇場、前衛的な作品も受け入れたギャラリーまで多様な「場」をストックしており、これが創造的営為の発現をもたらしたといえるのである。

注
1) 佐々木［2001］p.42による。
2) レイモンド・ウィリアムズの「完訳 キーワード辞典」（Williams, R.［1976］岡崎訳［1980］）を参照しつつ、佐々木は、「創造的 creative という用語には独創的、革新的という一般的な意味と、それに関連して生産的という特別な意味」（佐々木［1997］p.10）があると述べている。また、佐々木［2007］では、ランドリーが「『創造性』を空想や想像よりも実践的で、知識（インテリジェンス）と革新（イノベーション）の中間にあるものとして、つまり、『芸術文化と産業経済を繋ぐ媒介項』として最重要に位置づけていることが特徴的である」と指摘している。本書における創造性の定義については、注6)を参照されたい。
3) 本書では、形や表現となって具体的な所産が生み出された活動のみを創造に関わる活動とするのではなく、個人の内面におけるアイデアや想像という過程も「創造の場」に関わる活動として視野にいれるために「創造的営為」ということばを用いている。
4) 創造産業（creative industry）とは、イギリス 文化・メディア・スポーツ省（DCMS）の定義によれば、「個人の創造性や技能、才能に由来し、また知的財産権の開発を通して富と雇用を創出しうる産業」である。
5) また、後藤和子は、「創造の場」として、都市の関係性資産にもとづく「文化クラスター」を提起している。「文化クラスターは、公共政策としての文化政策と場の理論を結合させうる理論枠組みの具体的な姿として概念化」（後藤［2005］p.205）されたマクロ次元のアプローチである。
6) 髙尾隆［2006］は、創造性は「無条件に肯定的な意味を持ちつつ、その実に、何を意味しているのかわからないヌエ的な言葉となっている。だからこそ、たくさんの人々が、それぞれに個々に引き付けた形で創造性を理解し、創造性の育成をスローガンとして共有できているのであろう」（pp.13-14）、「創造性をめぐる主要な問いである『創造性とは何か』ということについては、多くの人々が多くの答えを出している。しかし、定義を１つに決めることは難しい」（p.22）と指摘している。本書においては、「創造性」を、３章で取り上げる心理学研究の知見にも依拠して「芸術文化をはじめとするさまざまな領域における社会にとって、あるいは個人にとっての新しさ」と定義する。
7) 野中・紺野［1999］p.161による。
8) 佐々木［2007］p.31による。
9) なお、本事例は主として筆者が2007年10月に行ったコクヨS&T社への聞き取りとそれ

以降のメール等での調査に基づくものである。
10) 2012年12月決算資料によれば、2012年間の総売上は2758億円、経常利益61億円、連結従業員数6489人である（コクヨ HP IR 情報 http://www.kokuyo.co.jp/ir/news/）。
11) 「コクヨデザインアワード2002ユニバーサルデザイン」の最終審査を振り返ったコクヨ黒田社長の発言「コクヨにとってこれほどの宝の山に出会ったと思ったことは昨今ない」によく表れている（ユニバーサルデザインフォーラム事務局［2002］）。
12) ポリオの後遺症により車いす・酸素ボンベの使用者であった。
13) ユニバーサルデザインフォーラム事務局［2004, 2006］の市民意識調査によれば、UD 企業として認知されているトップがコクヨである。
14) コクヨは2002年から毎年（2010年は一時休止）、テーマに沿ってプロダクトデザインを公募する［コクヨデザインアワード］を実施しており、その受賞作を商品化している。たとえば、UD デザインの代表作の1つである「パラクルノ」（ノートの端部分に角度をつけ、表裏どちらからでもページを開きやすいノート）もこの受賞作のアイデアを商品化したものである。
15) 2009年には UD ガイドラインの見直しを行い、［できるだけ多くの人に使いやすい］という1つの原則と5つの視点として改めている。同時に、それまで一部の製品に限られていたこの取り組みを、一部を除くすべてのステーショナリー新製品をガイドラインに従って進めることを義務づけた（コクヨ HP http://www.kokuyo.co.jp/creative/ud/aboutud/ud_requirements.html）。
16) パナソニック・ホームページ：UD 先進企業訪問による。
17) 開発担当者の談として「このハンドルなら、指をグッと深く入れ、親指の付け根を利用して切ることもできます。ただ、ハンドルを両方ともオープンにすると、ハサミを落としてしまい危険です。最終的には、使いやすさと安全性のバランスがうまく取れている、片側をオープンハンドルにしたデザインとなりました」（コクヨ HP）。また、日経デザイン編［2005］（pp.88-89）には開発過程がまとめられている。
18) ここで1つ留意すべきことは、創造的営為は必ずしもその場所の特性に全面的に依存するものではないということである。画家のアトリエがときには対話や鑑賞の場になったり、都市の街路や空き地がパフォーミングアーツの発表の場に変貌することもよくある。その場所の呼び名や日常的な使われ方を当てはめるのではなく、そこで展開されている創造的営為が何なのかを注意深くみつめる必要がある。
19) 数多くの画家が集まり、近代美術運動を支えたモンマルトル、モンパルナス、サン＝ジェルマン＝デ＝プレなどに点在していたパリにおけるカフェについては、読売新聞社文化事業部［1999］にくわしい。

第 2 章

「創造の場」をみる
——まちづくり・アーティスト集団・NPO

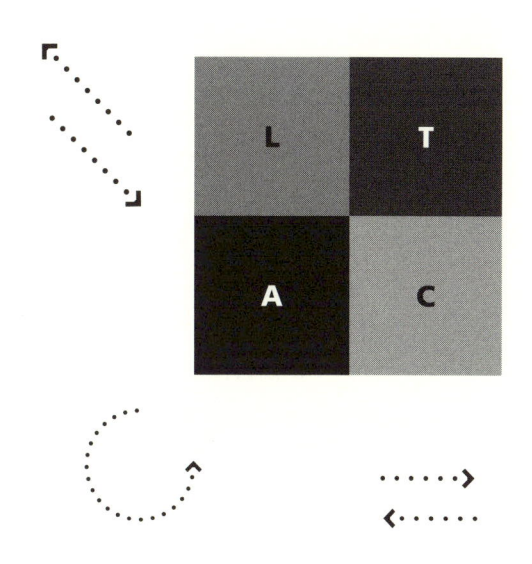

本章では、事例を取り上げてその実践を詳述し、前章で提示した「創造の場」の4つのカテゴリーを分析のフレームとして用い、「創造の場」についてさらに実証的、理論的考察を加える。ここでは、創造的営為のプロセスをまとまって観察できるものとして、次の3つの事例を取り上げることとした。
　1節　城下町における地域活性化―伊賀上野のまちづくり
　地方都市において、かつてのにぎわいを失ったまちを芸術文化によって活性化しようと取り組む市民活動事例である。外部からエコミュージアムという新しい理念が持ち込まれ、地域に存在する人材と芸術文化を核として、市民主体のまちづくり活動が生み出されている。
　2節　前衛アーティスト集団の18年―具体美術協会
　前衛アーティスト集団による芸術創造の歴史的事例である。戦後の我が国における代表的な前衛美術運動として、その誕生から終焉、成果まで創造的営為のプロセス全体を観察することが可能である。メンバー一人ひとりのアトリエからフォーマル、インフォーマルな集団活動、展覧会へという個人から社会に向かう活動の展開過程も追うことができる。
　3節　アートNPOのつながる力―ココルームの実践
　大阪における小さなアートNPOによる事例である。大阪市の文化政策に翻弄されながら、現代社会の周辺的状況のなかで、ことばを核として住民との交流、対話を進め、芸術文化をまちに積み重なった社会的課題の解決につなぐという先進的活動へと展開している。

1節　城下町における地域活性化―伊賀上野のまちづくり

　伊賀上野はかつて県境を越えた広域商業圏の中心として繁栄し、高度成長期の忍者ブームなどによって観光業も発展した。しかし、大阪などへの住民の移住、周辺部への大型商業施設の建設などによって、中心部は衰退し、空き家となった町家も目立つようになった。これに対して、近年、もう一度自分たちの地域を見直そうとする活動が市民によって生み出されるようになってきた。その1つが「伊賀まちかど博物館」の活動である。
　以下では、伊賀地域の概略、活動を推し進めてきたキーパーソンを中心と

した活動の経緯と現状を記述し、その理論的基盤となったエコミュージアムの理念についてふれる。そのうえで、「伊賀まちかど博物館」を進めてきた市民活動における「創造の場」について考察する[1]。

伊賀地域の概要

　三重県伊賀地域は、現在、伊賀市と名張市の２市からなり、三重県の西端、関西大都市圏の東端に位置する面積688km²・人口18万人余りの地域である。域内市町村は昭和40年代から広域行政の取り組みを推進してきたが、2004年11月に、名張市をのぞく上野市、伊賀町、島ヶ原村、阿山町、大山田村、青山町の６市町村が合併し、伊賀市となって現在に至っている。

　伊賀地域の領域は、近代以前の旧「伊賀國」とおおむね一致している。四方を山に囲まれた盆地には水田が広がり、その中に流れる淀川源流域の清流や点在する里山など豊かな自然にも恵まれている。旧上野市、名張市の中心部や京都・奈良と伊勢を結ぶ旧街道沿いに連なる宿場町には歴史的まちなみが残り、京・大和文化の影響を受けた独自の伝統文化が集積する地域でもある。

　北部に位置する旧上野市には、江戸時代、津藩の支城が置かれて城下町（伊賀上野）が形成され、藩によって商業が保護されたために、伊賀地域のみならず滋賀県甲賀地域や京都府山城地域を含む広域圏の商業中心として栄えた。昭和30年代には、忍者ブームによって観光都市としても脚光を浴び、伊賀流忍者博物館（忍者屋敷）などの観光施設もつくられ、減少してはいるものの現在でも多くの観光客を集めている[2]。旧上野市を中心とする組紐や旧阿山町の伊賀焼きなどの伝統産業も盛んである。また、昭和40年代に開通した名阪国道沿いなどに、いくつもの工業団地が開発されており、そこで働く外国人労働者の集住地域としての側面も持っている[3]。

　南部の名張市・旧青山町は、近畿日本鉄道（近鉄）大阪線沿いの丘陵に大阪圏への通勤者向けの新興住宅地が次々と造成され、ベッドタウンとして高度成長期以後に人口が著しく増加した。南部地域は水にも恵まれ、数多くの造り酒屋が今も営業を続けている。

　旧上野市周辺部や名張市においては、国道沿いへ大型商業施設が相次いで進出している。このため、旧上野市の中心市街地は、観光客でにぎわうごく一

部の店舗を除いて近年客足が途絶え、江戸時代から続く由緒ある商店も閉鎖されるようになっている。先祖代々伝統的な町家・武家屋敷に住んでいた人も、大阪や東京に転住し、雨戸が閉まったままの空き家が増えている。同様に名張市内の商店街もシャッターが閉められ衰退が著しい。

　伊賀地域に住み続けてきた住民の中には、地域性を大切に残そうという動きと利便性を重視し変革していこうという動きが併存している。名張市・旧青山町等の新興住宅地に県内外から転居してきた人びとも二世代目を迎え、地域への愛着を高めようとする人たちと、ベッドタウンとして割り切る人たちの2つの傾向があるといわれている。長年続いてきた習慣や祭りも存続が危ぶまれ、伊賀特有の盆地景観も次第に失われつつあると危惧されている。

　このように伊賀上野などの伝統を持つまちを含む伊賀地域にあっても、都市化、国際化、少子高齢化などによって地域コミュニティの状況は大きく変容しており、他の地域同様、流出入人口の増大、住民の意識やライフスタイルの多様化も伴って従来型の地域活動は衰退し、さまざまな問題が生じている。行政を中心として集権的に地域づくりを行うことは次第に困難となっており、地縁集団、NPO等の市民活動、商工団体等の経済団体、行政等がそれぞれに機能を発揮し、自律的な活動を繰りひろげながら、連携・協働の関係のもと、重層的にまちをつくっていくことが求められている状況にあるといえるだろう。

「伊賀まちかど博物館」成立の経緯

　前述したように高度成長期の経済発展や社会変容に伴い地域の姿が大きく変化する中で、近年、伊賀に住む人たちの中からは、自分たちの生まれ育った地域を見つめ直し、住むまちに対する誇りを取り戻そうとする活動が巻き起こってきた。民間有志が（財）上野市文化都市協会（現公益財団法人伊賀市文化都市協会）と協働してトップアーティストを招いて続けられてきた公演「ブルース伊賀の乱」（1995年〜2006年）、手づくりの影絵を中心に公演活動を展開している市民グループ、民間が主導し伊賀上野らしい建物を顕彰するために設けられた「だんじりの映える景観大賞」（1996年創設）、伊賀在住の外国人との共生をめざすNPO「伊賀の伝丸（つたまる）」（1999年任意団体として設立、2004年特定非営利活動法人化）、など、芸術文化、まちなみ保存、多文化共生などさ

まざまな領域にわたって意欲的な活動が行われている。

　これらの活動の1つにあげられているのが、「伊賀まちかど博物館」である。市民自らが自宅や職場を博物館として開放し、収集したコレクションや伝統の技、手仕事などを展示するものとして、伊賀市・名張市全域を領域として2000年にオープンした。三重県内の伊勢市、二見町の「ザ伊勢講」による「伊勢まちかど博物館」等の先行事例を参考に、三重県生活文化課の事業として官民協働によって事業が進められた[4]。

　このとき、市民の中心となったのが伊賀上野在住の若手企業経営者である辻村勝則である。辻村が、そもそも地域振興に取り組むきっかけとなったのは、1990年前後に旧上野市の青年会議所（JC）三重県ブロックの役員となり、「社会開発」（JCでのソフトによるまちづくりを意味することば）担当となったことからであるという。JCの担当であった三重県企画振興部と関わりができ、誘われて1995年からはじまった県主催の学習会「みえ地域づくり講」に参加し、各地の地域振興の事例を知り、県内外のさまざまな人たちと交流し、強い刺激を受けたのである。

　1997年には、地域のまちづくり市民団体の協力も得ながら、伊賀上野で「みえ地域づくり講」のワークショップを行ったところ、参加した他市町村のメンバーからは、観光案内には掲載されていない「ほっとするようなまちなみ」についての感動が多く寄せられた。このときの成果をまとめたまちの再発見マップ『いいかんじ「伊賀うえの」』（みえ地域づくり講・上野ワークショップ部会［1997］）は大きな反響を呼び、辻村は、まちに眠っている文化資源の価値を再認識することになった。

　同じ時期に、民間有志でアメリカニューヨーク州ピークスキル市のアーティスト居住区などの芸術家誘致策の調査・研究も行い、また、知人を介して京都西陣の「町家倶楽部」とも交流が始まった。

　また、この頃、近鉄からの委託を受け、伊賀地域を調査していた（財）環境文化研究所から、伊賀地域のめざす将来像として「伊賀の国・小盆地地域まるごと博物館」構想が提示されていた。1994年から3次にわたり同研究所から出された報告書は、伊賀地域の特性を詳細に調査し、伊賀地域に点在する小盆地ごとに形成された市町村の特色や資源に応じた地域振興策を提言してい

た。エコミュージアム（後述）について紹介するとともに、伊賀地域のユニークな人材の魅力、幅広い芸術文化などを地域資源として注目しており、現在の「伊賀まちかど博物館」につながる要素が多く含まれている。

　この（財）環境文化研究所の報告書は、伊賀地域の開発に期待と関心を寄せていた近鉄からの依頼によるものであるが、実地調査に協力した辻村をはじめとする市民にもその内容は折に触れて伝えられた。辻村によれば、（財）環境文化研究所の調査担当者から直接、「伊賀まちかど博物館」につながるアイデアの示唆を受けたこともあったという。

　これらのさまざまな体験が積み重なり、文化によるまちづくりについての構想を温めていたときに、三重県からまちかど博物館事業創設の情報提供と相談を受け、一気にそれを実現することとなったのである。県生活文化課（後伊賀県民局）が事務局を担当し、伊賀全域を領域として、市民活動団体を中心に７市町村と県行政が協働して「伊賀まちかど博物館推進委員会」（「推進委員会」）が設置され、辻村は代表となった。

　「推進委員会」は、1999年８月から、各委員が地元に持つ人間的なつながりも活用し情報提供を呼びかけた。そのときの募集チラシには、「誰でもちょっとしたコレクションと展示場所さえあれば博物館がつくれます。小さくとも魅力あるそんな『まちかど博物館』づくりを三重県では進めています。あなたの自慢のコレクション、伝統に裏打ちされた職人芸、さまざまな製造技術など、こだわりのモノ、技、思いをちょっと公開して、魅力あふれるまちを一緒につくりませんか。」とうたわれている。博物館の展示物としては、「個人のコレクション（何かテーマがあるもの）－農具、古い看板、時計、写真、おもちゃなど、地場産業、職人技（製造過程を見せていただけるもの）－酒、やきもの、ガラス工芸など、こだわりの手作り（なりわいではなく、趣味の一貫として）－木工工芸、革工芸品など、建物（独自の建築様式を持つもの）－大和棟の民家など」と例示されている。

　２ヶ月間にわたった募集に応えて、自薦、他薦を含め130件余りの情報が寄せられた。それをもとに推進委員が個別に訪問し、調査、検討を行ったうえで91館を認定し、2000年３月に「伊賀まちかど博物館」として開館した。

　以上の「伊賀まちかど博物館」成立までの経緯について辻村を中心として

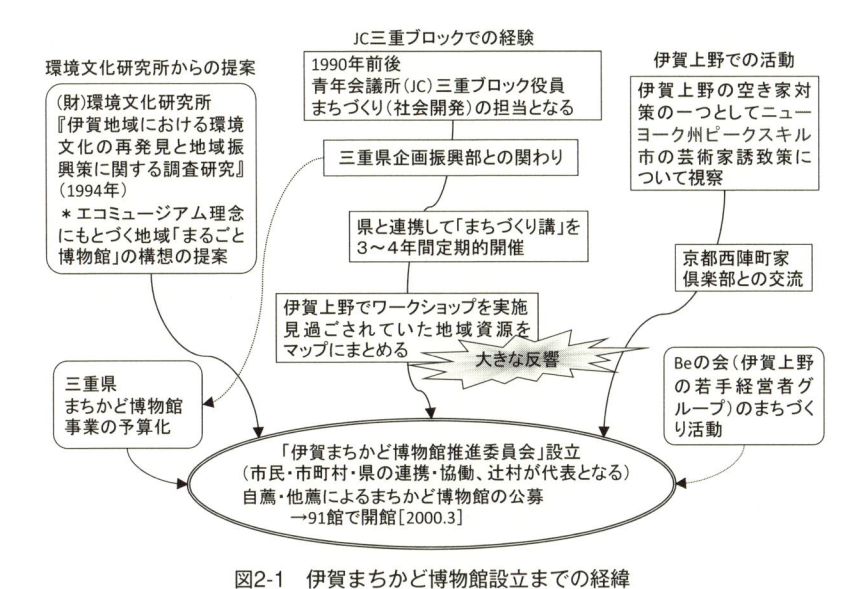

```
環境文化研究所からの提案          JC三重ブロックでの経験              伊賀上野での活動
┌─────────────────┐          ┌─────────────────┐             ┌─────────────────┐
│(財)環境文化研究所 │          │1990年前後       │             │伊賀上野の空き家対│
│『伊賀地域における環境│       │青年会議所(JC)三重│             │策の一つとしてニュー│
│文化の再発見と地域振│         │ブロック役員     │             │ヨーク州ピークスキル│
│興策に関する調査研究』│        │まちづくり(社会開発)の担当となる│  │市の芸術家誘致策に│
│(1994年)         │          └─────────────────┘             │ついて視察       │
│＊エコミュージアム理念│        ┌─────────────────┐             └─────────────────┘
│にもとづく地域「まるごと│      │三重県企画振興部との関わり│
│博物館」の構想の提案│         └─────────────────┘             ┌─────────────────┐
└─────────────────┘          ┌─────────────────┐             │京都西陣町家     │
                            │県と連携して「まちづくり講」を│         │倶楽部との交流   │
                            │3～4年間定期的開催│              └─────────────────┘
┌─────────────┐            └─────────────────┘
│三重県       │            ┌─────────────────┐             ┌─────────────────┐
│まちかど博物館│           │伊賀上野でワークショップを実施│      │Beの会(伊賀上野  │
│事業の予算化 │            │見過ごされていた地域資源を│ 大きな反響 │の若手経営者グルー│
└─────────────┘            │マップにまとめる │              │プ)のまちづくり  │
                            └─────────────────┘             │り活動          │
                                                            └─────────────────┘
                    ╭──────────────────────────────────╮
                    │「伊賀まちかど博物館推進委員会」設立  │
                    │(市民・市町村・県の連携・協働、辻村が代表となる)│
                    │自薦・他薦によるまちかど博物館の公募  │
                    │→91館で開館[2000.3]              │
                    ╰──────────────────────────────────╯
```

図2-1　伊賀まちかど博物館設立までの経緯

(出所)筆者作成

まとめると図2-1のようになる。この過程は、辻村にとってJCなどさまざまな「場」での経験や学習をとおしてまちづくりのコーディネーターとなる意識形成と実践への歩みであったということもできるだろう。

県事業ではあったが、「伊賀まちかど博物館」として認定された館に対して、展示のための費用補助等の直接的な支援は一切行われなかった。まちかど博物館であることを示す木製看板が供与され、案内マップの作成・配布、ホームページの開設、館長向けの「伊賀まちかど博物館たより」による情報提供、エリア(旧市町村)ごとの懇談会によって、間接的に活動を支援してきた。

開館当初は、「伊賀まちかど博物館」として各種フェスタやウオーキングツアーなどのイベント事業に積極的に参加し、広報に努めた結果、新聞の地域欄、テレビ番組の「歴史街道」や旅番組などマスコミにも度々取り上げられた。県内外からの視察も増え、旅行社の観光コースに組み込まれるようにもなっていった。

開館後3年目の2003年には再募集を行い、応募のあった60数件について「推進委員会」により調査・検討した結果、新たに52館を加え(このとき既存館

中7館は閉館)、2005年10月に計136館となってリニューアルされた。2008年3月にも新規3館を加えているが、転居等の理由により閉館する館もあって131館となった[5]。

なお、開館後に実施された2004年の市町村合併後も、伊賀市の旧6市町村区分はそのままエリアとして引き継がれたが、行政からのサポートは弱まった。2007年3月には県事業は打ち切られ、行政改革によって伊賀県民局が廃止されたため、県行政が担ってきた「推進委員会」の事務局機能は脆弱化したが、市民主導の活動として「推進委員会」はその後も継続している。

4つのジャンルと7つのエリア

「伊賀まちかど博物館」は、全体を統合するような中心施設は設置されておらず、博物館として活動を進める学芸員等の専門職もいない。「推進委員会」が展示内容について統一したコンセプトに基づく指導を行うこともないため、「伊賀まちかど博物館」では、個々の館長が主体的、自律的に活動している。館長には、これまで地域活動にはあまり参加してこなかったような人も含まれ、その経歴や伊賀での生活歴などは実に多様であり、それぞれ独自の展示を行っている。

131館(2008年12月現在)を数える「伊賀まちかど博物館」の展示内容は、古美術、手芸、昔の日用品、おもちゃ、レコードやマイクロフォンなどの蒐集品、陶芸や組紐の体験教室、清酒・醤油の醸造工程見学、古民家、自然まで実に多岐にわたっている。それらは、募集チラシの4項目の例示にもとづき、来館者の参考として、「コレクション」、「技」、「うまいもん」、「空間(建物、環境・自然)」の4つのジャンルに分けられている。また、内容は、その館の本業(職業)に関連する展示と、館長の趣味・関心に基づく収集品を展示したものの2つに大別することができる(表2-1)。

エリアごとにみると、伊賀市旧上野市エリアでは伊賀組紐や和菓子、旧阿山町・伊賀町では伊賀焼き、名張市では酒造りというそれぞれの地域における伝統産業が、本業に関連した生産工程見学や製造機具等の展示を内容とする館を開設しているのが特徴的である。また、旧上野市エリアの和菓子、名張市の酒造りを中心とする「うまいもん」ジャンルの20館は、すべて本業に関連し

表2-1 伊賀まちかど博物館 エリア・ジャンル別館数[*1]

市・旧市町村エリア		エリア別館数		ジャンル別館数 [*2]								2000年開設当初との比較	
				コレクション		技		うまいもん		空間(建物、環境)・自然			
		館数	本業関係	館数	本業関係	館数	本業関係	館数	本業関係	館数	本業関係	2000年エリア別館数	内現在継続中の館
伊賀市	旧上野市エリア	47	30	14	9	24	15	7	7	7	3	29	27
	旧伊賀町エリア	12	8	1	1	10	6	1	1	1		14	11
	旧島ヶ原村エリア	4	3			3	2	1	1			3	3
	旧阿山町エリア	22	16	4	2	15	13			6	2	11	10
	旧大山田村エリア	8	6			5	5	1	1			9	7
	旧青山町エリア	5	3			1	1	1	1	1	1	5	3
名張市		33	21	13	4	10	8	8	8	7	3	20	18 [*3]
計		131	87 66.4%	35	16 45.7%	68	50 73.5%	19	19 100%	22	9 40.9%	91	79 86.8%

(注) *1 2008年12月の登録数。館数には休館中の館を含む
　　 *2 ジャンル別館数は複数ジャンルにカウントされる館があるため合計はエリア別に一致しない。
　　 *3 伊賀市旧上野市エリアに移転した1館を含む

(出所)筆者作成

ている。これに対して、「コレクション」と「空間・自然」ジャンルでは、域外から転入してきた館長が自宅を開放し趣味に関するものを展示しているケースが目立つ。

　館の立地条件についてみてみると、鉄道駅近くに位置するものから、車でなければ行きにくい所にあるものまで一様ではない。篤農家の屋敷、地場産業の作業場、開発団地の新住宅までさまざまな展示空間を持って点在している。館の規模は、部屋の一角にすべての展示物が並べられている小規模なものが多いが、中には大きな工場や神社の鎮守の森が展示物となっている館もある。開館日数は、毎年10月に開催される「上野天神祭」の数日だけ開館するものから、事前相談が必要なもの、随時開館までいろいろである。

　来館者数をみると、博物館が広域に散在し、交通アクセス、開館日・日数・時間もまちまちであるため、年間でおよそ数千人から数人までと差が大きい。観光による経済効果という点では、全体としてそれほどの効果をあげているとはいえないだろう。だが、中には客足の遠のいていた菓子店が登録され、来館者が訪れるようになって活気を取り戻した例や、博物館活動をきっかけに新しく店を出した例も生まれている。

　さらに、エリア内の博物館が連携してイベントや相互交流を行ったり、館長が学校の総合的な学習の時間に講師として招かれるなどの活動のひろがりも

みられる。

　来館した人は、従来の観光施設にない魅力を覚え、あらためて地域のよさに気づき、館長は、来館者の反応をとおして、自分のやってきたことに誇りを感じているようである。個性的な館長と来館者との対話やふれあいが、まちかど博物館の魅力と共感の源泉であり、たとえ小さくとも、それぞれの館が持つモノや技の再評価、地域の文化資源の再発見につながる貴重な機会をもたらしているのである。市民主体の小さな手づくりの博物館が地域内外交流、生涯学習の拠点として機能し、新旧住民のふれあいにも一役買っているといえるだろう。

旧上野市エリアでの展開

　ここでは、旧上野市エリアの中心部[6]（図2-2）に領域を絞って、「伊賀まちかど博物館」と、それとも重なり合いながら進められているまちづくり活動をみていく。

　このエリアに焦点を当てる理由は2つある。第1に、都市における展開を追うことができるという点である。第2節でもふれたように旧上野市中心部は、城下町起源の地域として市街地が形成され、歴史的にも現在も伊賀地域の都市機能の中心を成してきた。その一方で、中心部の空洞化、歴史的まちなみの保存・再生などの都市問題も抱えており、またさまざまな市民活動も台頭している。これらの動きとまちかど博物館の関係を探るうえでも注目される地域であるといえるだろう。第2に、「伊賀まちかど博物館」の実質的な中枢となっているのがこの地域であることである。1.5km四方ほどの歩いて回れる範囲に23館もの「伊賀まちかど博物館」が存在している地域は他にない。伊賀全域からピックアップした展示・交流会などもこの範囲に含まれる歴史民俗資料館で開催されており、点在するまちかど博物館をつなぐノードともなっている。

　古くから開けたこのエリアの中でも、伊賀鉄道（旧近鉄伊賀線）[7] 上野市駅の南に位置する商業地域は三筋町と総称され、まちを東西に貫く3つの通り、本町通り、二之町通り、三之町通りを中心に形成されてきた。この界隈は「伊賀まちかど博物館」の集積密度が最も高く、江戸期の町家、明治の洋館が並ぶ

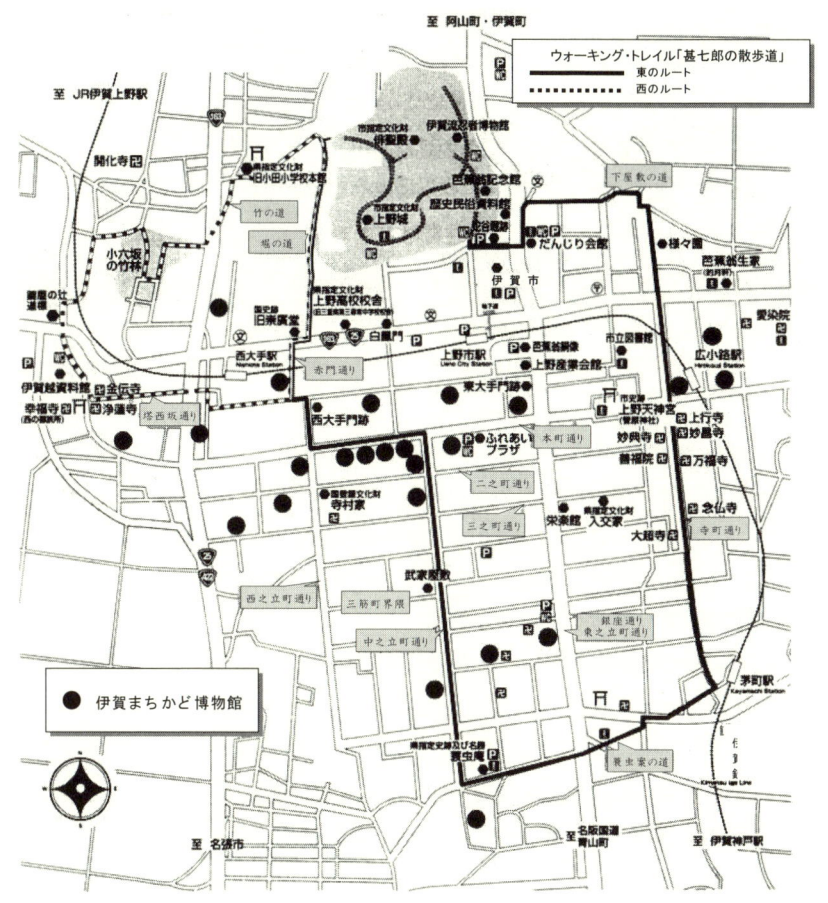

図2-2　旧上野市中心部・伊賀まちかど博物館とウォーキング・トレイル
（出所）社団法人伊賀上野観光協会編［2004］に筆者加筆、作成

レトロな雰囲気の通りに特色ある館が連なっているために、休日には「伊賀まちかど博物館」マップを持って散策する人も見受けられる。

　ここにある「伊賀まちかど博物館」の例をいくつかみてみよう。本町通りに面し、慶応元年創業という老舗の漬物屋の仕込み倉の内部を見学できるのが「養肝漬宮崎屋まちかど博物館」（図2-3）である。100年以上使い続けている木造の倉と人が入れるほどの大きな桶を見学し、忍者の保存食が起源とも言われる古漬けの深い味わいにふれ、その製造にかける職人の意気込みと技を知るこ

2章　「創造の場」をみる　　45

図2-3 「養肝漬宮崎屋まちかど博物館」
(出所) 筆者作成

図2-4 「昔ながらのかたやき屋さん　鎌田製菓店」
(出所) 筆者作成

とができる博物館である。本業の漬物店の社長でもある館長は、開館するまでは、独特の匂いを伴い光の差さない倉の中で行われる漬け物の製造工程が、現代の人びとに受け入れられるかどうか迷っていた。しかし、来館者が訪れるようになって、その真剣なまなざしに接し、折にふれて対話を繰り返すうちに、今日主流の浅漬けではない古漬けの味に対する誇りと自信を深めることができたという。「推進委員会」からの依頼に応えて他府県からの視察等にも積極的に協力するようにもなっている。

　上野市駅の西側にあり、こちらも忍者の携帯食に起源があるともいわれている「かたやき」の製造工程を見学できるのが「昔ながらのかたやき屋さん鎌田製菓店」（図2-4）である。職人でもある館長が、使い込まれた道具を使って粉を練り焼きあげる昔ながらの手づくりのかたやきの工程を見学できる。あまり固くないように焼き具合を調整した「柔らかやき」はこの店独特の製品である。見学している間にも、子どもたちが100円玉を持っておやつに買いに来たり、近くの人達が次々とやってきては焼き具合に注文をつけながら買って行く。肩肘張らない素朴なお菓子が人びとの生活に密着し、どこかなつかしい気分を味わうことができる博物館である。館長は「毎日やっているかたやきの作業を、来館者が熱心に見てくれるのがうれしい」と語っている。

　この2つの博物館は一例にすぎないが、周辺にあるどの館を訪れても、自分の家業、技術への誇りやモノへの愛着について情熱的に話す館長が、来館者との語らいや交流をとおして自分の持っていた価値を再発見したという感想を

聞くことができる。「伊賀まちかど博物館」は、モノや技をきっかけとした相互交流・学習活動として価値を有しているということが実感できるだろう。

　このようなまちかど博物館の活動とも相互に連携し、交流を重ねながら、旧上野市中心部では多様なまちづくり活動が展開されてきた。「伊賀まちかど博物館」に先行する活動については、先にふれたので、ここではそれ以降の動きについてみていきたい。

　他の多くの地方都市と同様に、周辺部への大規模スーパー等の相次ぐ出店、少子高齢化等によって旧上野市の中心市街地の衰退にはますます拍車がかかっている。全国にも知られた観光スポットである上野城、忍者博物館、芭蕉翁記念館、俳聖殿等を訪れる観光客も、上野市駅や伊賀市役所周辺の駐車場から直接それぞれの目的の場所へと歩み急ぐのみで市街地の散策には向かわない。三筋町を中心に鬼行列が巡航する「上野天神秋祭」には15万人前後の観光客が市街地にあふれるが、それも3日間だけである。

　このような状況をくい止め、まちを再生するために、上野商工会議所（商工会）等を中心にさまざまな取り組みが行われてきた。2000年には、（株）環境文化研究所の報告にも影響を受け、「伊賀上野城下町まるごと博物館」構想を掲げた（旧）市街地活性化計画が策定され、商工会に置かれたTMO（Town Management Organization）によって、ウォーキング・トレイルの整備、「まちかど観光案内所」等が事業化された。松尾芭蕉の幼名をとって「甚七郎の散歩道」と名付けられたウォーキング・トレイルは、市民参加のワークショップを開催しながら、市土木部によって2つのルートが整備されている。これを歩けば中心部の「伊賀まちかど博物館」をほぼ回ることができ、まちかど博物館をつなぐ回遊路の機能も果たしている。

　また、実行委員会によって毎年春におよそ1カ月間開催される「伊賀上野Ninjaフェスタ」は、「上野天神秋祭」に次ぐ集客力を持つイベントである。1963年に忍者パレードからスタートしたが、2001年からは「忍者になれるまち」をキャッチフレーズに市街地での体験事業に比重を移し、まちの賑わい創出に貢献している。

　市内にまだ数多く残る江戸・明治期の町家の保存と再生の取り組みについても、2005年に市民によって「伊賀上野町家みらいセンター」が開設され、

県内外のまちなみ保存地区との交流、歴史的なまちなみの魅力を再発見する「灯りの細道」事業等が官民協力のもとに進められている。

さらに、2007年からは三重県菓子工業組合上野支部によって、旧上野市中心部に位置する和菓子店を巡る「城下町お菓子街道」が催されている。これは、参加店の案内図とクーポン券枚がついたシートを630円（2008年当時、現在は650円）で購入し、気に入った5つの店のお勧めの和菓子と交換できるというものである。2007年に19店舗の参加により初めて実施したところ年間2500枚のシートが売れ、好評であったため、2008年も継続したところ、参加店も1つ増え、旅行会社のツアーにも組入れられるようになった。参加店舗のうち5店は「伊賀まちかど博物館」でもある。

これらの動きと、「伊賀まちかど博物館」は連携して取り組みを進めてきた。具体的には、「灯りの細道」にまちかど博物館が出張展示したり、歴史民俗資料館において「伊賀まちかど博物館」の特別展示を数ヶ月にわたって開催するなどの取り組みを行っている。

しかし、直接的で形となった連携よりも留意が必要なのは、ここまで述べてきた多種多様な活動に主体的に関わり、その原動力ともなっている人たちの間にあるネットワークの存在である。業種も年齢も異なり、表面的には接触がなさそうな人同士も、「上野天神秋祭」の町組、商工会やJC、卒業校の同窓会等によってまちに幾層にも張り巡らされたネットワークをとおして結ばれているのである。さらに、まちの人たちのたまり場となっているカフェや飲み屋等での出会いも加わって、活動の水面下でインフォーマルな交流が行われており、情報やノウハウが伝達され、相互に刺激し合うことによって、まちづくりの実践が形となっている。このことは先に述べた「伊賀まちかど博物館」成立の経緯でその一端をうかがい知ることができるが、すべてのケースを実証することは難しい。

2004年には、伊賀地域の市民活動の成果として、名張市も含めた旧7市町村の市民参画により、県事業として「生誕360年 芭蕉さんがゆく 秘蔵のくに 伊賀の蔵びらき」が開催された。半年間に渡り179の事業を展開し、16万人以上の参加者を集めたが、ここでも旧上野市におけるヒューマンネットワークが大きな力を発揮した。

2006年からは、これまでのまちづくり活動を集約する形で、(株) まちづくり伊賀上野と伊賀市中心市街地活性化協議会が相次いで設置され、中心市街地への回遊性の強化による「まちなみ観光（城下町観光）」を推進し、「楽しく歩けるまちなみづくりと回遊性の向上」、「魅力と集客力ある店を創出する仕掛けづくり」等を目標とする新たな「伊賀市中心市街地活性化基本計画」が策定され[8]、町家のリノベーションやフィルムコミッションの設立などの事業が本格的に動き出した。

エコミュージアム理念

　「伊賀まちかど博物館」をはじめ、上野商工会による「伊賀上野城下町まるごと博物館」構想、「まちなみ観光」を進める中心市街地活性化計画に影響を与え続けてきたのは、エコミュージアム理念に淵源をもつ地域まるごと博物館という構想である。まちづくりのための方向性を指し示したのが、エコミュージアムに基づく地域活性化であったといってよいだろう。

　エコミュージアムとは、一定の地域において、住民の参加によって、その地域で受け継がれてきた自然環境や生活様式を含めた文化を総体として持続的な方法で研究・保存・展示・活用していくという考え方と実践を指すとされる。その具体的な方法として地域の生活や活動を含めた動態を展示する地域まるごと博物館という考え方が打ち出され、中核的なコア施設とサテライト施設、それらをつなぐディスカバリー・トレイル（発見の小径）の配置などが具体的実践として取り組まれてきた。

　このエコミュージアム理念は、ときにはそれと意識されずに中山間地域や地方都市などのまちづくりに影響を与えているが、我が国にエコミュージアムの理念と事例を本格的に紹介した新井重三は、丹青研究所編 [1993] において、「日本におけるエコミュージアムの動向」を8種類に分類している[9]。フランスからもたらされたエコミュージアム理念への近接性に基づくこの分類において、「伊賀まちかど博物館」は、類似施設の「⑦町並み、ミニ博物館ネットワーク」に該当すると考えられる。これに対して、深見聡 [2007] は、エコミュージアムを、本質的に地域住民が交流し、学ぶ生涯学習活動ととらえ、地域コミュニティ再生に位置づけようとしている。また、末本誠 [2005] は、

地域住民の主体形成のための「意味の発見と構築」という学習過程に、エコミュージアム論の現代的意味を見出そうとしている。

本事例における、衰退しつつある伝統的な都市を舞台とした「伊賀まちかど博物館」などの実践が示唆するエコミュージアム理念の今日的意味は2点あるのではないかと考えられる。

1点目は、画一的なコンセプトではなく市民の自発性や主体性にもとづくさまざまな価値を認め合うエコミュージアムの「あいまい」さこそが、地域の多様な人材・組織の参加の枠をひろげる可能性を持つということである。「伊賀まちかど博物館」は、専門性を有する中心施設や機能のもとに統合された活動ではなく、展示内容にも制限を設けなかったことから、これまで地域活動にあまり関わってこなかった住民の参画をも実現し、新たな地域文化の形成にもつながっている。エコミュージアム構想は、強固な原理のもとに単一の主体によって実現されるのではなく、市民のゆるやかなネットワークに受け渡されることによって、インフォーマルな学習や対話を次々と誘発し、それぞれが得意な分野での活動を展開するという実践の連鎖をよぶ媒体ともなっている。

2点目に、中心市街地の衰退が都市の大きな課題となっている状況のもとで、エコミュージアム理念がもともと有していた回遊性が再評価されるということである。伊賀市の中心市街地活性化基本計画にも明らかなように、衰退したまちに賑わいをもたらすための方向性として考えられるものの1つは、来訪者の回遊性や滞留性の回復である。もともとエコミュージアムは、オープンなテリトリーを前提とし、サテライト・ミュージアムを結ぶリーディングトレイルを基本要素の中に位置づけ、訪れる人にとっての回遊性を重視してきた。エコミュージアムの実践の中には、そのための有効な手だてや方法などが豊かに蓄積されているはずである。これを再評価し、現代の都市再生に有効なものとして位置づけることができるのではないかと思われる。

市民活動と交流・関係づくりの場

「伊賀まちかど博物館」は、食や手業など地域に密着した生活文化、生業、市民の趣味のコレクションなどこれまで文化的価値をあまり高く評価されなかったものを地域資源として再発見し、人びとのネットワークによって地域活

性化の実践活動を展開した創造的営為である。この芸術文化を核としたまちづくり活動は、市民活動団体、市町村の関係者によって構成された組織である「推進委員会」によって進められた。この「推進委員会」は組織の試行錯誤の「場」であり、前章の「創造の場」の4つのカテゴリーのL：実験室に位置づけられるだろう。

　さらにその前段階において、「推進委員会」の代表となった辻村がまちづくり活動への意識に目覚めるきっかけとなったのは「地域づくり講」という県主催の研究、ワークショップであり、辻村をはじめとする参加者が交流、対話を行ったC：カフェに位置づけられると思われる。県内のさまざまな地域から集まり、多様な背景を持つ人との交流をとおして、一人ひとりの参加者がまちづくりへの関わりの意識にめざめ、地域活性化を進めるための情報や具体的な方法を知ることで新たな活動の起点となったとみることができよう。

　「推進委員会」というフォーマルな「創造の場」は、集団による学習や情報・意見交換、「伊賀まちかど博物館」の候補の発掘などの実践活動をすすめ、館長となった市民を含む多様な参加者を呼び込んだ。また、その背後で

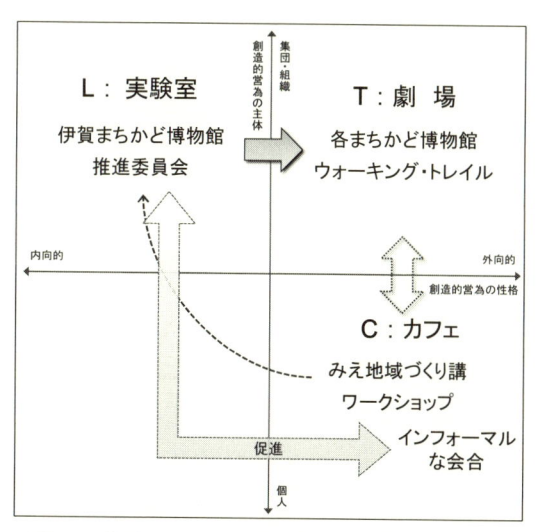

図2-5　「伊賀まちかど博物館」の活動と「創造の場」

（出所）筆者作成

は、「推進委員会」のメンバーなどによるインフォーマルな地域での集まりが、まちづくり活動のための対話や意識改革、ネットワークづくりの「場」として、活動を促進していたことも忘れることはできない。しかし、インフォーマルに行われるこの「場」の実態や詳細は記録されることはなく、関係者へのインタビューなどで断片的にその果たした役割を知ることができるだけである。

　このまちづくりは、「伊賀まちかど博物館」の開館によって次の段階を迎える。新たな活動を準備してきた「推進委員会」は一定の役割を終え、T：劇場に位置づけられる「まちかど博物館」が伊賀地域にいくつも成立して来館者や観光客を呼び込み、地域の多様な芸術文化を社会に向かって発信することが可能となり、より外へと開かれたまちづくり活動が展開されるのである（図2-5）。

2節　前衛アーティスト集団の18年－「具体美術協会」

　「具体美術協会」（「具体」）は、1950年代半ばから70年代初めに関西を中心に活動した前衛アーティスト集団である。その主要メンバーの作品は、国内外の美術館のパブリック・コレクションとして数多く所蔵されており、2000年以降も回顧展が相次いで開催されている。「具体」に対する社会的評価は揺ぎないものとなっており、グループとしても、メンバーに対しても、その創造的営為の成果は広く認められているといってよい。

　そのような歴史的存在となっている「具体」をここで事例として取り上げる理由は主に2つある。第1に、グループの創立から終焉、その後の再評価まで全容が既に明らかであり、また、その活動経過が資料やメンバーの証言によって詳細にたどることが可能であることである。第2に、それぞれ個性豊かなアーティストが集団としても創作活動を行っており、個人から集団にいたる創造的営為を追うことが可能となると思われるからである[10]。

前史としての阪神間モダニズム

　「具体」は、1933年に創立され我が国の前衛絵画をリードしてきた二科会・

九室会[11]のメンバーの一人であり、当時すでに高名であった吉原治良を中心として1954年に結成され、1972年に解散した。結成前には無名であった嶋本昭三、白髪一男、田中敦子、元永定正などをアーティストとして世に送り出し、その後のハプニングアートの先駆けとなる野外展など革新的な発表を行い[12]、戦後日本の代表的な現代美術運動として高く評価されている（表2-2、2-3、図2-6）。

　吉原が暮らしていた芦屋が位置する六甲山系と海に挟まれた地域には、工業化にともなう大阪の住環境悪化を背景として、私鉄資本を中心とする住宅地開発や別荘地開発が次々と行われた。そこにサラリーマン層、大阪の商人や資本家、芸術家などが居住するようになり、これらの新興層、富裕層を中心として浸透しつつあった西洋文化の影響を受けた近代的な芸術文化、ライフスタイルが普及し、発展していった。芦屋の山麓には、高級別荘地「六麓荘」が開発され、現在も残るフランク・ロイド・ライトのデザインによる洋館（現ヨドコウ迎賓館）などのモダン建築が点在し、中山岩太、ハナヤ勘兵衛らによって「芦屋カメラクラブ」が創立され、斬新な写真運動が起こり、洋画家小出楢重は大阪から居を芦屋に移して制作していた。大阪中之島の油問屋の御曹司として生まれた吉原も、芦屋への移住者の一人であり、この地のモダニズム文化の洗礼を受けて成長した。

　吉原は若き日に、当時芦屋に住んでいた画家上山二郎をとおして一時フランスから帰国していた藤田嗣治を紹介され、作品批評を受けることができたが、他人の影響を受けすぎていることを厳しく指摘された。そのときに藤田が発した「ひとまねをするな」という訓戒は、吉原の心に深く刻みつけられた[13]。後に「具体」の制作の唯一の原理ともなったこの言葉は、世界中の才能が集まったエコール・ド・パリのなかで芸術的達成へ苦闘した藤田嗣治の肉声であり、芦屋という文化的回路をとおして吉原へ、さらに「具体」へもたらされた恩恵であるともいえるだろう。

　このように、吉原を通じて、阪神地域の文化的環境からも有形無形の資産を継承して「具体」は結成され、活動していったといえるだろう[14]。「具体」結成のエポックとなった1954年の「真夏の太陽にいどむモダンアート野外実験展」（「野外実験展」）や英文併記の機関誌（『具体』）という当時では先進的

表2-2 略年譜：具体美術協会の活動

年	月	項目	内容等
1948	4	芦屋市美術協会設立	二科会の吉原治良、新制作派の伊藤継郎、画壇の中山勝に加え、芦屋在住の美術家、写真家などによって結成。吉原治良が代表となる。その背後には芦屋市社会教育課職員であった熊田種雄の尽力があったといわれている。
	6	第1回芦屋市美術展覧会	芦屋市と芦屋市美術協会の主催により開催された公募展。第1回展より吉原治良は審査員を務める。前衛的な作品を許容し出品者や芦屋市の大きさに制限はなくホテル公募できたことなど、意欲的な若い作家たちの発表の場となり、「具体」の会員の出品も受賞も多く、新しい芦屋市の発信の場ともなっていた。主催が変わりつつも2008年まで継続して開催された。
1952	11	「現代美術懇談会（ゲンビ）」発足	大阪朝日新聞社が呼びかけで絵画、書、陶芸、生花など分野を問わず新しい造形をめざす人々の討論の場としてつくられた研究会。吉原治良は幹事の一人となる。月1回の例会と年1回の公募展（「ゲンビ展」）を開催。1957年まで継続後自然消滅した。
	-	「O会」結成	新制作協会において先駆的な作品を発表していた金山明、村上三郎、白髪一雄ら約15人が「O会」を結成。田中敦子もまもなく参加する。
1953	7	第1回ゲンビ展	神戸：朝日ホールで開催。吉原治良、吉原通雄らが出品。
1954	(8)	具体美術協会結成	8月頃には吉原治良に私淑する関西在住の若手美術家の会結成の由井美昭による甲子園本宅の嶋本昭宅に置く。
	11	第2回ゲンビ展	事務局を甲子園の嶋本宅に置く。大阪：松坂屋、京都市立美術館、神戸：朝日ホールで開催。吉原治良、上前智祐、大野祭子、岡田博、金山明、木下淑子、嶋本昭三、白髪一雄、見島康夫らが出品。
	1	『具体』誌創刊	協会の機関誌として印刷製本を会員自身が作りつつ、1965年までに不定期に14号が発刊（10,13号次号に未刊）、一部英語付書記を明、海外の主要美術関係者に送付された。世界に向けた情報発信とと連帯を呼びかけるものであった。
1955	7	真夏の太陽にいどむモダンアート野外実験展	芦屋美術協会主催。芦屋市の芦屋公園3,700坪で約40人の松林で開催、出品者約27人（『具体』誌3号）。出品者を限って具体メンバーと独自の作品を発表。絵画以外に彫刻に水位や立体作品の出展を可能にしたアクションを進め、野外実験展参加を契機に「O会」の一部と上野や実験展参加したメンバーが加わり、初期メンバーが固まった。
	10	第1回具体美術展	東京：小原会館で開催。会員16人出品（『具体』誌4号）。野外展をみた書画小原流家元の会場提供による。野外展の延長線上にある素材の物質性、行為と身体などテーマにした立体作品、影刻が多く出品された。
	11	第3回ゲンビ展	京都での作品のみ、朝日ホール、行為と身体など戦を持ち込みも出品。20個のベルに音響を鳴り響に暗い響き響き音響、展示スペースで作品「ペルル」の展示をうながす。
1956	4	「一日だけの廃墟展示」（廃墟展）	アメリカのライフ誌の取材に応え兵庫県武庫川河原の廃墟地となっていた石油タンク跡で一日だけ一般非公開で行われた。しかし結局ライフ誌への掲載はされなかった。
	7	野外具体美術展	具体美術協会主催。大阪：前年に続いて芦屋公園の松林で開催、出品者27人（『具体』誌5号）。出品者数、展示スペースの大きさとも前年を上回る規模となった。
	10	第2回具体美術展	第1回展に続いて東京：小原会館で開催（以後第8回までで同会館で開催）、出品者28人（『具体』誌6号）。
	12	「具体美術宣言」の発表	『藝術新潮』12月号に吉原治良による具体美術宣言が掲載される。「具体」の活動を紹介し、初期「具体」の活動理念を言語化したもの。
1957	4	第3回具体美術展	京都美術館で開催。出品者30人（出品目録）、はじめての京都市立美術館で開催された具体美術展。
	5	舞台を使用する具体美術	大阪：産経会館、東京：産経ホール（7月）で開催。12点の作品が発表、野外展や具体美術館のコンセプトを舞台に持ち上げたものが多くとりあげた。
	9	ミシェル・タピエ来日	「具体」誌をみたフランスの美術評論家で欧米で台頭してきた新しい出来事アンフォルメルの提唱者タピエが来日、タピエは『具体』を海外に紹介し以後海外で紹介が広がる。

年	月		内容
	10	第4回具体美術展	東京・小原会館で開催。出品者23人（出品目録）。直前に来日したタピエが来賓し「世界現代芸術展」の出品作品として、吉原治良、嶋本昭三、白髪一雄、田中敦子（大阪大丸）の作品を選ぶ。
	10	「世界・現代美術展」出品	東京・ブリジストン美術館（大丸大阪支店）で開催。嶋本昭三、白髪一雄、田中敦子（大阪大丸のみ）出品。
	4	「舞台を使用する具体美術 第2回発表会」	大阪・朝日会館で開催。11点の作品が発表。公演に先立ちタピエの講演「新しい美術における」が行われた。嶋本昭三「ハリに反り橋式」と題した舞台の結婚式は新聞紙上を賑わした。
1958	4	「新しい絵画世界展―アンフォルメルと具体展」	大阪・高島屋で開催。その後長崎、広島、東京、京都巡回。タピエと吉原治良が選んだアンフォルメルの作家との国際展。
	4	第2回具体小品展（第5回具体美術展）	東京・小原会館で開催。第2回具体小品展として開催された18名（開場写真等による）。38点が出品。その後全米を巡る具体展として位置づけられた。
	9	The Gutai Group Exhibition（第6回具体美術展）	ニューヨーク・マーサ・ジャクソン画廊で開催（出品作は一般的な大きさサイズであった）。作品は一般的な大きさサイズであった。
	2	BBCテレビ番組取材	イギリスBBCテレビのカメラマンが2日間にわたって会員数名の制作風景を取材する。
	5	Arte Nuova（アルベルト・オスヴァーグ新しい絵画）展出品	トリノ・芸術家協会会館で開催。吉原治良、金山明、嶋本昭三、白髪一雄、正芳正枝、村上三郎、元永定正が出品する。
1959	6	Galleria Arti Figurativi, Torino（第7回具体美術展）	トリノ・アルベルト・フィギュラティヴィ画廊で開催。小品によるグループ展として、後に「第7回具体美術展」に位置づけられた。詳細不明。
	8	第8回具体美術展	京都市立美術館、東京・小原会館で開催。26人が出品（京都展出品目録）。京都会場は作家一人あたりの出品点数が特に多く、約250点もの作品が並べられたという。
1960	4	「インターナショナル・スカイ・フェスティヴァル」主催と第9回具体美術展	高島屋3階ホールにて第9回具体美術展と同時開催（タピエが1960年に開設「国際美術家研究所」による）。会員14人が参加（タピエが1960年に開設「国際美術家研究所」による）。会員14人が出品。
3		Continuite et Avant-garde au Japan（日本の伝統と前衛展）	トリノ・国際美学研究所で開催（タピエが1960年に開設）。会員17人が出品。
1961	4	第10回具体美術展	大阪・高島屋で開催。会員17人、会員8人出品（具体誌12号）、向井修二の作品は開場の一角に記号で埋めつくした位置づけをつくり自身を表示する異色のものだった。
	4	第11回具体美術展	大阪・高島屋で開催。21人が出品（出品目録）。肉筆の作品の自動販売機「具体カードボックス」（中に人間が入っていた）が好評を博した。
	6	Strutture e Stile（構造と様式展）出品	トリノ市立近代美術館で開催。吉原治良、田中敦子、元永定正、向井修二が出品。
1962	9	グタイピナコテカ開設	大阪中之島の吉原治良所有の倉庫を改造・施設に使用。敷地面積370㎡、施設面積440㎡、「グタイピナコテカ」という名は料はタピエによって命名された。これは会員美術家の拠点となり、展覧会、会合も開かれるようになる。大阪の少な現代美術館でもあり未展示の海外の著名な美術関係者も訪問。
	10	嶋本昭三（会員有志の連続個展開始）	グタイピナコテカで開催。協会全員個展の第1回展。以後グタイピナコテカ閉鎖まで19人の個展が開催された。この他にグタイピナコテカではファンタナ、カポグロッソなどのグループアーティストの海外展を行なわれた。
	11	「だいじょうぶ月はおちない具体美術展と森田モダンダンス1」公演	大阪・サンケイホールで開催。松谷武判の作品、第3部が具体の作品や友坂有子の作品、第3部が両者の初出品などのいわゆる「ステージモダンダンス」と構成された。
	1	第12回具体美術展	東京・高島屋で開催。会員の寄せ書き書入れの大阪の会員21人の作品、前川強の展覧会、会員の台頭がみられた。
1963	4	第13回具体美術展	大阪・高島屋で開催。21人が出品（出品目録）。白髪一雄、元永定正が出品。
	12	Exposition d'Art Moderne（グランパレ）国際展）出品	パリ・グランパレで開催。

（出所）平井章一 [2004]、芦屋市立美術博物館編 [1993]、「具体美術の18年」刊行委員会 [1976]、芦屋市美術協会他編 [1992] [1997] にもとづき著者作成

2章 「創造の場」をみる　55

表2-2 つづき

年	月	項　目	内　容　等
1964	1	Guggenheim International Awerd 1964（グッゲンハイム国際展）出品	ニューヨーク、グッゲンハイム美術館で開催。吉原治良、田中敦子が出品。
	3	第14回具体美術展	大阪、高島屋で開催。25人が出品（出品目録）。吉原治良、この頃になるとタブロー中心の展示になり、一種のマンネリズムさえかかわれるようになる。
	8	Intuiciones y Realizaciones Formales（直感と形成の実現展）出品	ブエノス・アイレス、視覚芸術センターで開催。吉原治良、白髪一雄、田中敦子、向井修一が出品。
	10	Contemporary Japanese Art（現代日本美術展）出品	ワシントンDC：コーラン・ギャラリー・オブ・アートで開催。吉原治良、元永定正が出品。
1965	4	Nul Negentienhonderd vijf en Zestig（ヌル国際展）出品	アムステルダム市立美術館で開催された国際展に具体が招待され出品。吉原治良、白髪一雄、田中敦子、元永定正、吉原通雄が出品。
	4	The New Japanese Painting and Sculpture 日本の新しい絵画と彫刻展）出品	サンフランシスコ美術館他全米を巡回。吉原治良、白髪一雄、向井修一、元永定正が出品。
	6	「日本人作家展」出品	サンフランシスコ美術館で開催。正董具約20人、新会員15人が出品（出品目録）。旧来の会員が吉原治良的な作風を打ち出すと同時に、ヨシダミノル、今中クミ子などのいわゆる第二世代の若手作家による「硬いエッジ」や「円」が台頭しはじめる。
	7	第15回具体美術展	はじめてグタイピナコテカで開催。正会員20人、新会員15人が出品（出品目録）。旧来の会員が吉原治良的な作風を打ち出すと同時に、ヨシダミノル、今中クミ子などのいわゆる第二世代の若手作家による「硬いエッジ」や「円」が台頭しはじめる。
	10	第16回具体美術展	東京、京王百貨店で開催。会員8人、会員外10人が出品（出品目録）。吉原治良がハードエッジによる「円」を発表。
	10	『具体』第14号をもって終刊となる。	
	11	Group Gutai（具体グループ展パリ具体展）	『具体』は第14号発刊後、パリ、スタドラー画廊で開催。ドイツ、ケルン、オランダ・ローエンスロートを巡回。
1966	4	2nd Salon International des Galeries Pilotes Lausanne（第2回ローザンヌ国際画商展）出品	デンハーグ国際画廊で開催された具体展が全会員が出品。
	6	第17回具体美術展	ローザンヌ、カントナール美術館で開催。グタイピナコテカが招待され、全会員が出品。
	9	具体オランダ小品展	横浜、高島屋、グタイピナコテカ（10月）で開催。会員29人、会員外18人が出品（出品目録）。唯一横浜で開催された具体展になったようになった。
1967	4	「神戸新聞平和賞（文化賞）」授与	ロッテルダム、デザインハウスで開催。グタイピナコテカでの小品展を開催。全会員が出品。
	5	具体美術協会に神戸新聞平和賞（文化賞）が贈られた。	
	6	具体美術新作展（第18回具体美術展）	グタイピナコテカで開催。会員39人、58点の新作発表（朝日新聞記事）。新作展として開催されたが後に第18回具体美術展として位置づけられた。
	8	「第4回サマー・フェスティヴァル」舞台装置制作	大阪、フェスティヴァルホールで開催。グタイピナコテカ、関西フィル共演の大阪歌劇回。大阪フィル共演の舞台装置を具体が作る。
	10	第19回具体美術展	東京、セントラル美術館で開催（11月）。会員31人、会員外13人が出品（出品目録）の立体作品が目立つようになる。
1968	2	「神戸新聞平和賞」受賞	神戸、大丸で開催。全会員が出品。
	7	第20回具体美術展	グタイピナコテカで開催。出品者数不明、いわゆる第一、第二世代の作家たちとライト・アートの接んでいる点が注目される。後に位置づけられる。
	11	第21回具体美術展	グタイピナコテカで開催。46人が出品（出品目録）。具体美術の18年目）。キネティック・アート、ライト・アートなどの立体作品が目立つようになる。

年	月	展覧会	概要
	11	「夜だけの現代美術展」出品	宮崎観光ホテルで開催。会員全員が出品。
	3	日本万博覧会での展示	万博美術館の屋外に、吉原治良のプロデュース、白髪一雄の構成により会員14人によりガーデン・オン・ザ・ガーデンを共同制作。みどり館フランスホールの出品32人の出品目録によるグタイダイゼンハイジ展示される。
	4	現グタイピナコテカ最終展	グタイピナコテカ最後の展示。木屋之町にて、大阪「ブーティ」「バン」で高速出入り口建設により立ち退きによりグタイピナコテカは閉館する。
1970	4	「具体美術版画8人展」出品	京都、ギャラリー射手座、大阪「ブーティ」「バン」で高速出入り口建設により立ち退き。嶋本昭三、白髪一雄、名塚年昭、松谷武判、元永定正、吉田稔郎、吉原治良、吉原通雄が出品。
	8	「具体美術まつり」開催	日本万博のお祭り広場で「具体美術まつり(EXPOでの大お祭り広場における人間と物体のドラマ)」を開催。
	10	グタイピナコテカ別館開設	グタイピナコテカ近い中之島の大阪西別館に「グタイピナコテカ別館」を開設し、開設記念展を開催。
1971	12	具体美術小品展	グタイミニピナコテカで開催。実質上最後の展のグループ展となる。
	2	吉原治良逝去	1月に自宅で倒れた吉原治良は意識の戻らぬまま没する。
1972	3	具体美術協会解散	3月末日をもって具体美術協会は解散する。
	4	具体美術17年の記録	グタイミニピナコテカで開催。本展の終了でグタイピナコテカは閉鎖された。

【解散後の具体に関する主な展覧会（海外での開催を中心として）】

年	月	展覧会	概要
1976	11	「具体美術の18年展」	大阪府民ギャラリーで開催。初期から後期までの会員を注まで網羅し、具体の全体像を明らかにしようとした最初の回顧展。
1979	1	「吉原治良と具体の後」	兵庫県立美術館で開催。
1983	5	「日本のダダ・日本の前衛1920/1970」	デュッセルドルフ市立美術館で開催。
	9	「吉原治良と具体」	芦屋市民センターで開催。
1985	9	「絵画の嵐・1950年代ヨーロッパとアメリカ、具体美術・コブラ」	大阪・国立国際美術館で開催。
	12	「再構成: 日本の前衛1945-1965」	イギリス、オックスフォード近代美術館で開催。その後エジンバラに巡回。
1986	12	「具体・行為と絵画」	兵庫県立近代美術館で開催によりマドリードに巡回。スペイン国立近代美術館で開催。その後、ユーゴスラビア国立近代美術館、その後の具体の海外での再評価ブームに大きな影響を与えたといわれる。
1990	12	「前衛の日本1910〜1970」	パリ、ポンピドゥー・センター国立美術館で開催。
1991	3	「1950年代の『具体』グループ」	ローマ国立近代美術館で開催。
1992	6	『具体』-日本の前衛 1954-1965」	ダルムシュタット、マーティルデンヘーエ美術館で開催。
	1	「具体 I -1954〜1959」	芦屋美術博物館で開催。「具体」を三期に分けて展覧する大規模な回顧展の第一部。
1993	6	「具体 II -1959〜1965」	芦屋美術博物館で開催。「具体」を三期に分けて展覧する大規模な回顧展の第二部。
	6	「具体 III -1965〜1972」	芦屋美術博物館で開催。「具体」を三期に分けて展覧する大規模な回顧展の第三部。
	6	ヴェネツィア・ビエンナーレ企画展での野外展再現	第45回ヴェネツィア・ビエンナーレの主催による企画展「東方への道」において具体の野外展が再現される。
1994	2	「1945年以後の日本美術『空に向かって叫べ』」	横浜美術館で開催。その後ニューヨーク、サンフランシスコを巡回（英題「戦後日本の現代美術」）。
1998	3	「アウト・オブ・アクション、パフォーマンスとオブジェの間」	ロサンゼルス現代美術館で開催。その後ウィーン、バルセロナ、東京（邦題「アクション：行為がアートになるとき」）を巡回。
1999	5	「具体」	パリ・ジュ・ド・ポーム美術ギャラリーで開催。
2012	7	「具体美術ニッポンの前衛 18年の軌跡」	東京、国立新美術館で開催。約150点の作品を展覧した大規模な回顧展。

2章 「創造の場」をみる

表2-3　具体美術協会会員一覧表

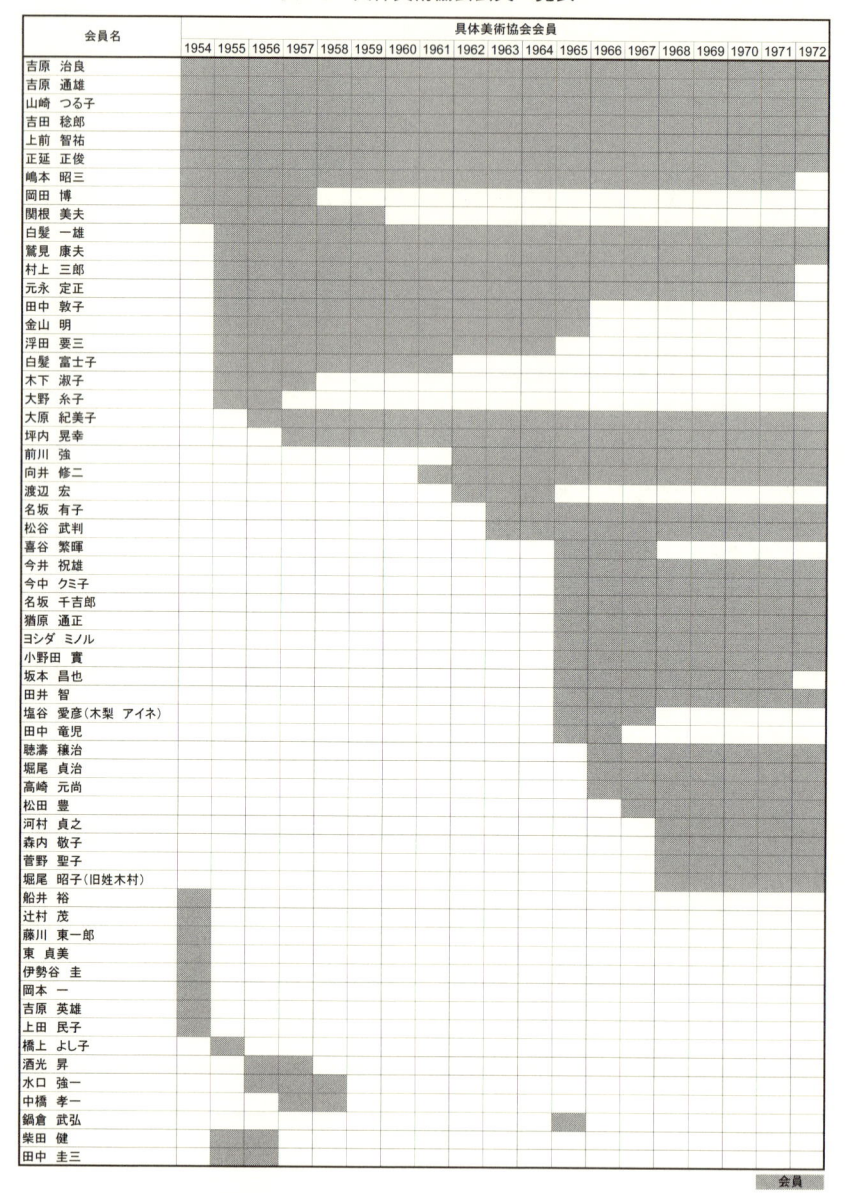

会員名	具体美術協会会員																		
	1954	1955	1956	1957	1958	1959	1960	1961	1962	1963	1964	1965	1966	1967	1968	1969	1970	1971	1972
吉原 治良	■	■	■	■	■	■	■	■	■	■	■	■	■	■	■	■	■	■	■
吉原 通雄	■	■	■	■	■	■	■	■	■	■	■	■	■	■	■	■	■	■	■
山崎 つる子	■	■	■	■	■	■	■	■	■	■	■	■	■	■	■	■	■	■	■
吉田 稔郎	■	■	■	■	■	■	■	■	■	■	■	■	■	■	■	■	■	■	■
上前 智祐	■	■	■	■	■	■	■	■	■	■	■	■	■	■	■	■	■	■	■
正延 正俊	■	■	■	■	■	■	■	■	■	■	■	■	■	■	■	■	■	■	■
嶋本 昭三	■	■	■	■	■	■	■	■	■	■	■	■	■	■	■	■	■	■	■
岡田 博	■	■	■	■	■	■	■	■	■	■									
関根 美夫	■	■	■	■	■	■	■	■	■	■	■	■	■						
白髪 一雄		■	■	■	■	■	■	■	■	■	■	■	■	■	■	■	■	■	■
鷲見 康夫		■	■	■	■	■	■	■	■	■	■	■	■	■	■	■	■	■	■
村上 三郎		■	■	■	■	■	■	■	■	■	■	■	■	■	■	■	■	■	■
元永 定正		■	■	■	■	■	■	■	■	■	■	■	■	■	■	■	■	■	■
田中 敦子		■	■	■	■	■	■	■	■	■	■	■	■						
金山 明		■	■	■	■	■	■	■	■	■	■								
浮田 要三			■	■	■	■	■	■	■	■	■	■	■	■	■	■	■	■	■
白髪 富士子			■	■	■	■	■	■	■	■	■								
木下 淑子			■	■	■	■	■	■											
大野 糸子			■	■	■	■	■	■											
大原 紀美子			■	■	■	■	■	■	■	■	■	■	■	■	■	■	■	■	■
坪内 晃幸			■	■	■	■	■	■	■	■	■	■	■	■	■	■	■	■	■
前川 強				■	■	■	■	■	■	■	■	■	■	■	■	■	■	■	■
向井 修二					■	■	■	■	■	■	■	■	■	■	■	■	■	■	■
渡辺 宏					■	■	■	■	■	■	■	■	■	■	■	■	■	■	■
名坂 有子					■	■	■	■	■	■	■	■	■	■	■	■	■	■	■
松谷 武判						■	■	■	■	■	■	■	■	■	■	■	■	■	■
喜谷 繁暉						■	■	■	■	■	■	■	■	■	■	■	■	■	■
今井 祝雄							■	■	■	■	■	■	■	■	■	■	■	■	■
今中 クミ子							■	■	■	■	■	■	■	■	■	■	■	■	■
名坂 千吉郎							■	■	■	■	■	■	■	■	■	■	■	■	■
猪原 通正							■	■	■	■	■	■	■	■	■	■	■	■	■
ヨシダ ミノル								■	■	■	■	■	■	■	■	■	■	■	■
小野田 實								■	■	■	■	■	■	■	■	■	■	■	■
坂本 昌也								■	■	■	■	■							
田井 智								■	■	■	■	■	■	■	■	■	■	■	■
塩谷 愛彦(木梨 アイネ)									■	■	■	■	■	■	■	■	■	■	■
田中 竜児									■	■	■	■	■	■	■	■	■	■	■
聴濤 穣治										■	■	■	■	■	■	■	■	■	■
堀尾 貞治										■	■	■	■	■	■	■	■	■	■
高崎 元尚										■	■	■	■	■	■	■	■	■	■
松田 豊											■	■	■	■	■	■	■	■	■
河村 貞之												■	■	■	■	■	■	■	■
森内 敬子													■	■	■	■	■	■	■
菅野 聖子													■	■	■	■	■	■	■
堀尾 昭子(旧姓木村)														■	■	■	■	■	■
船井 裕		■																	
辻村 茂		■																	
藤川 東一郎		■																	
東 貞美		■																	
伊勢谷 圭		■																	
岡本 一		■	■																
吉原 英雄		■	■																
上田 民子		■	■																
橋上 よし子			■	■															
酒光 昇				■	■														
水口 強一				■	■														
中橋 孝一				■	■														
鍋倉 武弘											■								
柴田 健					■														
田中 圭三					■														

■ 会員

（出所）平井章一［2004］『「具体」ってなんだ？』、芦屋市立美術博物館編［1993］『具体資料集』、「具体美術の18年」刊行委員会［1976］『具体美術の18年』にもとづき筆者作成

図2-6　具体美術協会の活動
（出所）芦屋市立美術館編［1993］（上、下左）
「具体美術の18年」刊行委員会［1976］（下中）、平井編［2004］（下右）

な構想の背後にも、芦屋の文化的遺産が指摘されている[15]。

結成から野外展へ

「具体」の活動は大きく3つの時期に分けられている[16]。このうち、初期「具体」は、結成から1957年頃までの、野外や舞台上で土、丸太、金属板、電気、水、煙などを素材として用いるというこれまでにない革新的な造形表現を模索した時期である。

「具体」は、芦屋にあった吉原邸・アトリエに出入りし、作品の批評を受け、師弟関係にあった嶋本、山崎つる子など17人の若手作家によって1954年夏頃に自然発生的に結成されたとされる。その最初の活動としてグループの機関誌『具体』第1号が創刊され、以後1965年までに14号（10、13号欠）が発刊された。『具体』は団体の会報ではなく、本格的な美術雑誌をめざしたものであり、第1号は創立当初のメンバー個々の作品集であったが、次第にグループの活動が活発になると、「野外実験展」等展覧会の記録写真、吉原をはじめ

2章　「創造の場」をみる　59

とするメンバーによる芸術論やエッセイなどが記載されるようになっていった。これらは一部英語併記で掲載されており、展覧会場で販売されるとともに国内外の主要な美術関係者にも送付され、「具体」の活動を広める戦略的な情報発信ツールともなっていた。

　後に中期「具体」の活動に決定的な影響を与えることになるミシェル・タピエや当時華々しく活躍していたニューヨーク居住の抽象表現主義の巨匠ジャクソン・ポロックも『具体』を入手しており[17]、関心を寄せていたことが知られている。『具体』誌は、グループの初期から中期にかけて発刊されており、今日、結成当初からの「具体」の活動をたどる元資料とされているが、その発刊の構想には、吉原の二科会・九室会の会報発行の経験が指摘されている。

　この『具体』誌創刊の前後に、「具体」メンバーは大きく入れ替わっている。元永など芦屋市美術展に出品して吉原に認められたアーティストや「ゲンビ展」に吉原門下生とともに前衛的な作品を発表していた「０会」のメンバーである白髪、田中、金山明、村上三郎などが加わるとともに、吉原と方向性を異にした創立メンバーの約半数が脱会し、1955年7月に行われた「野外実験展」の前後に初期メンバーが固まったとされる。

　「野外実験展」は、公園の松林という自然環境の中に、ビニールと水、丸太、トタン板、電球などおよそ芸術には用いられなかった素材によって、後にはインスタレーションと呼ばれるような作品をその場所でつくり、展示、体験できるようにしたものである（図2-6下左）。今日では伝説的な展覧会とされ、1992年に芦屋市立美術博物館の「具体」回顧展において、1956年の「野外具体美術展」と併せてもとの場所と同じ松林で再制作、展覧会が行われた。

　1955、56年の2つの野外展、2回の舞台での発表を中心とする初期「具体」は、白髪の泥土による作品、田中の電気服、村上の紙破り（図2-6下右）、元永の煙の作品などアクションと具体的なモノによって、これまでにない挑戦的、実験的な造形に挑んだが、マスコミには売名行為ともとらえられ、美術記事ではなく社会面でスキャンダラスに報道されることもあった。しかし、これらの試みに対して吉原は一貫して支持し好意的な批評を寄せており、また、ライフ誌が取材に訪れるなど[18]、一部の美術関係者からは注目を集めるようになる。

　結成から常に吉原は「具体」にとって絶対的な指導者であったが[19]、メン

バーの創作やアイデアに対して、具体的技術的な指導は一切行わず、会として統一的された表現をめざすことはなかった。吉原が、メンバーに繰り返し求めた有名なモットーは、自らも藤田にいわれた「ひとまねをするな」「誰もやっていないことをやれ」というものであり、メンバーはメンバー同士での模倣や過去の自分の作品とも決別を迫られた。

　吉原は、展覧会に出品するメンバーの作品選定にあたっても、理論的な批評はせず、「ええ」か「あかん」だけだったという[20]。なぜ「ええのか」、なぜ「あかんのか」については、それを言われたメンバーが自身で答えを見つけなければならなかった[21]。この結果、「具体」は、18年間に渡りグループとして継続しながらも共通の表現の枠組みや様式を持たず、「新しいこと」という原理をメンバー一人ひとりがそれぞれのやり方で造形化し、グループとして強烈なメッセージを発しながらも、メンバーの個性も際だつ特異な前衛アーティスト集団となっていった。

絵画作品とグタイピナコテカ

　中期「具体」は、1957年のタピエ来日を契機とするタブロー（絵画作品）中心の時期である（図2-6上右）。タピエは、1950年初頭に欧米で台頭してきた不定形な抽象美術を包括する概念として「アンフォルメル」を主唱していたフランスの批評家兼画商である。パリで『具体』誌を手にとって驚嘆した彼は、吉原のもとを訪れ「具体」の作品を目の当たりにして、「アンフォルメル」の世界的精華として手放しともいえる賛辞を送り、「具体」メンバーの海外の展覧会への招聘や画廊、コレクターへの紹介などに乗り出す。タピエが、海外に送るために安定して展示可能なタブローを求めたこと、吉原自身が画家であり平面作品での創作を積極的にメンバーに進めたことも関係して、初期のパフォーマンスや野外での即興的な作品制作という実験的な試みは行われなくなり、木枠に張ったキャンバスで制作された絵画が作品の大半を占めるようになっていった。1958年の第6回「具体展」（「具体ニューヨーク展」）はニューヨークのマーサ・ジャクソン画廊（Martha Jackson Gallery）をはじめ、全米各地を巡回した。欧米の画廊と作品制作の契約を結ぶメンバーも現れ、「具体」が同時代の前衛美術運動の1つに数えられるようになり、世界的に評価が

高まっていった。

　1962年9月には、大阪中之島に「具体」独自の展示施設「グタイピナコテカ」がオープンする（図2-6下中）。吉原が吉原製油株式会社（現Ｊ－オイルミルズ）の創業者であった父から引き継いだ明治時代の土蔵3棟を改装した施設であり、「ピナコテカ」とは絵画館を意味するものとしてタピエが名付けたものであった。グタイピナコテカという常設の展示施設が開設され、いつでも「具体」の作品を眼にできるようになったのと入れ替わるように、グループの情報を伝えてきた『具体』誌は発刊されなくなる。

　グタイピナコテカでは、「具体美術展」、メンバーの個展、海外の前衛アーティストの展覧会などが相次いで開催され、当時、唯一ともいえる大阪の現代美術館として、彫刻家イサム・ノグチ、美術家ジャスパー・ジョーンズ、音楽家ジョン・ケージをはじめ海外の前衛芸術家や評論家が次々と訪れた。このピナコテカのオープンと前後して名坂有子、前川強、松谷武判、向井修二などのいわゆる「具体」第二世代の作家が入会し、向井の反復された記号に埋め尽くされた作品など新たな方向性を打ち出していった。

冷たい抽象、大阪万博から解散まで

　後期「具体」は、1965年、グタイピナコテカで開催された第15回具体美術展を契機に第三世代と呼ばれる今井祝雄、今中クミ子、堀尾貞治、ヨシダ・ミノル、田井智、松田豊らをメンバーとして組み入れ、次なる展開を図った時期である。それまでの激しい筆致やアクションによる「熱い抽象」絵画にかわって明確な線による幾何学的な「冷たい抽象」絵画が台頭し、プラスチック、ステンレス、モーターや蛍光管などの工業製品による作品も発表されるようになった。これに刺激された初期からのメンバーも新たな表現を試みるようになっていくが、吉原との師弟関係的なつながりは希薄化し、メンバーの急激な増加と対照的な作品の方向性は「具体」の中でさまざまなきしみを生むようにもなっていく。

　1970年に開催された大阪万博において、みどり館〈エントランスホール〉でのメンバー全員の作品展示、万博美術館野外展示での共同制作、お祭り広場でのパフォーマンス「具体美術まつり」（図2-6上左）を開催したが、これは結

果として「具体」の最後を飾る一大イベントとなった。万博の後始末をめぐってメンバー間に対立が起こり、嶋本、元永ら初期からのメンバーの一部が退会することになる。

　また、万博参加という華やかな活動の陰で、阪神高速道路の出入口建設のために、グタイピナコテカは隣接する大阪の吉原宅とともに取り壊された。吉原は、新たなピナコテカの建設を模索するとともに、近隣のビルの一角に「グタイミニピナコテカ」を開設し、「具体」のさらなる展開を図るが、その最中、くも膜下出血に倒れ、帰らぬ人となってしまう。吉原の死を受けて、残された会員は協議の末に解散を決断し、1972年3月末で「具体」は18年におよぶ活動に終止符を打った。

名声と残響

　初期の行為による作品が、後にハプニングアートの先駆として評価されているように、活動の最初から「具体」の活動はそれまでの造形美術の領域を押し広げ、革新する活動として一部から注目されていた。さらにタピエなどに

表2-4 「具体」作品を所蔵する主な美術館とコレクション数

美術館名	所蔵作家名と所蔵作品点数								合計点数
芦屋市立美術博物館	吉原治良(2)	今井祝雄(5)	上前智祐(5)	小野田實(3)	金山明(5)	菅野聖子(1)	木梨アイネ(1)		59
	聴濤襄治(1)	坂本昌也(2)	嶋本昭三(3)	白髪一雄(2)	白髪富士子(1)	鷲見康夫(7)	高崎元尚(2)		
	田中敦子(1)	名坂千吉郎(1)	名坂有子(1)	堀尾貞治(1)	前川強(1)	正延正俊(1)	松谷武判(2)		
	松田豊(2)	向井修二(5)	村上三郎(1)	元永定正(1)	山崎つる子(2)	吉田稔郎(1)	ヨシダミノル(3)		
	吉原通雄(1)								
大阪市立近代美術館設立準備室	今井祝雄(1)	上前智祐(1)	金山明(15)	嶋本昭三(1)	白髪一雄(1)	高崎元尚(1)	田中敦子(2)		39
	坪内晃幸(1)	名坂有子(1)	堀尾貞治(1)	前川強(1)	正延正俊(1)	松谷武判(1)	向井修二(1)		
	村上三郎(1)	元永定正(1)	山崎つる子(1)	吉田稔郎(1)					
高松市立美術館	吉原治良(1)	金山明(6)	嶋本昭三(1)	白髪一雄(2)	白髪富士子(1)	田中敦子(1)	坪内晃幸(1)		21
	前川強(1)	向井修二(1)	元永定正(1)	山崎つる子(1)	吉田稔郎(1)	ヨシダミノル(1)			
兵庫県立近代美術館	吉原治良(12)	上前智祐(2)	浮田要三(1)	金山明(1)	嶋本昭三(7)	白髪一雄(18)	白髪富士子(2)		112
	鷲見康夫(2)	田中敦子(8)	前川強(3)	正延正俊(4)	松谷武判(2)	向井修二(2)	村上三郎(6)		
	元永定正(31)	山崎つる子(6)	吉田稔郎(1)	吉原通雄(1)					
奈良県立美術館	今中クミ子(2)	嶋本昭三(1)	白髪一雄(93)	元永定正(2)					100
宮城県美術館	吉原治良(2)	今井祝雄(1)	上前智祐(1)	大原紀美子(2)	小野田實(4)	金山明(1)	嶋本昭三(1)		42
	白髪一雄(2)	白髪富士子(2)	鷲見康夫(1)	高崎元尚(1)	田中敦子(2)	田中竜児(1)	猶原通正(1)		
	名坂千吉郎(1)	名坂有子(1)	堀尾昭子(1)	堀尾貞治(1)	前川強(1)	正延正俊(2)	松谷武判(1)		
	向井修二(1)	村上三郎(1)	元永定正(1)	山崎つる子(1)	吉田稔郎(1)	吉原通雄(2)			
東京都立美術館	吉原治良(1)	金山明(3)	嶋本昭三(2)	白髪一雄(6)	田中敦子(2)	村上三郎(1)	元永定正(1)		19
	吉原通雄(1)								
国立国際美術館	吉原治良(2)	今中クミ子(2)	白髪一雄(2)	田中敦子(1)	元永定正(4)				14
京都国立近代美術館	吉原治良(3)	白髪一雄(2)	田中敦子(1)	元永定正(2)					8
東京国立近代美術館	吉原治良(1)	白髪一雄(3)	元永定正(1)						5

（出所）芦屋市立美術博物館編［1993］pp.462-477にもとづき筆者作成

2章　「創造の場」をみる　　63

よって海外にも紹介され、評価が高まっていくのに伴い、1960年代から現代日本美術展等の全国規模の展覧会でメンバーの受賞や買い上げが相次ぐようになる（芦屋市美術協会他編［1997］、平井［2004］）。

　国内の美術館に所蔵されている「具体」の作品は、1992年の時点で、「具体」の地元にあたる兵庫県立近代美術館（現県立美術館）、芦屋市立美術博物館をはじめ作家にゆかりのある公立美術館、東京と京都の2つの国立近代美術館など45美術館、550点に上る（芦屋市立美術博物館編［1993］）（表2-4）。東京国立近代美術館は、我が国の近現代美術を代表する優品を集めたパーマネントコレクションを有しているが、その収蔵作品にも「具体」作品が含まれている。同館所蔵の20世紀絵画（日本画・洋画）の代表作202点を選んだ東京国立近代美術館編［2005］には、元永、白髪、田中、吉原の作品が紹介されている。

　各館所蔵の作品には海外のコレクターから買い戻された作品も多くあり、スキャンダルに彩られていた初期の作品も今日では戦後日本美術の1つの達成として位置づけられ、我が国のモダンアートの歴史に不可欠なものとしてコレクションされている。「具体」に対する評価は、美術界においてもはや揺るぎないといってよいだろう。

　「具体」の回顧展は、解散4年後の1976年に大阪府民ギャラリーで開催された「具体美術の18年」展が最初である。1980年代以降、戦後美術の再検証の流れや世界的なニュー・ペインティングの台頭を背景に、国内のみならず海外でも繰り返し開催されるようになる。1985年に芦屋市民センター、国立国際美術館、マドリッドのスペイン国立現代美術館からの巡回展、その翌年にはパリ・ポンピドゥー・センター内のフランス国立近代美術館で展覧会が相次いで開催され、「具体」の革新性に対する再評価が進んだ。1990年代になると、吉原らも建設を望んでいた芦屋市立美術博物館が開館し[22]、1992年から「具体」を3期に分けた大規模な回顧展が開催された。初期「具体」の作品は野外展のように一時的な展覧によるものや失われたものも多く、これらの回顧展を行うために再制作された。1990年代後半からは、グループではなく主要メンバー一人ひとりの回顧展も各地の美術館で開催されるようになった（図2-7）。

　グループとしての「具体」への再評価が行われるようになる一方で、解散後も、メンバーはそれぞれの芸術表現を深め、個展や自ら組織した団体展など

図2-7　元永定正展での元永のパフォーマンス（三重県立美術館［2009］）
（出所）筆者作成

図2-8　「ありえない現代アート展 in 旧生糸検査場」［2010］の会場
（出所）筆者作成

で活動を続けている。その何人かは関西の美術系大学などで教鞭をとり後進の指導にあたってきた。また、「具体」の温床の1つとなった芦屋市美術協会は[23]、「具体」解散後もメンバーが理事や審査員を務め、協会が主催してきた芦屋市美術展や子ども美術展は、その後も長く「具体」の熱気を伝えてきた。

　このように「具体」の活動は、その革新性、芸術性に対する美術史上の再評価と解散後も続くメンバーの息長い活動によって今日までも影響を与え続けている。2010年7月には、主要メンバーの一人であった嶋本が率いるアーティスト集団AU（Art Unidentified）によって、「ありえない現代アート展 in 旧生糸検査場」が開催された。ユネスコ創造都市ネットワークのデザイン部門に認定された神戸市が「デザイン・クリエイティブセンターKOBE」に転用する予定であった旧神戸生糸検査所を使った展覧会である。近代遺産建築の内部、生糸の検査器具が並ぶ場所に大がかりなインスタレーションやアクションによる作品が並べられ、往時の「具体」の息吹も感じられるものであった（図2-8）。

活動が行われた場所からみた「具体」

　「具体」の活動は、メンバー個人の作品制作、グループでの批評会や展覧会出品作の選定、展覧会、発表会など創作活動のプロセスに応じて、いくつかの場所を使いながら行われていた。

2章　「創造の場」をみる　　65

表2-5　上前智祐「自画道」における制作と「具体」等活動記録

年	月	日	曜	内容
1953	11	4	木	1952年3月に三越百貨店で吉原治良のクレパスによる抽象画を見て衝撃をうけていたが、この日はじめて芦屋の吉原邸を訪問し作品批評を受ける。
		8	日	自宅で制作後、吉原邸に10～40号の作品6点を持参。後の批評会を受けると知り、自宅で批評会をはじめて行う。
		6	金	工場に隣接する川崎重工厚生課に勤務していた関美夫(後「具体」会員)を知り、自宅で批評会を行う。
		9	月	19時から吉原邸で会合。吉田稔郎、関穂に、山崎つる子、嶋本昭三らが参加。作品批評会の後、印刷機を手入れし、自分たちで具体誌を印刷することが決まる。(この会合が実質的な「具体」結成であるとされている)
		5	火	15時以下の小品11点を持参し吉原邸で作品批評を受けた後、嶋本宅・アトリエ(西宮市)で「具体」誌を8人で印刷し行う。
	12	3	日	昼休みに関根と会い、終業後も一緒に三宮百貨店宣伝部に勤めていた吉田を訪ねる。
		9	土	午前中から吉原邸で会合。関根のアトリエで25時まで話し合い、そのまま治してもらう。
		10	日	18時から23時まで吉原邸で会合。関根、吉原通雄と2人で「具体」誌を印刷。夜は自宅で治す。
		21	木	午前中から嶋本のアトリエで関根、吉原通雄と2人で「具体」誌を印刷、その後近くの喫茶店での嶋本の個展を見る。
1954	11	7	日	昼休みに関根と会い、終業後も一緒に販売会館・岡田博(「具体」会員)を訪ねる映画会を見る
		8	月	嶋本のアトリエでベンチに新聞紙を貼り合わせて100号のキャンバスにペンキで即興作品を描く。午後、山崎の個展を見た後、関根ともに西宮市展へ行く。
		11	木	自宅でベンキの飛び散を振り掛けた100号の作品を制作。これは昨日描いた作品の2点を第2回ゲンビ展に出品することに決める。
		14	日	大阪松阪店で第2回ゲンビ展を見る。
		18	木	ゲンビ展会場で関根から出品作を賞賛される。その後、ゲンビ懇親会に出席する。
		21	日	ゲンビ展会場から搬出、夕刻から吉原邸で会合に出席し出品作の話について話し合う。
	12	9	木	嶋本のアトリエに会う。吉田、岡田、関根、神戸朝日会館でのゲンビ会員の展示作業。その後、関根らと街で飲む。
		13	月	ゲンビ展忘年会、吉田、岡田、関根、山崎らに2次会に行く。
		19	日	具体会費2か月分400円を支払う。「具体」誌号4人で具体の活字拾手組の作業。帰りに喫茶店で嶋本、関根と吉原家への土産を行う。
1		6	金	新開地の美術喫茶「萬」でモゲンバート協会から関根邸まで開かれた神戸モダンアート展の展示作業を行う。
		19	水	早出し残業後、「具体」展1号を10冊受け取る。
	2	16	水	終業後、関根と岡田を訪ねる。映画会に参加。港新開新聞記者の取材を受ける。このときの取材は1月21日記事として掲載される
		20	日	昼過ぎから制作、吉原邸を訪ねる。吉田がヤマカーで22冊の大作2点を持参。吉原の200号の読売アンデパンダン展への出品の効果について話を聞く。
	3	9	水	残業後、「具体」8例会に出席。「具体」誌JOの東京の読売アンデパンダン展への出品を激賞する。
		18	金	帰休みに訪れた岡田を連れ構内会を案内、残業し23時まで制作する
	4	7	水	帰宅して夕食中、岡田の来訪を受け、飲み、話し合う。2人が帰った後、デッサンを一枚描く
		19	火	白髪一雄宅(尼崎市)で開かれた「具体」と新作品の合同集会に出席。20人ほどが集まる。
		27	水	残業後、帰宅して散髪、その後24時まで制作する。
		30	土	終業後、岡田を訪ねるその執務中に映画会を見る。その後、関根と2人で飲む。

1955	6	12 日 金	昼まで制作後、芦屋市展（2点入選）を見に行く。会場で一緒になった「具体」メンバーと、その後関根と岡田を訪ねて飲む。
		19 日	午後、制作した後、夕刻から「具体」例会で作品を持って行く。吉原他6人で野外実験展と第1回具体美術展のことについて話がある。
		28 火	終業後、「具体」例会に出席。野外実験展と第1回具体美術展の取材を受ける。
	7	1 金	職場の工員で朝日新聞記者のくず鉄を見る。
		9 土	西宮市定で野外実験展で使うくず鉄を見る。
		11 月	保険組合に異動した関根に会う途中で寺事で具体例会を見る。寺の角家の苦提寺に書き具体例会を見る。寺の角家の苦提寺について話し合う。岡田家の知人の反応はよりくなく途中で退席する。
		20 水	野外実験展の出品作についての会合に出席。3人合同の縮図を出すが1日に受けたインタビューが生活から生まれるモダンアートとして掲載される。
		22 金	野外実験展の出品作のことで岡田夕刊に受けたインタビューが生活から生まれるモダンアートとして掲載される。
		24 日	野外実験展の展示作業。
		31 日	15時まで制作で野外実験展に着色したした。合同作品は吉原の指示で上に理めて展示することになる。
	8	7 日	野外実験展の作品撤去。関根、岡田と会場へ。自髪で会場でくずが返されていた先生にて3人で飲む。
		11 木	残業後、作品4点を持って野外実験展に出席。議題は具体展、野外実験展、ゲンダ展のことなど。具体美術展大工手間代50円を払う。
		16 金	具体合に出席、東京小原会館で開催する第1回具体美術展の懇親会に出席する。
		26 月	モダンアート関西展の出品作の小品8点を持って出席する。
	9	9 日	17時から吉原邸で第1回具体美術展のために会合に行くために作品12点を持って行くための会合。8点作品を持って大阪へ。
		14 金	追加作品12点を持って行くための会合。8点作品を持って大阪へ。
		15 土	終業後、吉原邸に断り切れずに出品。「具体」展2号の図版貼り付け作業を手伝い、吉原宅を帰宅に見て暑んだ様子を見せる。
		18 火	23日まで風邪で休養。具体美術展の搬出。その後は19日~28日の第1回具体美術展に行かず、
		31 月	「具体」例会に出席。モダンアート関西展の搬出。吉原邸での「具体」例会に出席、具体美術展大工手間賃500円を支払う。
	11	9 水	モダンアート関西展の搬出。吉原邸での「具体」例会に出席。具体美術展のスライド、写真を見る。
		26 月	午後、吉原邸に集まり小原豊雪、神戸市・生け花小原流家示を訪問し作品を見た後、会食、帰りに正成正俊と話し合う。
	12	28 水	大阪の吉原本宅で具体忘年会、具体カルタをして遊ぶ。

（出所）上前 [1985]、「具体美術の18年」刊行委員会 [1976] により筆者作成

2章 「創造の場」をみる　　67

作品の制作は、メンバーの自宅などのプライベートでインフォーマルな場所で行われており、それがどのような場所であったのか、グループとしての「具体」の活動をみるだけではみえてこない。吉原は、吉原製油社長という企業家であり、資産家であったが、作品制作や運搬は、あくまでもメンバー一人ひとりが責任を持つものであり、吉原が費用の補助などを行うことはなかった。「具体」の団体活動はメンバーの会費によって支えられており、作品の搬送費などを一時的に吉原が立て替えて支払うことはあっても、頭割りしてきちんと返還することが求められた[24]。グループ活動と作品制作という公私を混同する甘えも許されなかった。

　では、実際にどこで作品制作が行われ、「具体」の日常的な活動はどのようにして進められていたのか、「具体」創立から解散までのメンバーであった上前智祐［1985］の回想録『自画道』で確認したい。『自画道』は、上前が、少年時代から丹念につけていた日記にもとづいて、生い立ちから1958年末までを回想したものであり、「具体」創立前後の事情を知るための原資料の1つであるとされている。

　上前は、1920年丹後半島に生まれ、小学校卒業後、地元の着物の洗い張り店に奉公したのを皮切りに横浜、舞鶴などでさまざまな仕事を転々としていたが、1949年からは川崎重工の鋳物工場のクレーンを操作する仕事に就いていた。幼少期から絵が好きであり、画塾などにも通いながらアマチュアの画家として活動し、モダンアート協会などの団体展に出品していたが、既存の絵に飽きたらず新しい表現を求めていたときに、立ち寄った百貨店で吉原のクレパス画に出会い衝撃を受ける。1953年11月に、作品を持参して吉原邸を訪問し、以後その指導を受けるようになり、嶋本らを紹介され、1954年8月の「具体」創立に参加していくことになるのである。

　「具体」創立前夜から、「野外実験展」を経て初期メンバーが固まり、東京・小原会館で第1回具体美術展が開かれた前後までの記録を追ってみよう（表2-5）。

　この時期は、グループ活動の最初となった『具体』誌の印刷、発刊作業と「野外実験展」の準備などが重なり、残業などで多忙な仕事の合間を縫って毎週のように「具体」メンバーと会っているのがわかる。「具体」例会などの

フォーマルな会合は、芦屋あるいは大阪の吉原邸でもっぱら開かれていたが、メンバー同士のインフォーマルな集まりは各自の自宅や画廊喫茶、まちの飲み屋がその場所となっていた。例会では毎月の会費の他に「野外美術展」の設置にかかった費用や東京の具体美術展への搬送費、さらには具体美術展に行けなかった罰金までも徴収されている。1954年の「具体」会費は月200円であり、これは大卒程度の国家公務員の初任給が8,700円（人事院HP資料）であった当時の物価水準を考えると現在ではおよそ4,000円に相当すると思われる。「具体」はメンバー全員が応分の負担をし、対等な立場で関与し、協力して行われた団体活動であったことがわかる。発刊されたばかりの『具体』誌もメンバーが分け合って持ち帰り、知人などに販売することになっていた。

　上前がどこで制作していたのか。その場所についてはこの時期の活動には詳細に書かれていないが、『自画道』の前後の記述やさらに上前の画集［1985、1995］の記録写真などによると、当時、家族とともに住んでいた垂水区の会社の家族寮であったことがわかる。家族寮には廊下、階段・踊り場などの共有スペース、建物の中庭や裏手などに空き地もあって、「具体」に出品する100

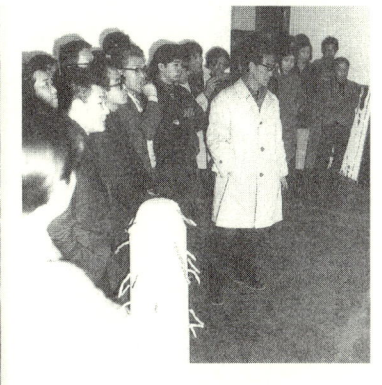

図2-9　作品選定・批評会の様子
左：吉原アトリエでの作品選定（1959）　右：「具体美術新人展」（1967）
（出所）芦屋市立美術館編［1993］（左）、平井編［2004］（右）

号などの大作は、もっぱらこのような場所を使って、帰宅後や休日を中心に制作されていた。

　上前以外のメンバーも、子ども向け絵画教室を開いたり、さまざまな生業につきながら、画材を調達し、展覧会に出品する作品を制作するための環境を整えなければならなかった。既存の絵画の枠組みを超える巨大なスケールの作品をつくるためにはアパートや自室では難しく、制作スペース確保には苦労も多かったようである。教員として勤務していた学校の教室を使ったり、実家の寺で制作したり、自宅近くの防波堤にキャンパスを立てて制作しているメンバーもあった。また、ペンキやベニヤ板、新聞紙や模造紙などが画材として使用されたのは、旧来の美術の枠を壊したいという思いとともに、大作を描くための大量の絵具やキャンバスが購入できないという現実的な理由からでもあったのである。

　このようなそれぞれの努力によって出来上がった作品を持ち寄り、批評や展覧会出品作の選定を行うグループ活動が行われたのは吉原邸やアトリエ（開館後はグタイピナコテカ）であった（図2-9）。自家用車も普及せず、宅配便もなかった時代に大きな作品を吉原邸の批評会まで持って行く手段は、電車であり、知り合いの八百屋などから借りたオート三輪、時には自ら引いたリヤカーであった。制作に打ち込んでいたメンバーの多くは、作品を抱えての移動と制作スペースの確保という2つの条件を両立させる場所を選ぶ必要もあり、吉原の自邸を中心とする阪神間に集まっていた（図2-10）。この点から初期、中期を中心とする「具体」はローカルな地域に密着した芸術活動であったといえるだろう。

　「具体」の作品は、これまでにない実験的な野外展や舞台でのパフォーマンス、芦屋市美術展やゲンビ展などの公募展、自らが主催する具体美術展などさまざまな機会、方法によって発表された。第1回から具体美術展の会場となった東京青山の小原会館は、吉原の知友であり、1955年の「野外実験展」に感銘を受けた華道小原流家元小原豊雲が提供したものであった。「具体」メンバーの発掘と発表の場ともなった芦屋市美術展を主催していた芦屋市美術協会は、吉原らによって戦争の傷跡も残る1948年にいち早く結成されたが、個性の強い著名作家の間をつなぎ、円滑な会の運営に奔走した当時の芦屋市社会教

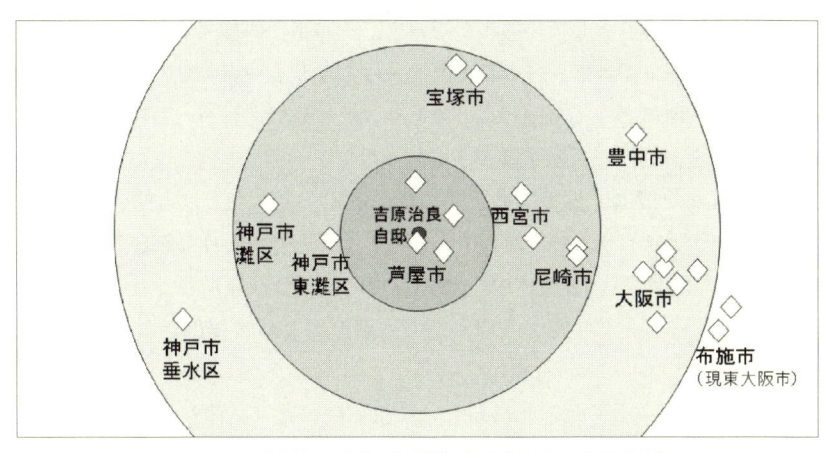

図2-10　吉原邸と中期「具体」会員住所との位置関係

(出所) 筆者作成

育課職員熊田種次が陰の功労者であったといわれている[25]。このように直接、「具体」メンバーとは接触することは少なかったが、その結成と活動を背後から支えた人たちの存在も、「具体」を囲む幅広いネットワークの一部である。

　「具体」独自の展示・交流のスペースとして1962年に開館し、1つの芸術運動が専用施設をもった希少な例とされるグタイピナコテカは、吉原の個人的資産によって確保されたものであり、当時の前衛美術を巡る貧弱な展示環境の中で、「具体」が活動を継続、拡充していく大きな力ともなった。グタイピナコテカには世界の前衛美術の第一線に立つ批評家やアーティストが煩雑に訪れ、「具体」と交流し、その作品を世界のアートの流れに位置づけて賞賛する場ともなった。ここで世界的な潮流に直接触れる機会を持ち得たことは、画壇の主流から無視されてきたメンバーを勇気づけ、制作の支えともなったのである。

　しかし、このような展覧会という結果よりも、メンバーにとっては、その前に行われた作品選定や批評会が大きな意味をもっていた。批評会では、先述したように「ひとまねをするな」という原理にもとづく吉原の裁断が下り、時にはすべてを破棄したり、再制作しなければならなくなるわけだが、まさに否定されるか認められるかの真剣勝負の「場」としてメンバーを鍛えていった。同時に批評会では、作品を通じてお互いに刺激し合い、他のメンバーがどのよ

うな作品をつくろうとしているのかをみて、その制作の意図や方法を見取り、自分のコンセプトや技法、オリジナリティはどうあるべきかを確認できた。これは実は、吉原にとっても同じことであり、批評会でメンバーの斬新な作品に対峙し、自らの制作に苦悩することもあった[26]。

この作品の批評会、展覧会のための作品選定、会合などは吉原の邸宅、開館以後はピナコテカで行われており、個人の責任とされた作品制作とは対照的に、「具体」のグループ活動の核となった場所は、会社経営者であると同時に「具体」のリーダーとしての吉原が有した資産によって提供されていたのである。

個々のメンバーにそれぞれの新しさを求め続けた「具体」の創作活動は、同じ理念や方向に向いながらも基本的に自律的であった。しかし、孤立しがちな前衛美術家にとって、舞台を使った発表や野外展などは、他のメンバーの創作過程を直接的に知る貴重な機会であった。目的、経験と活動の場所を共有することによって、自らの作品のレベルを上げ、創作のための立ち位置や方向性を定めるてがかりを得ることができたのである。また、展覧会の搬入・展示後や批評会の後には、しばしば「飲み会」などのインフォーマルな交流がもたれたが、制作の本音が語られ、多くの刺激を受ける機会として大きな意味をもっていた。

アトリエからミュージアム、まちへ

「具体」は、新しい造形表現を希求する若手アーティストのグループであったが、「読売アンデパンダン」[27]に集った美術家など同時代の他の前衛美術運動が伝統からの独立を訴え、既存の画壇や規制に激しく反発したのに対し、戦前から画家として活動してきた吉原の絶大な指導力のもとにグループとしてもまとまって継続した活動を続けた。メンバーが異口同音に語るように、「具体」のめざましい創作活動は吉原の批評眼と先見性なしにはありえなかったのである。メンバーとなった無名の若者達を惹き付け、まとめる磁力となったのは吉原とその芸術理念であり、特に初・中期のメンバーは吉原と師弟関係を持って強く結ばれていた。吉原のように前衛美術家としての鋭い審美眼と会社の経営者としての能力や資産を備えた存在は希有であり、その強烈な個性にオーガナ

イズされることによって、「具体」という集団ができあがったことはまちがいない。短期間に消え去ることの多い前衛芸術運動としては異例の18年という長さにわたって活動を継続できた理由の1つもここにあると考えられる。

しかしながら、一方で「具体」は、対等な関係にもとづき会費によって運営された「協会」であり、展覧会の出品作や展示の順序まで吉原が指示したとはいえ、作品制作そのものはプライベートな場所によって行われ、個人の領域として不可侵なものであった。このようなメンバーにとって、機関誌『具体』の発刊や具体美術展はグループとして外へ向けての運動の発信であると同時に、互いにライバル心を燃やした成果を競う機会でもあり、そこで得たものは自己の方法や作風の確立へ反映された。「具体」は、吉原の強力な芸術的理念のもとにこれまでにない造形作品をつくるという目的を共有するグループであったが、それを実現することは一人ひとりのメンバーの制作活動にゆだねられており、集団活動と個人の創作が循環することによって新しさを実現していたのである。

このように、「具体」は、その活動の全体をとおしてみれば、個人と集団とがリンクしたゆるやかな集合体であり、1章のコクヨの事例でみた企業内チームのように単一のミッションに向かい共同して働く強固な目的的組織とはいえない。その成功の要因を吉原のみに帰することはできないのと同様に、その成果のすべてを組織的活動にも、個人の制作活動にも還元することはできない。

これを「創造の場」としてみると、「具体」の創造的営為には、前衛美術に取り組む集団活動の「場」と一人ひとりのアーティストの創意の「場」が相互に関係しており、それらが一連のものとしてつながることによって活動を実現しているとみることができる。

ほとんどのメンバーにとって、それぞれの自宅はA：アトリエとして「具体」の活動の基点であり、また帰着点でもあった。批評会や展覧会、グループ活動で得られた経験や知見も、この個人の創意の「場」に持ち込まれることによって、次なる制作に活かされていったのである。

制作の成果を、「具体」として発表する具体美術展をはじめとするグループの展覧会は、T：劇場として機能していた。既存の展覧会の有り様を打破するために、公園の松林や劇場の舞台等も使われ、美術には関心の薄い人たちへも

アピールしていった。「野外実験展」の展示作品が子ども達の遊び場所になり、その反応からメンバーが刺激をうけるなど、鑑賞者からもたらされる意外な反応や行動も作品制作へインパクトを与えていた。

「具体」の核となった活動は批評会であったが、これは、吉原も含む「具体」のメンバー同士、あるいは来訪者を含めた交流・対話のためのＣ：カフェとして機能していたとみることができる。これまでの自分をも含む「ひとまねをするな」という吉原の簡潔な原理に基づく厳しく直截な批評と相互批判によって「具体」メンバーの主体性、自律性を引き出すとともに、吉原の広範な人間関係によるネットワークによってメンバーと他者との多様な交流を創出し、それぞれの個性と方法論を築きあげるための機会をもたらしていた。画風も制作の方法も共有せずに18年にわたって表現の幅を拡げ続け、革新的な造形を次々と生み出した「具体」の活動の核となった「創造の場」はこの交流の「場」である。

吉原は、野外展、舞台発表などのそれまでにない作品提示の構想、展覧会出品作品の選定、グループ活動のアピールまでを引き受け、実質的に「具体」

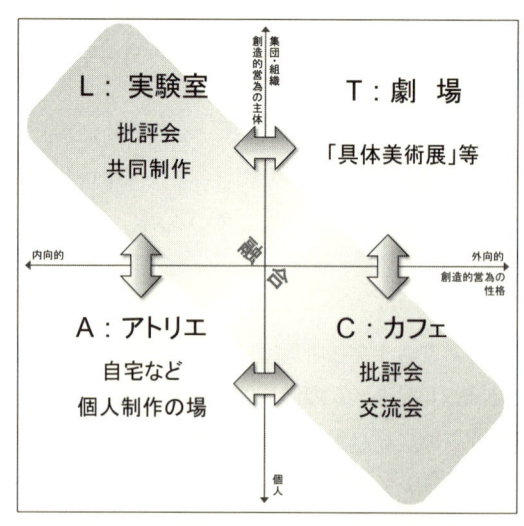

図2-11 「具体」の活動における「創造の場」

（出所）筆者作成

のプロデューサーという立場にあった。しかし同時に、吉原自身もこのことを意識していたように、メンバーの持ち込む野心的な作品に同じ立ち位置で向き合い、自らの芸術を高める努力を怠らない一人の芸術家でもあり、他のメンバーと同じく「具体」に集ったアーティストの一員であった。「具体」会員は出入りが多く、入会者総数は60人に上る。そのメンバー一人ひとりが自律的に活動しながら、交流や対話による成果を個人へと還元し、創造的営為を発展させていったのである。

　しかしまた、批評会は、「具体」という集団・組織が目的を共有、確認する「場」でもあり、L：実験室として機能していたとも考えられる。批評会は、吉原邸やグタイピナコテカなどの閉じられた空間で、吉原の見識や直感にリードされて行われたが、グループとしての「具体」の意志や方向性、展覧会の発表内容を実質的、全体的に決定する「場」であり、集団・組織活動の「場」としても存立していた。個々のメンバーを超えた芸術的達成をめざす集団・組織としての「具体」は、共同制作や『具体』誌の発刊などグループとしての活動において一層明瞭となる。このような集団による共通体験もまた、最後はA：アトリエに持ち帰られ、結果的に創作に活かされていた。

　このように、「具体」という前衛アーティスト集団の創造的営為においては、C：カフェとL：実験室という2つの「場」は、場所としても時間的にも明確に分節することが難しい。批評会などの同じ「場」が、集団・組織活動の意志決定や芸術理念を形成する「場」として機能する場合もあれば、吉原を含むメンバー同士の対話や交流の「場」として機能する場合もあり、この2つは融合していたと考えられる（図2-11）。

　この2つの「場」が重なる要因は、先にもふれたように、「具体」の活動が、新奇な造形作品という目的を共有しつつ、その具現化を個人に委任していたからであり、創造的営為を個人から集団へ、集団から個人へと自在に受け渡すことで目的を実現していたからである。18年にわたる「具体」の創造的営為をまとめてみると、交流のためのC：カフェと集団活動のためのL：実験室という2つの「場」の機能をもっていた批評会を核として、個人の創作の「場」であるA：アトリエと集団の発表の「場」であるT：劇場がつながることによって具現化されていたということができるのである。

2章　「創造の場」をみる　　75

3節　アートNPOのつながるちから
　　　　－ココルームの実践

　ココルームは、大阪で活動している芸術文化に関わるNPO（アートNPO）[28]である。「創造の場」が、芸術文化を介した開かれた出会いとネットワークの機会をもたらすものであるとすれば、それをコーディネートするのにふさわしいのはNPOであり、その主体としてのアートNPOが注目される。

　前節で考察した「具体」は、互助的な組織ではあったが、一般向けの展覧会や『具体』誌を刊行し、自らの芸術や活動理念を広く社会化する非営利の芸術文化団体としての側面を持っていた。今日のアートNPOの活動に近い要素ももっていたといえるだろう。

　特定非営利活動促進法（1998年施行）にもとづいて数多くのアートNPOが設立されているが、その置かれている状況は厳しいことも指摘されている。このアートNPOの現状について考察することからはじめ、事例を検討していこう[29]。

アートNPOの現状

　すでにふれたように芸術文化という言葉には、芸術を軸にしながら、内面化された価値観、生活様式としての文化という側面も含意されており、さらに、創造都市論が進展するのに伴って、文化政策が対象とする文化概念がより幅広いものへと変化してきたことが指摘されてきた。もともと多義的な言葉であった芸術文化は、都市再生や発展のための有力な資源・資本としてとらえられ、実践の対象としても広義の内容を含むものとして定着してきているといえるだろう。

　このような芸術文化概念のひろがりという潮流にも乗り、アートNPOの活動は、知的・精神的な価値観、ハイアート、伝統芸能、ポップカルチャー、地域の祭りや慣習、新たに生み出されつつある実験的芸術をもその領域に加えつつ拡張し続けている。

　この幅広い芸術文化に関わる市民活動を把握し、アートNPOの課題解決や

基盤強化、ネットワーク促進などの中間支援を目的として2004年に設立され、特定非営利活動法人として認証されたのがNPO法人アートNPOリンクである。アートNPOリンクは全国の特定非営利活動法人（NPO法人）データをもとに調査を実施している。この調査の対象となるアートNPO法人とは、特定非営利活動促進法第2条・別表2[30]にもとづく定款に学術、文化、芸術またはスポーツの振興を図る活動を掲げている団体の中で、「芸術や文化に係る活動をしていると思われるNPO法人、および主たる活動領域は異なっているが、芸術や文化に関わりのある活動をしていると思われるNPO法人を抽出」[31]したものである。アートNPOリンク［2009］によると、2003年の535法人から05年：1420、07年：2006と法人数は継続して増えており、2008年9月時点では3500を越えるアートNPO法人が活動している[32]。また、2006年にアートNPO法人を対象に実施したアンケート調査結果によれば、活動ジャンルは、音楽、美術、演劇、舞踏・ダンス、伝統芸能、生活文化、映像・映画など多岐にわたっている。

　このようなアートNPOの課題はどのようなものなのだろうか。上記のアンケート調査と内閣府［2006］の比較分析によれば、アートNPO法人は、かねてよりアメリカなどと比較して零細であることが指摘されている我が国のNPO法人全体に比しても、職員数・財政規模ともにさらに小さく、無償のボランティアによって活動が支えられている実態が浮かびあがる（特定非営利活動法人アートNPOリンク［2007］）。

アートNPOの可能性

　NPO法人は、公共性、社会性をその活動のミッションとしており、アートNPOも芸術的達成を志向するのではなく、それをいかに社会化していくか、公共の利益としていくのかが活動目的となる。芸術文化のつくり手と受け手となる市民が交流し、より深い参加体験が可能となるような機会をつくることが活動の重要な方向性となるといえるだろう。アートNPOリンクの調査でも、「とくにちからを入れている活動」として「鑑賞機会の提供」（63.0％）、「ワークショップなどの普及活動」（42.4％）、が1、2位を占めている。また、そのような活動の実現に向けて、財政的な支援という側面も含めてさまざまな組織

2章　「創造の場」をみる　　77

との連携が進められており、行政（66.3%）、企業（56.8%）、非営利団体、学校、海外機関、商工会、医療・福祉機関など幅広いパートナーとの間で連携・協働が試みられている（特定非営利活動法人アートNPOリンク［2007］）。

このようなアートNPOの活動の方向性は、開かれた関係性にもとづく「創造の場」の形成という創造都市論の課題認識とも重なるものである。

しかしながら、ここまでみてきたとおり、アートNPOはその数を着実に増し多様な活動を展開しているものの、規模は零細であり、スタッフは少なく、持続性、発展性の面で課題を抱えている。組織として脆弱なために活動の多くは芸術文化に関心を寄せるボランティアによって支えられており、自分が好きなことをやっている人たちは苦労して当然ともみられ、非営利組織で働くことへの自発性が強調されてしまう。活動に対する十分な対価は支払われず、ともすれば過重な労働が要求されがちなことが指摘されている（櫻田他［2007］）。

このような状況にあるアートNPOに、「創造の場」を形成し、コーディネートする主体となることを期待できるのだろうか。また、そのような小さなアートNPOの活動が、地域の問題解決へとひろがっていく可能性を持っているのだろうか。このような課題を意識したうえで、大阪における芸術文化の社会化の先端に立つともいえるアートNPOの事例を追い、さらに考えてみたい。

ココルームのライフヒストリー

こえとこころとことばの部屋（ココルーム）は、詩人である上田假奈代によって2003年に任意団体として設立され、2004年10月に特定非営利活動法人として認証されたアートNPOである。活動の目的として「"こえ"と"ことば"と"こころ"をキーワードとした芸術活動の普及と人材育成を柱に、表現者や表現をとりまく仕組みの新たな経済モデルを実践」（定款第3条）することを掲げている。2010年まで7年にわたるこのアートNPOの歴史について、設立までの経過、その主要な活動と成果を含め、時間を追ってみてみよう（表2-6）。

仕事としての詩――「詩業家宣言」

上田が、ココルームの設立につながった「ことばを人生の味方に・詩業家

宣言」を行ったのは2002年である。これは、当時ライターとして働きながら詩人として活動していた上田が企画したイベントに参加した大学生から、詩を仕事にしたいと話しかけられたことがきっかけとなった。「彼にしてみればわたしは先輩にあたり、よいアドバイスでもあるかと思ったのだろう。ところがわたしは返答できなかった。『日本で詩が仕事になるのは谷川俊太郎くらいよ』。そんな返事をした。そしてその返事をとても後悔することになる。二週間後、彼はビルから飛び降りて亡くなった。訃報をきいて愕然とする。なぜ、あのとき『詩を仕事にするのは大変だけど、がんばりなさいよ』と言わなかったのか、言えなかったのか。わたし自身が『詩は仕事にできない』と思いこんでいたからだ。」[33]と気づくのである。

　しかし、現実的に詩では生活ができないし、詩で儲けようとするのは卑しいとされる詩の世界の風潮のなかで、詩をどうやって社会につなぎ、仕事にできるのか。青年の死を受け止め考え続けている最中に、ライターをやめざるを得なくなったことから詩を生業とする意気込みをこめた詩業家宣言を行うのである。

　同じ2002年には、大阪市が、浪速区新世界の市有地に土地信託事業によって鳴り物入りで1997年にオープンさせながら、早々と経営に行き詰まった都心型アミューズメントパーク・フェスティバルゲートの空き店舗を活用する「新世界アーツパーク事業」（SAP事業）を創始する。2001年に市が策定した「芸術文化アクションプラン」にもとづき、現代芸術の人材育成、拠点形成と情報発信をめざすプロジェクトの1つとして「一般市民が自由に往来できることが前提である集客商業施設内に、現代芸術に関するNPO活動を複数点在させ、都市の日常にアートコミュニティを築く」ことを目的とするものであった[34]。市が部屋の賃料と光熱水費を負担し、入居したNPOが運営を行うという全国初の「公設置民営方式」により行われ、事業開始当初には、市から声をかけられたコンテンポラリーダンスのダンスボックス（db）、現代音楽のビヨンドイノセンス（bridge）、映像とメディアと記録と情報のための組織（remo）という3つのアートNPOが入居した。

　翌年、上田も誘われて、未来のアートNPOの担い手育成のために設けられた「マテリアルルーム」に任意団体として参加する。詩を具体的な仕事にとい

表2-6 アートNPOこえとことばとこころの部屋（ココルーム）の履歴と主な活動　2003.4～2010.1

年	月	項目	内容	助成者・共催者等
2003	4	新世界アーツパーク事業（SAP事業）：こえとことばとこころの部屋（ココルーム）の開設	空き店舗のうち最大の約60坪の元喫茶店舗をボランティアと共に改装し、カフェ、小さな舞台付きのアートスペース、事務所に改装。5月よりカフェ・舞台付きのアートスペースを運営、営業。	
	4	ほえ来家	上田假奈代テキストを固めにお茶・お菓子付き（2007年2月まで開催）	
	4	フリーペーパー・フリーマガジン「ほえ太通信」	広報と活動報告を兼ねるフリーメールマガジンを隔月で発行・配布（現在は2月まで継続）、発行部数当初5,000部→2008年度10,000部。	
	4	アートワークショップへの人材派遣	寺院や視覚障害者施設等外部で実施された時の学校などでの市民向けワークショップへの人材派遣、現在まで継続。	
	4	カフェ	交流スペースでのカフェの営業を開始（移転を経て現在まで継続）。	
	8	P.P.P.P.C.B.N. cocoroom booking night	若手ミュージシャン、アーティストの発表の場として月2回ブッキングを行う事業（2007年7月まで実施）。	
2004	4	BOOKS ARCHIVE	文学作品を公開朗読しアーカイブ化、視覚障がい者等に貸し出し（2007年7月まで99回開催）	
	10	特定非営利活動法人認証	2004年4月にNPOの理事会、総会を開催しNPO法人設立を承認。10月13日特定非営利活動法人として認証を受ける。	
	10	reading THE BIG ISSUE JAPAN ①	P.P.P.C.B.N.スペシャルとしてビッグイシュー日本版の周知をはかるイベントを企画、実施。趣旨に賛同したアーティストが出演。	エイブルアートジャパン
	12	読歩project vol.1	視覚障害のない人によるアート体験ツアー（実行委員会実施）。	
2005	3	reading THE BIG ISSUE JAPAN ②	P.P.P.C.B.N.スペシャル、生活保護受給者グループの講師講演、ビッグイシュー販売員の語り。	
	4	reading THE BIG ISSUE JAPAN ③	P.P.P.C.B.N.スペシャル、紙芝居劇むすびンドネシアからの報告。	
	5	アートは米だ！田植えに行こう！	奈良県の棚田田植えを体験、以降毎年田植えを通じて稲刈りを続っき事業を実施。	
	6	新世界アーツパーク未来計画実行委員会	フェスティバルゲートの4つのNPOが事業ごとのプログラムを開催。これまでの活動を振り返り、事業再開に向けての協議を行う。6/23、7/15、8/4、11/1に4回のシンポジウム等を開催。これらの協議の中からはたらくことばこの企画を開催。	
	7	読歩project vol.2	視覚障害者がナビゲーターする美術鑑賞事業。大阪府庁で行われた大阪芸術祭事業。	大阪府委託
	7	むすびproject	紙芝居集団ごかいがNPO法人むすびばにより改名し活動を開始。その活動をバックアップするため周辺用の映像作品化、マネジメント組織の発足。資金獲得のプロジェクトを企画、実施。これも継続中。	
	9	就労支援カフェココルーム	カフェ、インターネット・パソコン等を設置し就労支援プログラムを設置。トータルサロンとして意見交換の場を提供。コミュニケーションプログラム。ほえ太通信は特に特集を組む。	明治安田生命保険
	9	活うきぼしproject	アートNPOremoとともに実行委員会をつくり、身体障害者の舞台パフォーマンスを制作。2005年9月ココルーム、練習を重ねた2006年4月に発表。	大阪産業局
	12	読歩project はたらくことば	6日間にわたる府議会の9階、20数人の府庁職員のインタビューを「あなたにとって仕事とはなにか」を訊ねにまとめ、点字とデザインによって表現し、大阪府庁内に展示。	
2006	4	ほえうきぼしproject オンステージ	2005年9月から取り組んできた台詞作りの発表。	明治安田生命保険
	5	フェスティバルゲートあり方検討会議	5回の会議を経て審議的な共同利用事業を公募する報告書を9月に市長あてに提出。これを受けて大阪市は2007年1月に共同利用事業公募へと進んだ。	大阪市設置
	6	「ことばらちここばをともだちへ」	表現の社会性を探る、ポスター・フリーペーパー・ココルームにちなち委員を実施し、成果をこの空間の下劇場にしてシンポジウム、「アートの領域・アートの価値」を開催。	（財）地域創造
	6	農業アートプロジェクト	奈良県の棚田における一般参加者とアーティストによる田植えからの農作業を体験。	
	8	「ビッグ盆！」	新世界アートNPO未来計画委員会主催、地域の協働により、新世界・日本橋電気街で46年ぶりに盆踊りを復活。2万5000人動員。ココルームは子どもたちの盆踊りの創作ワークショップ、地域の会場となったニュートラカフェを実施。対話シンポジウム。	文化庁、大阪府、アサヒビール芸術文化財団、まちづくり市民財団他

年	No.	事業名	内容	主催等
2007	8	就労支援カフェBANDココルーム アートによる包摂型就労支援モデル	トークサロン、関係づくりのワークショップ等イベント事業を中心にニート調査を踏まえてこれまでの取り組みを総括した「アートによる包摂型就労支援モデル」を構築。来場者へのニート調査、ニートや就労困難者にフィードバックを行う。2月にフォーラムにて就労支援とアートの伸びやかな関係に。開催。	大阪市委託
	12	大阪市立大学都市研究プラザ 西成プラザの開設	大阪市立大学都市研究プラザの現場プラザの一つとして西成合同庁舎5階に開設される。	大阪市立大学都市研究プラザ主催
	2	全国アートNPOフォーラムinフェスタ！	新世界アーツパーク未来計画実行委員会・フェスティバルゲート・NPO関係者がフェスティバルゲートに集い、アートNPOのラウンドテーブル・フェスティバルゲート再生計画について議論。	アートNPOリンク主催
	3	フェスティバルゲート公共利用案提出	db, remoとともにアート＆ソーシャルインクルージョン創造的な公益事業モデル事業を大阪市に提出。	
	4	就労支援包摂型就労支援ネットワーク事業	キャリアカウンセラーがはじめて参加し、相談事業、トークサロン、社会体験プログラムを実施。	大阪市委託
	5	フェスティバルゲート公共利用事業審査員会	1次審査の結果公表。「アート＆ソーシャルインクルージョン創造的な公益事業モデル創出事業」は最高点となったが、経営基盤の施設認の危惧により棄却され市切などとの報告を行う。フェスティバルゲートは整理人札による新世界アーツパーク事業は12月で退去することになる。	大阪市設置
	5	「ここるのたねとして」（にこにね）	ディレクターを招聘したコンセプトカフェスからを始め、聞き取りによるとばにもる創作発表を行う。7月にライブ＆トークセッション を6月、7月に回開催。	（財）地域創造
	6	「あしたの地図」より	「こころのたね取りプロジェクト」と並行して、地図ワークショップや人々と「あしたの地図」をつくる。	（財）地域創造
	7	「むすびめイキリス公演」	紙芝居劇団むすびめが世界のホームレスのある話を創造的な表現を取り上げた初の国際的イベントten feet away international festivalに参加。	国際交流基金
	10	フェスティバルゲートでのカフェ営業終了	7月末フェスティバルゲートでのカフェ営業は終了。	
	10	IBカフェココルーム	所縁のない若者たちをアートを通じてエンパワメントしようというもの。トークサロンや社会体験等を中心に167プログラムを実施。	大阪市委託
	11	「ちんどんチャンス」	障碍関係者、ヘルパーとミュージシャンなどがちんどんやミヤとを作るワークショップ。	大阪市コミュニティ・ビジネス（CB）モデル事業
	12	アートによる包摂型就労支援ネットワーク事業「ここづらを超えた就労支援の現場から」	昨年度末ホームレスのキャリア相談とワークショップを金ケ崎で実施。12月には梅田でシンポジウム・ネットワーク「生きづらさを越えて」を開催し、発達障害、ネットカフェ難民についての報告。	大阪市委託
	12	カフェのフェスティバルゲートからの移転	西成区山王町の動物園前に店を借りて「ココルームカフェとカネ」をオープン。新世界アーツパーク事業は暫定的に新大阪のゲート施設に活動（2009年3月まで）。	
2008	3	「ここるのたねとして」出版	こたねらの成果をまとめた文庫本として一冊発行。	大阪市立大学都市研究プラザ
	5	夜回り	近くの路上で野宿している人たちにおにぎりとお茶を配る夜回りも一回実施（現在も継続）。	
	5	記憶と地域をつなぐアートプロジェクト 金ケ崎 2008	西成プラザとの協働のもと、西成区の子どもの施設での表現ワークショップ「あしたの地図」（10回）と西成に暮らす「記憶と聞き取り実施」を実施。3月にも報告事業。	大阪市立大学都市研究プラザ、コミュニティハウジング財団
	5	Art Connected Point Network「アートと社会の接続点・ゆるやかなネットワークをつくる会」	アートと社会の接続点としての活動から映画のみなさん、大阪のまちでアートについて考える、ネットワーククミュニケーション勉強会とシンポジウム（1回）、西成区の子どもの施設での子ども向けワークショップ（1回）、コミュニティ・アートの勉強会（3回）を開催。	（財）地域創造
2009	6	KAMANIメディアセンター オープニング	インフォショップ・カフェのない空きましを増設。釜ヶ崎の情報発信・交流施設として「KAMANIメディアセンター（かまん）」を開設。記憶と会話を想起させる場、アートと社会企画によりキャリアホームレスアペラの事例を映す場とするなど新しい取り組みを実施。（現在も継続）。	トヨタ財団
	8	水都大阪2009	大阪市等による水都大阪2009実行委員会主催。アートと社会の関わりのプロジェクト、イギリスのストリートオペラにも関する調べ考える人と、「むすびめ」トークセッションを実施。	水都大阪2009事業
	8	現代芸術創造支援事業 OCA大阪コミュニティ・アート	コミュニティアートを体験、実践するプロジェクト、イギリスのホームレスオペラ「ストリートワイスペラ」の基礎デザイン学ぶワークショップ（1回）、西成区の子どもの施設でのゼロワークショップ（3回）の勉強会（3回）を開催。	大阪市立大学都市研究プラザ、コミュニティハウジング財団
2010	1	現代芸術創造支援事業 OCAシンポジウム	詩人谷川俊太郎らを金ヶ崎に招いて詩作品発表、ストリートワイスペラの発表、グループセッション会。西成区ニューミーティング。	大阪市

ココルーム関連の施設等に関するもの

フェスティバルゲート存続に関する大阪市の動きに関するもの

（出所）筆者作成

2章 「創造の場」をみる　*81*

う思いを形にしようとするものであった。

フェスティバルゲートでの実践

2003年4月、ココルームの活動は、中華料理店であった約60坪の場所を掃除し、小さな舞台付きのアート・交流スペース、事務所スペースに改装する作業から始まった。改装費は自前でありボランティアとの手作業で行われた。この作業と毎日のまかないご飯から、スタッフとなる人材がみつかり、カフェの構想が生まれ、開店後、カフェの営業と舞台スペースの運営によって活動資金を得ていく[35]。フリーペーパー・メールマガジン「ぽえ犬通信」の発行、上田やゲストを囲んでの「ぽえ茶会」、パフォーマーやミュージシャンなど若手アーティストの発掘と発表の機会を提供するブッキングイベントP.P.P.P.C.B.N.などの事業がこの時期に創始され、以降の活動の大きな柱となっていく。開設当初は少なかった出演者も次第に数多くなり、詩の朗読、弾き語り、一人芝居、演劇、ダンス、バンドなどの多彩なアーティストがコラボレーションするオルタナティブなアートスポットとして次第に認知されるようになっていった（図2-12）。

2004年度になると、道路一本を隔てて隣接する西成区の通称釜ヶ崎[36]で活動する人たちがカフェを利用するようになり、日雇い労働者が集住するこのまちとのつながりが少しずつ生まれてくる。ホームレスの人たちに仕事を提供しようとする「ビッグイシュー日本版」の周知を図るイベントに参加した釜ヶ崎の生活保護受給者の紙芝居劇グループ「かまなびごえん」のメンバーとも親しくなる。2005年には、その活動の継続について相談を受け、ケアとアートマネジメントができる地域での体制づくりが必要だと考え、バックアップのためのプロジェクトを企画した。支援を受け、名称を「むすび」に改名した紙芝居劇グループは、2007年にはイギリス公演を果たすまでになる。

2005年度には大阪市のニート対策事業に「就労支援カフェ・ココルーム」を提案し、受託される。日頃からの交流をとおして、若者たちの「生きにくさ」に寄り添ってきた実感から発想し、ボランティアを社会体験、トークサロンを意見交換の「場」と位置づけ、就労までのステップとなるコミュニケーションプログラムなどを実施した。延べ248人の若者が参加し、以後3年間に

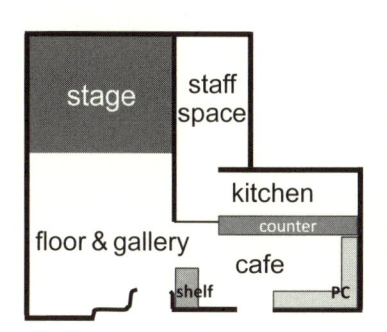

図2-12　フェスティバルゲート時代のココルーム

（出所）筆者作成

わたり事業の委託を受けることとなる。大阪府職員へのインタビューと府議会の傍聴から想を得た創作詩を点字入のポスターアートとして府庁舎で展示した「はたらくことば」、障がい者のパフォーマンスグループ、アーティストとともに舞台をつくりあげる「ほうきぼし project」なども実施された。

　しかし、ココルームなどの活動が軌道に乗りはじめる裏側で、フェスティバルゲート本体の累積赤字は増大し続け、耐えかねた信託銀行団が受託辞任要請を出す。大阪簡裁から示された調停案を2004年3月に大阪市が受け入れ、約200億円を負担して土地、施設、賃貸契約等を引き継ぐ。市は再開発を模索しコンペを実施する一方、2005年春には入居するNPOに対して移転を打診した。

　これを受けて代替施設探しも行われたが条件の合うものはみつからなかった。4つのNPOは「フェスティバルゲート未来計画実行委員会」（「未来計画実行委員会」）を結成して4回にわたるシンポジウムを開催し、これまでの活動を振り返り、フェスティバルゲートはどのようにして存続可能なのかについて開かれた討論を行う。地域との協働をさらに進めようとした「未来計画実行委員会」は、2006年夏に地元商店会などとともに途絶えていた地域の盆踊りを46年ぶりに復活する「ビッグ盆！」を開催、2万人の参加を得た。ココルームは、日本橋電気店街に特設カフェを開設、小学校で作詞ワークショップを実

施し、若手ダンサーやミュージシャンの振り付け、作曲による新しい盆踊りの創作を行った。

　2006年度の就労支援事業には延べ856人の参加があり、カフェ来場者へのアンケート、就労困難者への聞き取り調査、フォーラムを開催し、研究者と協力しながらこれまでの取り組みを総括し「アートによる包摂型就労支援モデル」を構築した。

　2006年5月には大阪市による「フェスティバルゲートあり方検討会議」が設置され、施設を直ちに売却せずに公共利用案を市民から募る方針が出される。この動きを受けて、「未来計画実行委員会」は、アートNPOリンクと連携して「全国アートNPOフォーラムinフェスゲ」を開催し、全国の関係者とフェスティバルゲートの再生計画について議論する。これをふまえ、ココルームはスタッフに大きな負担をかけながらも、dbとremo、市民とともに公共利用案を練り上げ「アート&ソーシャルインクルージョン創造的公益事業モデル創出事業」を作成し提出する。その審査結果は2007年5月に公表され、提出した案は一次審査の最高得点であったが、経営基盤の脆弱性を危惧されて採択されず審査は打ち切られてしまう。

　このようにSAP事業の先行きが不透明になるのと入れ替わるように、大阪市立大学都市研究プラザのサテライト施設として、西成区太子に西成プラザが開設され[37]、以後、ココルームの連携、協働のパートナーとしても活動を始める。

　2007年10月には、若年層ホームレスが流入しはじめたとの情報を受け、居場所のない若者たちをアートによりエンパワメントしようとする「IB（inter be）カフェ・ココルーム」プログラムを構想し、釜ヶ崎に出向いてキャリア相談とワークショップを開催した。12月には3年目となる就労支援事業でシンポジウム・ネットワークを開催し、アートが、就業に向けた小さなステップの積み重ねにも、就業後にも大切なものであることを確認する。

　これまでの活動を締めくくり、次なる方向性を描く事業として意図されたのが「こころのたねとして」（「こたね」）である。地域に暮らす人々と対話し、ライフヒストリーを聞き取り、それを新たな表現としてまとめ、発表するものであった。他者の呼吸、語り、記憶を聞き取った人間が自らの方法によっ

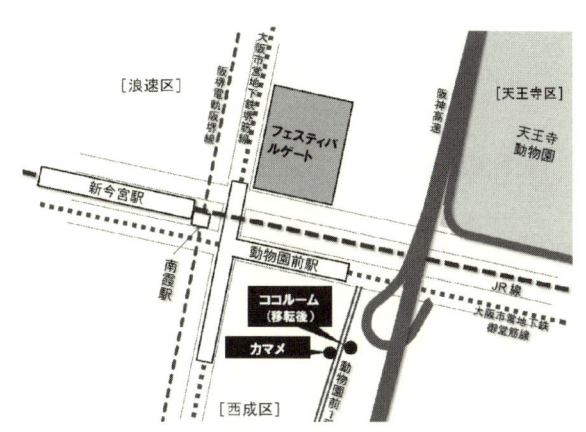

てそれを表現するという行為は、「こころのたね」を受け渡すものであると同時に、人と人の間にある「場所の力」を想起させた。この聞き取りと並行して開催されたワークショップ「あしたの地図よ」は、地理学者とともに開発したプロ

図2-13　フェスティバルゲートと移転後のココルームの位置
（出所）筆者作成

グラムで、地域の子どもと大人が未来と過去の地図を重ね合い、アートを核に人同士が出会い、結ばれることを企図したものであった。

　2007年12月にSAP事業は拠点を市北部東淀川区の元勤労者センターに移転するが、不十分なスペースしか確保されず、2009年3月までの暫定的なものであった。他のNPOは最終的にすべて元の地域を離れていくことになったが[38]、ココルームは近隣に移転先を探し、フェスティバルゲートの南側に隣接する西成区の「動物園前1番街」（飛田本通商店街）に店を借り、カフェを続けることが決まる（図2-13）。しかし、移転先などをめぐる混乱が長引き、今後の活動拠点の見通しが二転三転する中でスタッフの疲弊感はピークに達し、うつ状態になるスタッフも現れる事態となる。前向きな話し合いを行うことが難しくなり、結局、上田をのぞく常勤スタッフの全員が退職することになった。

　フェスティバルゲートにあったときのココルームは、スタッフを含むアーティスト志望者に実践、発表の場所を提供し、上田の当初のもくろみでもあった仕事の機会も提供する活動として始まった。やがて、そこに集う若者たちと地域の状況や課題に寄り添うかたちで、就労支援や社会的包摂などの社会問題に取り組むプロジェクトをも展開するようになっていった。小さいとはいえ舞台・ギャラリーを備えたオルタナティブなアートスペース、芸術文化のための

場所から出発し、次第に、芸術文化を社会的課題解決へとつなげていく活動へと変移してきたといえるだろう。

「動物園前1番街」での展開

上田は、新世界や釜ヶ崎という地域について、フェスティバルゲートに入居するまで実はほとんど予備知識はもっていなかった。しかし、ココルームでの5年間の活動を終えたときには、都市の周辺部としての矛盾に満ちたこの地域の持つ力を強く認識するようになった。「ここがココルームにとって理想的な場所であったことが確認された。この場所の力によって、ココルームの活動があり得たのだ。（中略）ココルームという場所ではオルタナティブなアート活動をできる舞台があり、社会的な問題を取り上げたり、エンパワメントする小さな集まりを持つこともできるキャパがあった。人々が集まれる場としてカフェがあった。人々の関係をとりむすぶ場として、アートがあり、ココルームがあった」[39]と自覚されたのである。

しかし、フェスティバルゲートは8階建てコンクリート造りの建造物であり、その4階の一角を占めるに過ぎないココルームは、地域との関わりを深めても厚い壁に隔てられていた。これに対して移転先は、アーケード商店街の内にあり、扉一枚を隔てて行き交う人の足音やまちで起こる出来事を感じ取ることができる。商店街のある釜ヶ崎は、フェスティバルゲートの位置する繁華街・新世界とは異なり、戦前からの簡易宿（ドヤ）が集積し、高度成長期の建

図2-14　移転後のココルームとカマメ

（出所）筆者作成

設・港湾労働に従事し高齢期を迎えた一人暮らしの元日雇い労働者が集住しており、社会的排除、路上生活や生活保護等の社会的課題が重層している地域である。ココルームのある商店街も、市営地下鉄動物園前駅に近い入口あたりは活気があるものの、奥に進むと多くの店のシャッターが降ろされたままとなっている。ココルームが移転した店は狭く、カウンターとイス、座敷を併せても20人ほどで一杯となってしまう。このスペースを「人々が集まり、語りあう、おうちみたいなカフェ」インフォショップ・カフェと名付け、NPOの事務所機能も持つ拠点として活用していくこととした（図2-14左）。

　しかし、フェスティバルゲート時代にあった発表のための舞台やアートスペースの貸出による収入は失われ、オーディエンスの若者はほとんど姿を見せなくなり、来客層は以前とはまったく異なったものとなっていった。

　商店街にあるココルームを訪れる人の多くは、カフェとしてのサービスを求めてやってくるのであり、アートを目的としてやってくることはほとんどない。カフェの壁にはギターが掛けられ、ピアノやCDも並んでいるのだが、かつてのようなアーティストによる発表の場所としてはほとんど機能していない。一方で、福祉事務所の関係者、野宿者支援等の活動家、釜ヶ崎でフィールドワークを行う大学教員や学生、アートイベントで大阪を訪れた人などが顔を見せるようになってきている。

　インフォショップ・カフェには商店街を通りがかった人がふらっと訪れ、飲食、休息、集まる人やスタッフとの語らいふれあいを求める。その多くは一人暮らしを余儀なくされ、生活保護を受給している地域の高齢者である。ときには、店の中で酔いつぶれたり、諍いが起こったり、トラブルは絶えない。スタッフはその対応に追われ、困惑するが、ときにはその人が身につけた技能、経験を語ったり、プロとしての矜持をみせることもある。人が集まるとピアノやギターを弾く人が現れ、昔の歌が飛び出し、「歌声喫茶」のような盛り上がりになることもある。

　このようなときにスタッフは、人の中にある力に驚かされ、多様な人が交流することの価値や、アートの力について次のように感じるという。「アートをやろうという気にもなる。とてもそう感じさせてくれる。この地域もそうかもしれないし、あの場がそうかもしれないが、10年間やめていたサックスを

この間も引っ張り出してきた。そういうふうに引っ張ってくれるのがおじさんたちだったりする。こちらからではなくて、逆におじさんたちがこうやろうと引っ張っていっていく。表現の力というのを気づかされる。おじさんたちはすごく柔軟なので」[40]。

「動物園前1番街」に移って1年が経過し新たなスタッフも加わったココルームは、2009年6月にトヨタ財団の助成も獲得して、カフェの向かいの空きスペースに、釜ヶ崎からの情報発信、創作活動の拠点となる「カマン！メディアセンター」(「カマメ」)をオープンした。「カマメ」はカフェとは異なり、中で酒は飲めない。インターネット情報発信の作業も行う六畳ほどの板張りのスペースは、地域の人たちの創作や学習のためのスペースにもなり、アーティストやスタッフによって絵画教室やパソコン教室が開かれ、地域の人びとが集まり、交流するたまり場ともなっている（図2-14右）。

ここではじめて絵筆をとった人が夢中になって描く姿がみられ、完成した作品が次々と部屋の壁や天井に飾られ、地域の夏祭りに飾る行灯をみんなで制作することもある。道端で花を摘んで自転車で持ってくる人、常連となって大工の腕を発揮して本棚をつくるような住民も現れる。また、「カマメ」から街頭に向けて置かれたテレビには、釜ヶ崎のアーカイブが上映され、人だかりができて会話が弾む。

さらに地域の外へと活動の場所も拡げ、「水都大阪2009事業」への参加、大阪市の現代芸術創造支援事業OCA（大阪コミュニティアート）として紙芝居「むすび」の発表、イギリスのホームレスオペラの指導者を招いたワークショップなども実施した。2010年1月には西成区の福祉施設で、詩人谷川俊太郎による釜ヶ崎についての詩の発表、インターネットによる事例報告、グループ・セッションなどによるイベントを開催し、300人を越える参加者を集めている。

移転してからのココルームはそれまで持っていた舞台・ギャラリーとしての機能を失い、ここに集まる人たちも、アートに関心を持つ人たちから、これまでアートからは疎外されてきた人たちへと変化している。アーティストにとっての発表、表現の場所としての魅力は薄らいだかもしれないが、釜ヶ崎に住む人にとってのアートとの出会いやさまざまな人たちとの交流の機会を得ることのできる、生活に密着した場所・活動として成立しているといってよいだ

ろう[41]。

アートNPOと文化政策

　ココルームの活動は大阪市の文化政策を切り離して考えることができない。ココルームの歴史を追うことによって、アートNPOの抱える課題とアートNPOを支援すべき文化政策のあり方についての示唆も得られる。まず、この点についてまとめておこう。

　ココルーム設立のきっかけとなったSAP事業は、2001年に市が策定した「芸術文化アクションプラン」の柱である「文化の創造と発信の拠点づくり」を具体化し、当初10年間にわたる活動を視野に入れたものであった[42]。しかし、市の政策は混迷し、2002年度には新たに「文化集客アクションプラン」が策定され、文化の創造から集客へと市の文化政策の軸足は移動してしまう[43]。SAP事業も開始からわずか2年で事業の継続が危ぶまれる事態となり、実質5年で打ち切られてしまった。

　結果として、7年間にわたる活動のなかで、ココルームが一年間をとおして本来の活動に力を注げたのは2005、06、08年度のわずか3年間だけといってよい。2004年度は法人設立の手続きの最中であり、2007年度は7月でカフェ、アートスペースの営業が打ち切られ、12月には移転している。

　この3年間の法人活動を比較してみると[44]、フェスティバルゲートにあった2005、06年度の法人年間収入（非営利事業＋事業外）平均額は、およそ3000万円であり、アートNPO法人の平均額1047万円（2006年度）の3倍に上る。舞台と客席、展示場所となるスペースを備え、アートに関する自主事業も活発で、斬新なセッションによって若手のミュージシャンやパフォーマーなどが発表するオルタナティブなアートスポットとして評価されていた。2005年度の来場者と（一部ココルーム以外での実施を含む）事業全体への参加者総数は約2万人に上り、カフェ営業などの事業収入も1280万円あった。2006年には、ココルームの存在に対する認知がさらにひろがり、助成事業や自主事業、活用団体もさらに増え、同じ日に数本の事業が同時に開催されることもあった。「ライブや芝居、さまざまなイベントが開催され、トークサロンなど小さな企画もあり、ココルームがいちばんにぎやかな一年だったと思う。」[45]と回想され

ている。

　順調に拡大していったココルームの活動を一変させたのはフェスティバルゲートからの退去である。移転によって非営利事業外の収入がなくなり、2008年度収入は1400万円足らずとなって、2005、06年度の半分以下に減少している。2010年3月末時点では、カフェの営業収入によってスタッフの雇用と運営費はまかなわれているが、アートに関する事業はほとんどが助成金の受託を待って行われているのが実情である。

　この間の先の見えない状況のなかで、SAP事業に関わったココルームをはじめとする4つのNPOは、本来のアートに関する活動に力を集中することができず、フェスティバルゲートの存続問題にも関与し多大なエネルギーを費やさざるを得なかった。事業存続を探る活動をとおして、全国のアートNPO、地元とのつながりが深まるという成果はあったが、ココルームのスタッフが全て退職したように払われた犠牲は多大であった。せっかく育成したNPOが市の文化政策の転変に伴ってその資源、力を消尽し、大阪に定着するものは少なかった。

　ココルームは、大阪市の文化政策によって生まれ、同時に文化政策に翻弄されてきたアートNPOである。文化創造拠点の形成というSAP事業の企図を超えて、生きにくさを抱えている若者や一人暮らしの労働者をアートによってエンパワメントする社会的包摂の試みなど先導的な取り組みも生みだし、成果も出始めていた。しかし移転によって安定しかけていた運営基盤も崩壊し、特に若者を対象とした先導的な事業はその芽も摘まれてしまうことになった。創造と発信の拠点づくりという市の文化政策はその途上に意図した以上の成果の萌芽をみせながら、結果的にはマイナスとなったということもできる。自治体が文化政策の一貫性を保障し、そこに活動するアートNPOに余計なエネルギーを使わせることなく、近い将来への不安を取り除くことは、脆弱な基盤に立つアートNPOへの支援としても、成果を上げるまでに時間のかかる芸術文化振興にとっても最低限必要なことではないだろうか。この点から、政治的な影響を受けにくい支援制度の必要性も改めて論議されるべきであると考えられる。

　もう1つココルームの事例から示唆されることは、芸術文化創造の拠点の

持つ多様性とその形成に向けた政策の方向性である。フェスティバルゲート時代のココルームのように発表のための舞台と客席を持つ劇場は、不特定多数の参加を前提として比較的大きな空間を占有し、実演者と鑑賞者という方向性の異なる人たちの間で芸術的価値の交換を行う機能を持っている。それに対して移転後のココルームのカフェや「カマメ」は、飲食やアートを仲立ちとして対話が起こり、互いに刺激しあう関係が生まれ、あらたなアイデアがわき出してくる濃密な空間である。

このように芸術文化による相互作用の「場」のあり方もさまざまであり、それによって多彩な創造的営為が支えられ、促進されている。参加者や活動内容によって、その空間や設備に求められる条件も異なり、規模の大きな劇場のように大きな投資が必要なものもあれば、ココルームの空き店舗のリノベーションのようにアートNPOが小規模な投資によって開設できるものもある。移転後のココルームの活動が示しているように、小さく日常的なアートスペース、交流の「場」こそが、芸術文化との間の垣根を取り除き、より多様な人々の参加を呼ぶこともある。資源の限られたアートNPOにすべての「場」の設置と運営を担わせることはもちろん不可能であり、文化政策の柔軟性、幅の広さときめの細かさが担保されることが重要であろう。

アートスペースからコミュニティカフェへ

ココルームの活動の拠点となった「場」は、芸術文化によって人の持つ創造性が刺激され、多様性にもとづく交流によってエンパワーされていく相互作用の「場」であり、創造的営為の展開する「場」である。

しかし、ココルームの果たしてきた役割は、フェスティバルゲートからの移転を挟んだ2つの時期に分けて考えなければならない。アートNPOとしての目的は変わらないのだが、舞台・ギャラリーとなるスペースが失われ場所のすべてが縮小されたことによって、そこに集う人や「場」の機能は大きく変化している。

フェスティバルゲートにあったココルームは、オルタナティブなアートスポットとして異彩を放ち、T：劇場を中心とし、C：カフェを含む「創造の場」として機能し、アートに関心がありアーティストをめざす人びとを引きつけ、

出演者が発表と交流を通じて自らもエンパワメントしていく「場」として存在していた。

しかしこのような状況もフェスティバルゲートからの退去によって一変してしまう。音楽や芝居などに関わる人がほとんどだったそのときの常勤スタッフ全員が退職してしまうことになった要因として、不安定な経済的立場と心身の疲労、市を含めた社会からの活動への評価や支援がなく先がまったく見えなかったことに加えて、移転先での舞台の継続が不透明となりスタッフを続けるモチベーションが低下したこともあげられる。結果としても、移転後には、それまでのようなアーティストの発表の「場」としての機能は失われてしまった。

しかし、移転問題が顕在化する一方で、少しずつ関係が生まれてきた地域の人びとに寄り添うとともに、来場者やスタッフの状況から若者たちの抱える課題に気づき、それらを解決する糸口をアートの持つ潜在力に見いだそうとする取り組みが創始され、次第に中心へと位置づけられていった。この方向性が、移転によってさらに大きな意味を持ち始める。

商店街にあるインフォショップ・カフェと名付けられた小さなスペースは、さまざまな理由を持って集った人が芸術文化にふれ、場所の持つ記憶や雰囲気の中で、多様な訪問者と交流、対話することによって力を回復し、生活を新たなものにしていく「創造の場」として存在している。ココルームで交流し変容した人の数は多くはないかもしれないが、高齢化が進み、独居や生活保護の受給率が拡大していることが指摘される地域の状況下で、このココルームの活動の持つ意味は決して小さくはない。

あるいは、移転後のココルームは、カフェとして地域の人びととの交流の「場」、たまり場となる替わりに不十分となったアートの発表のための機能を外部化してきたということもできる。発信機能を持つ「カマメ」の開設、釜ヶ崎でつくり上げたプログラムを中之島で発表した「アートのくねくね道」はその取り組みの1つであり、アートの発表の「場」を閉じられた空間から社会へと拡張してきたのである。

また、ココルームはアートNPOという団体活動であり、舞台やカフェは組織によって運営されてきた。非営利組織としての活動目標に向かうNPO活動

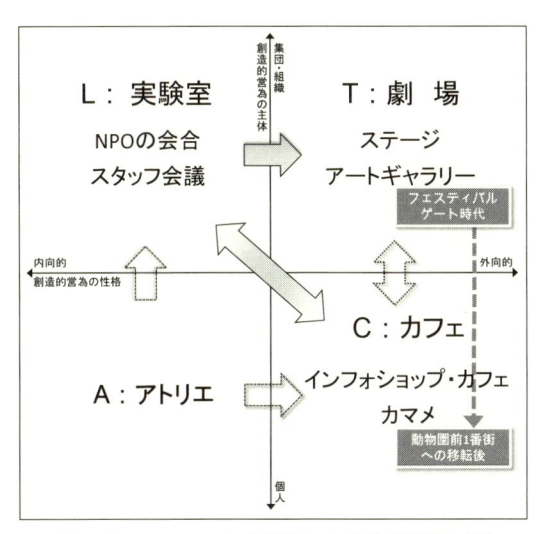

図2-15　ココルームの活動における「創造の場」

（出所）筆者作成

を進めるための「場」は、フェスティバルゲートではスタッフルームとして分離されていたが、移転後はカフェのカウンターの片隅や「カマメ」のスペースで行われている。「具体」とは活動内容も条件は異なるが、ここでも、開かれた交流と組織的活動という2つの「創造の場」は場所として明確に分離されてはいない（図2-15）。

　ココルームは、仕事としてのアートを含めたアートの価値を高めること、芸術文化を広げることを第一義とする創立当初の活動の方向から、移転を契機として、アートという機構によって人や地域に埋め込まれた価値を発見し、人びとの生活の質を高めること、アートを社会化する実践へと重心を移してきた。地域の人との対話によって記憶をことばや形として紡ぎ出し、アートとして表現することによって社会と結ぶという「ことばち」や「こたね」などの取り組みは、その成果の1つであり、さらに今後の方向性を示すものでもあるといえるだろう。

　このようなココルームを訪れ、ふれあった人たちに対してどのような変化、エンパワメントや創造性がもたらされたかを計量することは難しいが、前項で

2章　「創造の場」をみる　　93

ふれたスタッフの声やココルームに関わって大きく変容した何人かの例をあげることができる。たとえば、ピアノ教師の生活を捨てて路上生活を送っているときに、偶然に通りかかったフェスティバルゲートのココルームでピアノをみつけ、演奏したことからピアニストとしてデビューした人がいる。また前述したとおりココルームがその活動を支援してきた紙芝居グループ「むすび」は評価が高まり、海外公演を行うまでになった。

　ココルームは小さなアートNPOであり、その活動にふれ、参加した人も現実にはわずかであろう。しかし、アートとはかけ離れていると思われる、社会的課題が重層する都市の周辺的な状況の中で、アートの社会化を実践し、芸術文化をとおして人と人をつなぎ、エンパワメントする「創造の場」として息づいていることは確かである。ココルームの活動は、創造都市論が描く関係性の「場」としての「創造の場」の重要性と、それをコーディネートする柔軟なネットワークを資源として持つアートNPOの潜在的な力と可能性の一端を示しているということができるだろう。

注
1) 本節の内容は、萩原［2009a］を大幅に改稿したものであり、2006年8～11月、2008年1月、11・12月の「伊賀まちかど博物館推進委員会」、「伊賀まちかど博物館」、「伊賀上野まちづくり市民会議」、「伊賀上野町家みらいセンター」、三重県菓子工業組合上野支部への実地、聞き取り調査にもとづいている。
2) 2005年度入館者数は、上野城10万2120人、忍者屋敷21万4729人、だんじり会館4万5570人である。
3) 伊賀市は、全国27都市（2013年度）の「外国人集住都市会議」のメンバーであり、外国人登録者数は4237人（人口比4.4%、2013年4月現在）である。
4) 2013年12月現在、三重県内には「伊賀まちかど博物館」をはじめ10地域に設置されている。
5) その後の増減があり、2013年12月時点では119館が開館している（三重県まちかど博物館地域別リスト）。
6) 伊賀鉄道上野市駅を中心に、東は芭蕉生家、西は鍵屋の辻、南は愛宕神社、北は上野城公園付近までの区域を指している。旧上野城下町及び「伊賀市中心市街地活性化基本計画」の構想区域ともほぼ重なる。
7) 旧近鉄伊賀線は赤字路線のため合理化の対象となり、2007年10月から近鉄と伊賀市の出資による伊賀鉄道株式会社によって運営が行われている。なお、この運営主体の変更過程にも数多くの市民が関わり、近鉄が施設を保有する上下分離方式の採用によって列車の運行が継続された。
8) 2008年11月に「伊賀市中心市街地活性化基本計画」は国の認定を受けた。
9) これをさらに展開させて、新井［1995］では10種類に分類している。

10) 本節の内容は、萩原［2012b］を大きく加筆したものであり、「具体」メンバーの回想記録等資料の比較分析と、2009年11月、2010年3・8月の芦屋市など往時の活動場所への現地調査、2009年5月の三重県立美術館、2010年7月の旧神戸生糸検査所への調査にもとづいている。
11) 二科会会員であった山口長男、斉藤義重、吉原らによって1928年に同会内部に結成された前衛作家グループである。
12) 「ハプニング」アートの提唱者であるアメリカの美術家アラン・カプローは1966年に出版した著作の中で、「具体」の初期の野外展や舞台での発表をハプニングの先駆として位置づけた。これはアメリカにおいて「具体」が評価されるきっかけともなった（平井［2004］p.103）。
13) 有名なエピソードであり、たとえば高橋［1992］pp.63-64をはじめとする多くの資料に散見される。
14) さらに、1952年11月に朝日新聞社の美術記者であった村松寛が世話役を務め、吉原や須田刻太（国画会）、山崎隆夫（モダンアート協会）などが発起人となって開かれた「現代美術懇談会」（略称「ゲンビ」）の存在も大きな意味を持ったのではないかと考えられる。「ゲンビ」は、所属やジャンルを超えた造形作家の懇談会・研究会として創始され、関西前衛アートのリーダーたちが白熱した議論を展開し、絵画、彫刻、工芸、書といったジャンルを離れた交流や共通の意識を育む場として大きな意味を持った。「ゲンビ」は1957年8月までに43回の例会を開き、また、この間に5回にわたって展覧会・ゲンビ展（後述）を開催し、白髪一夫などの「具体」メンバーの活躍の場ともなった（芦屋美術博物館編［2013］）。
15) 芦屋市立美術博物館編［1994］pp.10-11に指摘されている。
16) 美術評論家高橋亨が提唱したとされる。時期の分け方は資料によって幾分の異同があるが、平井編［2004］によれば初期：1954－57、中期：1957－65、後期：1965－72である。
17) タピエは、当時パリ在住の抽象画家堂本尚郎に送られた『具体』をみせられたという（平井［2004］p.90）。
18) 「具体」の作品コレクターであった山村徳太郎と尾崎信一郎による金山への聞き取りによれば、ライフ誌へ取材を働きかけた（芦屋市立美術博物館編［1993］p.377）。
19) 具体初期からの主要メンバーの一人であった元永によれば、「年齢、地位、キャリア、名声、お金、すべて私たちにとって頭のあがるものは1つもなかった。先生は絶対の存在だったのである」（元永［1973］p.45）。
20) 多くの証言があるが、たとえば今井［2001］pp.28-29。
21) 「『わしにはこの絵はわからん』といわれればただすごすごと引きさがって、何度もかき直しては見てもらうために芦屋の吉原邸に通った。何度持って行っても好いと言ってもらえない会員の何人かは、どうしようもなくなってくやし涙を流したものだ。」（元永［1973］p.45）
22) 後述する芦屋市美術協会は、1948年の創立当初から市美術館の建設を訴えてきたが、それが実現し芦屋市立美術博物館として開館したのは1991年であった。「具体」の作品をはじめ現代美術を収集していたが市の財政難から休館の危機に瀕し、2006年度からNPOに運営を一部委託し、2011年からは指定管理者によって運営されている。
23) 2007年度末をもって市美術協会は解散したが、すでにその前2003年度から市美術展は芦屋市立美術博物館主催となっていた。
24) 山村と尾崎による村上からの聞き取り（芦屋市立美術博物館編［1993］p.400）、及び後述する上前［1985］にも何度も返金の記載がある。
25) 芦屋市美術協会他編［1997］の関係者の証言による。

26) 「そんなある日、『わしは君らの絵を見てやるけれどわしのは誰が見てくれるのや、わしの先生は君らしかいないのや』と何もかも捨てさった先生の裸の発言があった。こんな偉い先生でもそんなことがあるのかと私たちは驚いた。『わしはなあみんなより一番好い絵かかなあかんのやでえ。』リーダーとしての吉原治良とスランプ状態の作家としての苦しみがつらく重く感じられた」(元永［1973］p.47)。
27) 1949年から63年まで、15回にわたり読売新聞社の主催で行われた無審査出品制の美術展覧会である。1960年前後から、荒川修作、赤瀬川原平、篠原有司男などのネオ・ダダイズム・オルガナイザーズ（ネオダダ）などの若手の前衛アーティストたちが実験的な作品を出品するようになり、その活躍の舞台となるとともに、トラブルやゴシップを提供した。
28) アートNPOには、アートをはじめ芸能、生活文化など芸術文化に関わる幅広い活動をしている非営利組織すべてが含まれる。そのうち、特定非営利活動促進法による法人格を取得しているものに限定するときに限りアートNPO法人と表記され、後述するアートNPOリンクの調査はすべてこのアートNPO法人を対象として実施されている（アートNPOリンク［2007］p.14）。この定義によると、アートNPO法人は、アートをはじめ芸能、生活文化など芸術文化に関わる幅広い活動をしているNPO法人すべてを意味している。
29) 本節の内容は、萩原［2010］を大幅に改稿したものであり、2009年8〜12月、2010年4・5月のココルームでの聞き取り、及び同年3月の（財）大阪城ホール文化振興課への聞き取り調査にもとづいている。
30) 法律改正（2012年施行）によって、別表17分野に3つの分野が追加され、20分野となった。
31) アートNPOリンク［2007］p.14による。
32) アートNPOリンク［2009］では、アートNPOの条件を緩和したため2008年度の法人総数が急増している。
33) 上田［2008］p.22。
34) 大阪市［2003］による。なお「芸術文化アクションプラン」は、まちづくりにむけての「創造型文化事業」の拠点として遊休施設の有効再利用を掲げ、「築港赤レンガ倉庫」、「旧精華小学校」の活用事業を提案していたが、2002年からSAP事業が追加された。
35) SAP事業では、入居NPOは運営費を得るために施設を外部に貸し出し収入をあげることが認められていた。
36) 釜ヶ崎とは、現在の地名や行政区分ではなく西成区の北東の一部の地域を指す通称であり、行政用語では「あいりん地区」とも呼称される。
37) 大阪市立大学都市研究プラザが「文化創造と社会的包摂に向けた都市の再構築」をテーマとし、平成19年度文部科学省グローバルCOEプログラムの採択を受けて開設された。
38) dbは神戸市長田区、remoは大阪市住之江区に移転しbridgeは解散した。
39) 上田［2008］pp.36-37。
40) ココルームのスタッフへの聞き取り調査［2009］による。
41) この点で、上田はアートをめざす他の多くのアートNPOとの距離を感じるときもあるという（筆者による聞き取り調査［2009］)。
42) SAP事業における文化政策、行政とNPOとの協働の課題については、櫻田他［2007］、吉澤［2007］、吉澤他［2008］、野田［2010］を参照。
43) 2006年4月に「大阪市芸術文化創造・観光振興行動計画」が策定、07年4月には「大阪市創造都市戦略Ver.1.0（案）－市民主体の創造都市づくり」が公表され、「芸術文化アクションプラン」は継続、発展されるかに思われたが、2007年11月の市長選挙で關前市

長が平松現市長に敗北したため創造都市戦略は大きく後退することになった。
44）以下、ココルームの収支予算及び参加者数に関するデータは、2009年に実施した聞き取り調査及びNPO法人ココルームの各年度事業報告・決算報告による。
45）上田［2008］p.29。

第3章

「創造の場」を解析する

前章では、3つの事例について、それぞれの背景となった状況・課題、実践の経緯を描いたのち、「創造の場」の4つのカテゴリーをとおして、それぞれの創造的営為を支える「創造の場」の存在を探った。その結果、これらの事例の取り組みの背後には、4つのカテゴリーのどこかに位置づけられる「創造の場」とその連鎖が（直接的には見えない場合もあるが）介在していることが示された。

　本章では、創造都市論の主張する「場」のあり方について再考した上で、異なった領域の知見もふまえて、「創造の場」の構成要素や本質的な働きについて掘り下げて考察する。

1節　事例から
　　　―C：カフェの重要性とL：実験室との連関

　1章で検討したとおり、創造都市論においては、「創造の場」の4つのカテゴリーの中でも開かれた関係性と相互作用の「場」であるC：カフェが重要との主張がなされてきた。では、前章の3つの事例においてはどうだっただろうか。まず検討してみよう。

　ともに芸術に関わる事例である「具体」とココルームでは、いずれにおいても、その活動を進めていく推進力となったのは、独自のアイデアや構想、経験を持つ個人が集まり、対話・交流を行う「場」であった。「具体」の事例では、リーダーである吉原の自邸やグタイピナコテカにメンバーが作品を持ち寄り、時には海外からの来訪者等の視点も加えて評価を行う批評会、交流会が特に重要な役割を果たしていた。フェスティバルゲートにあったココルームはアートスペースでの発表とカフェでの交流が同時に起こる「場」であり、移転後の活動の中心となったインフォショップ・カフェや「カマメ」はアートの力によって地域の人びととのエンパワメントする交流の「場」として機能していた。「伊賀まちかど博物館」によるまちづくり事例では、活動の推進役となった辻村が、県主催のワークショップでの多様な参加者との対話によって刺激を受けたことから活動が始まっていた。また、フォーマルな組織活動のための「推進委員会」を、インフォーマルな地域での集まりや交流が支えていること

が推察された。

　このように、いずれの創造的営為においても、さまざまな人との交流・対話によって、自らの可能性を開く「場」を持つことの意味はきわめて大きいことが確認できる。特に、社会的な新しさという達成のために、一人ひとりの創造性が厳しく問われる芸術の領域において、不可欠の「場」であるといってよい。3つの事例によって明らかとなったＣ：カフェとしての「場」が果たす役割の大きさは、創造都市論が主張する「創造の場」のあり方とも十分に符合する。

　ではなぜ、Ｃ：カフェのような交流の「場」が重要なのだろうか。その理由は2つあげられるだろう。1つには、アルコールをも含む飲食を交えたくつろいだ雰囲気の中で、対等で水平的な関係のもとに行われるや自由な会話、ふれあいによって、価値観を共有することができる人同士のつながりを生み出すことである。もう1つは、誰に対しても開かれた「場」では、認知的距離の遠い人が外部から加わるチャンスも生まれやすく、自分とはまったく異なる経験や考え方を持つ来訪者とふれあう中で新しい理念や方法に接し、刺激を受けることができると考えられるからである。多様な志向や活動のベクトルを持つネットワークが生みだされることがＣ：カフェの重要な機能である。

　1章4節において提示した、Ｌ：実験室という閉ざされた「場」を中心に効率的にイノベーションが達成されていく企業活動に対して、芸術文化、まちづくりなどの領域にはＣ：カフェとしての「創造の場」で拡張されるプロセスが、重要な意味を持つということができる。

　しかし、3つの実践が示唆するのはＣ：カフェという「場」が重要であるということだけではない。「伊賀まちかど博物館」の事例では、集団による情報・意見交換、意志決定を行うフォーマルな「推進委員会」を、幅広い対話によって意識変革を促すインフォーマルな集まり、つながりが支えていた。「具体」では、活動を進める中核となった批評会は、開かれた対話や交流の「場」であるとともにグループの意志を決定し、芸術理念を形成する「場」としても機能しており、この2つの「場」は融合していたととらえられる。ココルームの活動においても、アートスペース、インフォショップ・カフェは、発表や交流のためにあるとともにNPOとしての組織活動を実践する「場」ともなって

3章 「創造の場」を解析する　　*101*

いた。

　多様な背景や志向を持つ人びとが集まり、一時の対話を行うというだけでは、社会的価値や課題解決につながるような精練された思考や持続的な実践は生まれがたい。交流やふれあいの「場」のもう一方に、企業の組織的活動に通じるような、個人のアイデアを評価し、目的の共有化を進め、一人ひとりの力を撚り合わせ鍛える「場」が必要である。C：カフェとL：実験室という2つの機能を持つ「場」が連関したり、重なり合うときにこそ、地域・社会にも波及する創造的営為が達成されることを3つの事例は示しているようである。

　1章で構築した「創造の場」の4つカテゴリーは、それを行う主体と性格を指標とすることによって、創造的営為が行われている場所を定位している。ここまで考えてきたように、このカテゴリーを分析フレームとして用いることによって、創造的達成の過程を分節化し、それが実践される場所とその役割を浮かび上がらせることができた。しかし、このカテゴリー化では、「創造の場」を位置づけることはできたが、個々の「場」にどのような要素が関係しているのという内実については十分に検討されていない。

　現代において、交流のためのカフェに分類されるような場所は数え切れないぐらいあったとしても、社会にとって、あるいは個人にとっての「新しさ」の生産、伝達、評価が、ある程度集中的に実現される「場」として成立しているものは数少ないと思われる。「創造の場」となるために必要な要素や条件は何か。さらに考察を進めるためのステップとして、創造性に関するいくつかの分野の研究を参照してみたい。

2節　心理学における創造性研究

創造性に関する心理学研究の流れ

　心理学における創造性に関する研究は、近年2つの大きなパラダイムの中で進められてきた。1つは創造性を個人の中にある特性、能力としてとらえ、成長発達の過程や日常生活での問題解決における「個人にとっての新しさ」を創造性として考えるものである。もう1つは創造性を社会文化的な側面からとらえ、芸術や科学をはじめとする「社会にとっての新しさ」を生み出すことを

創造性の本質とみるものである。

　前者は「小文字の創造性（small C ; small creativity）」、後者は「大文字の創造性（large C ; large creativity）」と呼ばれ、時代によって交代しながら創造性研究の主流となってきた。心理や認知の枠組みで考えるときに、「個人」にとって新しい（…必ずしも社会にとっては新しくない）のか、「社会」にとって新しい（…すべての個人が生み出すことはできない）のかは大きな差違であり、両立しにくいと考えられたからである。創造性を「個人にとっての新しさ」としてみる立場からは、創造の過程が重視されて、個人の心理的因子や自己超越性、創造性の教育がテーマとされ、「社会にとっての新しさ」を創造性と考える側では、創造の所産が焦点化され、芸術・科学における天才や傑出が研究の対象となってきた（夏堀［2005］）。

　この心理学研究における2つの流れは創造都市に関する言説を分析するときに有効な視点も提供する。たとえばボローニャやバルセロナ、金沢などを創造都市として評価するときは、明示されなくとも、その都市が有する芸術文化、産業の所産を他の都市と比較計量しており、創造都市とそうでない都市との間には差異があることが含意されている。これは心理学研究おける「大文字の創造性」研究の枠組みに通ずる。一方、「どの都市でも創造都市をめざすことができる」などというような言説は、あらゆる都市に創造的活動の可能性が遍在していることを前提にしており、「小文字の創造性」を創造性ととらえた心理学研究の立場に立っているといえるだろう。

　創造都市論が、都市が向かうべき普遍的な都市像の1つとしてさらに進化するためには、前者の現存する創造都市・「大文字の創造性」と後者の可能性としての創造都市・「小文字の創造性」をどうとらえるのかを考えていく必要があるだろう。

創造性のシステムモデル

　心理学研究において、「大文字の創造性」に重点を置きながら「小文字の創造性」を位置づけ、両者を統合した「創造性のシステムモデル（The systems view of creativity、DIFIモデル：Domain-Individual-Field Interaction model）」（図3-1）を提唱しているのが、ミハイ・チクセントミハイ［1999］

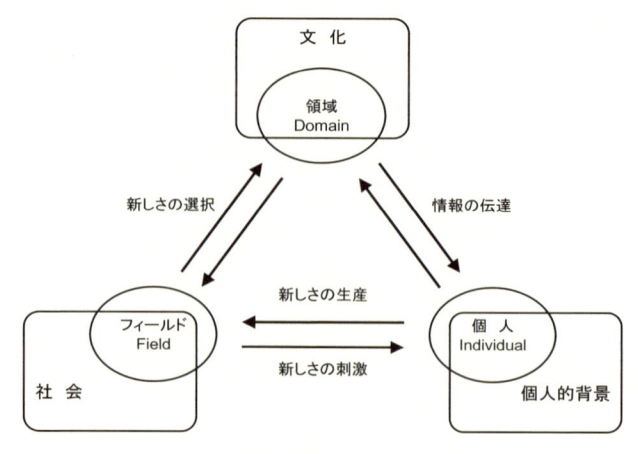

図3-1 創造性のシステムモデル

創造が起こるためには、一連の法則や実践が領域から個人へと伝達されなければならない。
その後、個人は、新しい変種を領域の中につくらなければならない。
フィールドは、変種を領域に入れるかどうかを選択しなければならない。
（出所）Csikszentmihalyi［1999］p.315にもとづき、高尾［2006］p.23を参考に筆者作成

である。彼は、このモデルによって創造性研究の視点が"What is creativity"から"Where is creativity"に変換されたと主張している（夏堀［2005］）。

「創造性のシステムモデル」によれば、個人（Individual）、領域（Domain）、フィールド（Field）が相互に関わり合い、交差するところにおいてのみ創造のプロセスが観察される。

たとえば、画家の具体的な創作過程を例として考えてみよう。画家は、絵画に関する興味・関心や個人的な経験によって絵を描こうとするが、そのための技法やマテリアルについて、文化的な背景をもつ絵画に関する専門的知識や表象、法則の集まりである領域にアクセスし、必要な知識を得なければならない（情報の伝達）。そのうえで画家は自分の感性にもとづいて「新しい変種」である絵画作品を制作し、画壇で発表することによって絵画に関する専門的集団であるフィールドに評価を問い、それがフィールドで評価されたときは領域の中に加えられ、領域も変化する（新しさの生産・新しさの選択）。このとき、画壇はときには画家を励まし、画家は画壇でどのようなものが求められているのかを探る（新しさの刺激）。この過程の中で、画家が領域に接触し、個

人的な背景をもとにまず自分にとっての新しさを産出するプロセスが「小文字の創造性」に、産出されたものを評価し、領域に組み入れていく過程が「大文字の創造性」に関わっているのである。

したがって、このシステムモデルによれば、創造性は個人と社会・文化の相互作用による現象であり、個人・領域・フィールドのやりとりの中から創造が行われるのと同時に、何が創造的なのかが決定されていくということになる（高尾［2006］）。

三段階の創造モデル

チクセントミハイの「創造性のシステムモデル」を理論的フレームとして採用し、即興演劇による教育実践が創造性を育てるのかどうかを考察したのが、高尾隆［2006］である。あらかじめ用意されたストーリーもないところから始まる演劇創作と演じることをとおした学びによって、失敗を恐れず他者との協働による創造的営為ができるようになったなどの参加者の変化を評価した後、「創造性のシステムモデル」そのものについて再検討を行っている。そ

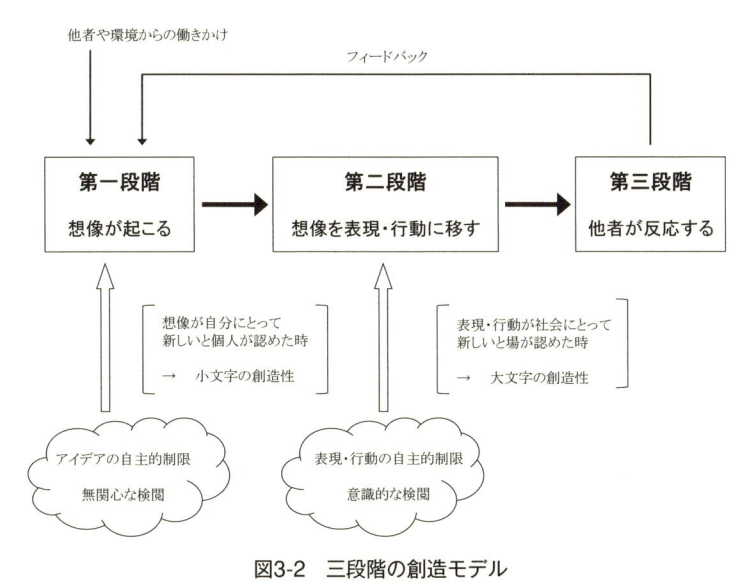

図3-2　三段階の創造モデル

（出所）高尾［2006］p.337

こでは、フィールドと個人との関係が議論の対象となっており、フィールドからプラスの影響を受けている人は少なく、むしろ大多数の個人はフィールドの評価を気にして自己の可能性を閉じてしまうなど、フィールドの負の外部効果というべきものによって「創造できなくなっている」ことが指摘されている。

このことをふまえ、高尾が提案しているのは、フィールドに能動的に関わろうとしない人びと、つまり「創造性のシステムモデル」から結果として排除されている個人もいることに着目したモデルである（図3-2）。

このモデルは次の三段階のプロセスによって構造化されている[1]。

①個人の中で想像が起こる過程

それは意志によって起こるというよりは、むしろ、他者や環境からの働きかけに対する反応として自然に生まれてくるものである。

②個人の想像を表現や行動に移す過程

それを行う手段は話し言葉、書き言葉、絵、音楽、からだの動きなどさまざまであるが、いかなる手段であれ、すべて他者にとって認識できる形で表に出される。

③他者の反応

他者は、なされた表現・行動に対して、ある考えや感情を持ち、反応する。他者がその表現・行動を受け容れる反応を取るか、拒絶する反応を取るかが評価となる。

表現・行動した個人が他者の反応を認識することがフィードバックであり、それが新たなアイデアにつながることもある。このプロセスの第1段階で個人が新たな発見を行うことが「小文字の創造性」、第3段階で他者が積極的に評価し、領域を変化させるものとして位置づけることができれば、それが「大文字の創造性」である。

「三段階の創造モデル」は、演劇という集団的な芸術活動の事例によって、個人の内面的な想像が、他者へ受け渡され、具体的な表現となって創出される現実の創造的営為の過程に寄り添ったモデルとなっているといえよう。

ここまでみてきた創造性に関する心理学研究は、創造性を個人と社会が交差する過程の中でとらえている。多様な背景を持つ個人と固有の文化・知識の

蓄積からなる領域、専門的なフィールドが関係する社会的な「大文字の創造性」に重点を置きながら「小文字の創造性」を統合し、構造化した「創造性のシステムモデル」の因子は、「創造の場」を構成する要素として検討すべきものと思われる。

しかし、「創造の場」は、仮象的な空間の中で理論化されるのみではなく、場所として、具体的な時空間として現実の都市に存立しているものとして考えることが必要である。この点で、個人の内面に発した想像が「小文字の創造性」、「大文字の創造性」となっていく社会的な認知プロセスが時間軸に沿って展開される「三段階の創造モデル」が示唆することも重要である。

さらに、検討してきた2つの理論モデルで明らかなことは、創造的営為の過程には、情報や知識を人が学ぶことや他者に伝えることが欠かせないということである。次節では「創造の場」を分析する点で有効であると考えられる学習論を参照することとしたい。

3節　文化・歴史的活動理論の射程

近年、教育・学習研究における学習活動の分析に加えて、認知科学等の研究からも影響を受けて新しい学習論が生み出されている。これらは、コード化された所与の知識を受容することや、成長・発達段階に沿った課題を達成することを学習としてみるのではなく、個人の内面的な変容のプロセス、社会的実践への参加、協同的集団的活動における学習等を対象として構築されている。これらの学習論はいずれも学習を個人的な営みではなく、他者との関わりの中や社会に埋め込まれた状況的なものとしてとらえているのである。

ここでは、集団的活動システムにスポットを当てた「文化・歴史的活動理論（Cultural-Historical Activity Theory）」（「活動理論」）を検討してみたい。「活動理論」は、ユーリア・エンゲストロームによって提唱され、人間の協働的・社会的な実践活動のシステムを分析対象にして、その新たなデザインを実践現場で生み出そうとするものである（山住［2004b］）。我が国でも学校教育や地域活動などを対象として「活動理論」による研究が進められている[2]。

「活動理論」は、人びとの集団的な社会的実践を「活動システム（Activity

System)」として図3-3のようにモデル化し把握している。三角形構造を成す6つの構成要素からなる「活動システム」は、人間の媒介された行為という理念にもとづく社会文化的理論の祖といわれるヴィゴツキーの三角形モデル（刺激－ツール－反応、図の最上部の小三角形にあたる）から発展したものである。このモデルの中心となるのは「主体」（個人やチーム）と「対象」を左右の頂点とする菱形である。人間の実践活動は単独で直接、対象に働きかけることはなく、「ルール」や「分業」にもとづき、活動システムに加わっている諸個人のグループである「コミュニティ」との協働で行われ、また常に物質的な道具や資源、テクノロジー、言葉や象徴的記号、理論などの「人工物」を媒介して行われる（山住［2004a］）。

この「活動システム」は、活動理論の分析単位として、人びとのさまざまな組織や仕事の現場（workplace）を分析するための概念モデルとして役立つ。このモデルによって、集団的活動が生成され、構築されるプロセスに対して、そのプロセスに関与する本質的な諸要素をとらえ、それらの間の諸関係を分析できるからである（山住［2004a］）。

それぞれの要素と関係の概略について以下にまとめる[3]。

① 「主体」（個人やチーム）と「対象」と「コミュニティ」のあいだでつくりだされ、互いに媒介し合っている逆三角形が基本となる。

② 上部の小三角形は、「主体」と「対象」との関係が「人工物」に媒介されていることを示している。「対象」は、集団的活動がめざしていく目的や動機であり、活動をとおして「成果」へと転換されていくものである。「主体」が「対象」に働きかけるとき、それを媒介する道具や手段となるのが「人工物」である。活動は何らかの物質的・観念的な道具や資源、テクノロジー、象徴的記号、言葉、コンセプト、アイデア、モデル、ヴィジョン、理論などを手段とし、それらに媒介されて実現する。

③ 「ルール」は、社会的な規則や規範、統御や慣習として「主体」と「コミュニティ」との関係を明示的であれ、暗黙的であれ媒介する。それは、諸個人の行為や相互作用を制約するものである。「コミュニティ」は活動システムに加わっている諸個人のグループであり、「対象」の共有によって特徴づけられる。

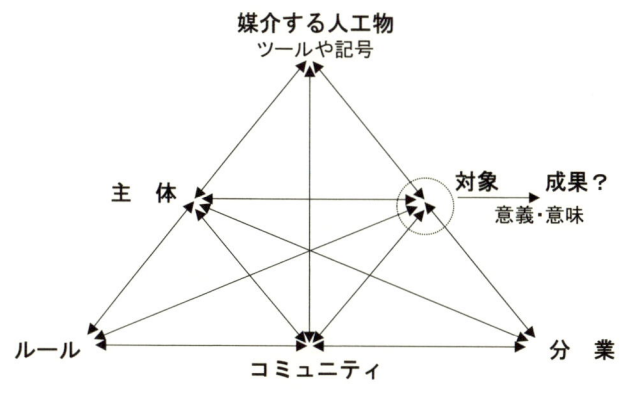

```
          媒介する人工物
           ツールや記号

    主 体         対象   成果？
                    意義・意味

   ルール   コミュニティ   分 業
```

図3-3 集団的活動システムのモデル

(出所) 山住 [2004a] p.83

④「分業」は、活動システム内の知識や課題や作業の水平的な分配、および権力や地位の垂直的な分配のことである。「コミュニティ」のメンバーと、共有された「対象」との関係を媒介している。ここにおいて、「対象」に働きかけるメンバーのあいだでの分業と協業が構築される。

「活動理論」のモデルは、集団による社会的実践の構造と要素、要素そのものの変化や革新も視野に入れたものである。

4節 「創造の場」をつくる5つの要素

「創造の場」の内実についての再考察

チクセントミハイのいう"Where is creativity"の答えとなるものが、本書が考える「創造の場」であるということができるだろう。創造性が、個人、領域、フィールドが交差する「創造性のシステムモデル」においてのみ発揮されるという理論を前提とすれば、「創造の場」は「創造性のシステムモデル」が持つ3つの要素を揃えていることが必要となる。

しかしながら、2節の最後でも指摘したように、「創造性のシステムモデル」は高次の抽象性を持つ概念モデルであり、社会全体に広がった仮想的システムの中に創造性を位置づけている。これに対し、創造都市における「創造の場」

は、時空間として現実の都市に実在するものであり、実践活動として捕捉されるべきものである。個人・領域・フィールドという高度に抽象化された要素についてもあらためて考えてみる必要がある。一方で「活動理論」は、主体がコミュニティと人工物に媒介されて対象へと向かう概念モデルによって、社会における集団的な実践活動を研究対象としてとらえている。

「創造性のシステムモデル」と「活動システム」の多角形モデルを比較すると、組織的なものを含むか否かの違いはあるが、創造や活動の起点となる点で「個人」と「主体」は同じ意味を持ち、「領域」と「人工物」もほぼ重なった内容を持っている。しかし、前者の「フィールド」は、後者では「対象」と「コミュニティ」に分離されており、逆に、後者の「対象」は、前者では「個人」と「フィールド」が関係する「新しさの生産」の過程のなかに含まれているとみることができる。

この違いは、「創造性のシステムモデル」は１つの領域に関わる創造のプロセスがその中で循環し、創造性が観察される仮象としてのモデルであるのに対し、「活動理論」は、「対象」に外部化された成果をもたらす組織的実践活動を研究対象としており、「対象」が考察を導くモチーフとなるためである。

以上の検証をふまえて「創造の場」の内実を検討してみたい。

主体・対象・文化／認知的ツール・コミュニティ／ネットワーク・場所

「創造の場」は、個人の自律的な行動や内面的な情動を含む幅広い創造的営為を行う現実の時空間をとらえようとするものである。そのために社会的・集団的な実践活動に焦点を当てて構築されている、「活動理論」における共同のための「ルール」と「分業」を構成要素から除くとともに、「場所」を付け加え、次の５つの基本的な要素が関連して構成されている概念として構築したい（図3-4）。

①主体

創造的営為の起点となる個人あるいは集団・組織である。「創造性のシステムモデル」が取り上げている個人だけではなく、「活動理論」と同じように共通の意志をもつ創造的営為を行うチームや組織までを主体として考える。

②対象

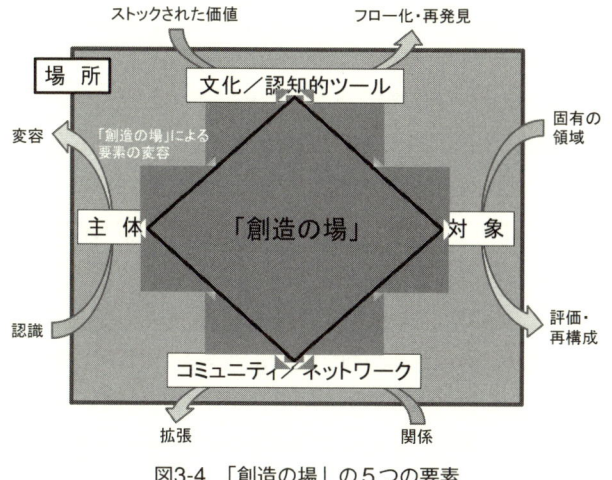

図3-4 「創造の場」の5つの要素

(出所) 筆者作成

ルである。主体が対象に「新しさ」をもたらそうとするのが創造的営為の主体が創造的営為を行おうとする対象となる事物、理念や文化的ジャン
主要な方向である。必ずしも営為の対象が明確ではなく、実験的、前衛的な芸術など手探りで行われ、従前にはジャンルとして成立していないことや、漠然としたテーマ、対象への関与からはじまり、次第に明確なものとなって自覚されるようなケースもある。

③文化／認知的ツール

主体が対象に向かう創造的営為のために利用される道具、知識やルール、象徴的記号、理論、スキルなどである。地域にある有形無形の文化や歴史、行動様式なども文化／認知的ツールとして利用される。個人が独力で行っている（かのようにみえる）行為も、内在化した言語などの文化／認知的ツールをとおして対象に働きかけており、社会的に構成されたものとみなされる。

④コミュニティ／ネットワーク

創造的営為に直接あるいは間接的に関与する人びとのつながり、ネットワークであり、創造性を評価し、促進（あるいは批判し、ときには阻害）する[4]。主体と直接対話するだけでなく、間接的な対話やバーチャルな関係による関与もありうる。劇場での鑑賞者や聴衆のように一時的に創造的営

3章 「創造の場」を解析する

為に関与する人達も含まれる。

⑤場所

　創造的営為を支え、その舞台となるものである。創造的営為に必要とされる空間、設備、交通アクセスや地域環境、そこに含有されている文化的価値や雰囲気なども場所に含まれる。その場所に伏在する文化的要素が発見され、文化／認知的ツールとして利用され創造的営為に直接的な影響を与えることもあり得る。

「創造の場」は、個人から組織までを含む主体が対象に向かおうとする創造的営為が起点となり、文化／認知的ツール、コミュニティ／ネットワークを含む4つの要素とそれを包み込む場所も関係して存立するものと考えることができる。創造的営為が進展していくのに伴い、主体（個人⇔組織）とコミュニティ／ネットワーク（閉じた⇔開かれた）は拡張していく。その過程で、創造的営為は分節化され、それぞれに適合した性格を持つ場所が選ばれる。その典型的なものが、A：アトリエ、L：実験室、C：カフェ、T：劇場という4つのカテゴリーとしてみえてくる。さらに、場所の転移だけではなく、その中にある4つの要素それぞれも変容していく[5]。

　たとえば、対象では、創造的営為をとおして生み出された所産が評価されることによって対象が属している固有の芸術・文化ジャンルも新たなコンテンツが加わり、再構成される。同時に、そのプロセスをとおして主体の認識や考え方も変化する。創造的営為を通じた新たな人とのふれあいやそれまでと異なる価値観との出会いが、個人の見方や考え方の枠組みをも揺さぶり、変容させていくことにもなる。

　また、コミュニティ／ネットワークにも新たな参加者が加わり、関係が拡張され、あるいは、離脱する人が出ることによって縮小される。文化／認知的ツールにおいても新たな活用法が見出されることや、場所や地域に埋め込まれていた文化的価値が見いだされ再利用されることもある。埋蔵され、気づかれず、顧みられなかった文化的資源のストックが、「創造の場」で再発見され、フロー化される可能性がある。

　このように、「創造の場」は、主体、対象、文化／認知的ツール、コミュニティ／ネットワーク、場所の5つの要素が相互に作用しあう「場」としてとら

えることができる。この分析フレームによって事例への再考察を試みてみよう。

5つの要素による事例の再考察

伊賀上野の事例において、主体となったのは組織である「推進委員会」であった。県民局の会議室などの場所で定期的に開かれた「推進委員会」の会合には、新たな文化／認知的ツールが持ち込まれ、市民参加のネットワークもひろげられた。

「推進委員会」の活動に大きな影響を与えたエコミュージアム理念は、この、外部シンクタンクの参入によってもたらされた文化／認知的ツールである。移入された「地域まるごと博物館」という新たなコンセプトを媒介とすることによって、ユニークな地域人材や生活文化という地域資源の価値が評価され、地元の人たちにも再発見されて、「伊賀まちかど博物館」の館長等を呼び込み、新たなまちづくり活動が展開されたのである（図3-5）。

また「推進委員会」の辻村代表は、青年経営者としてワークショップに参加したことをきっかけとして、まちづくり活動の主体となる自覚を持ち始めた。さまざまな経験や意識を持つ参加者によって構成されたコミュニティ／

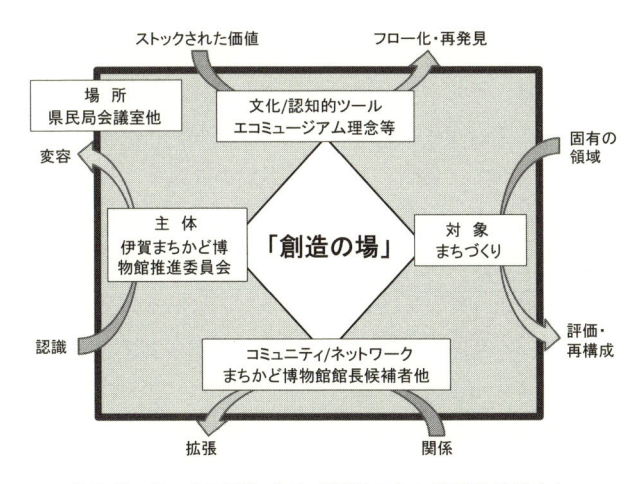

図3-5　5つの要素による「伊賀まちかど推進委員会」

（出所）筆者作成

ネットワークとそれまでふれたことのなかった文化／認知的ツールとの出会いがきっかけとなり、認識の変容が起こったのである。また、まちかど博物館の館長は、「推進委員会」のコミュニティ／ネットワークとして加入していたが、開館した後は「推進委員会」から活動を引き継ぎ、新たな主体となって次なる創造的営為を展開していった。

　「具体」の主体は、アトリエにおいては一人ひとりのメンバー、共同制作の「場」ではグループであり、この２つが入れ替わりながら向かった対象は同じく「これまでにない」前衛美術であった。その創造的営為に大きく影響を与えた文化／認知的ツールとして、次の２つのものがあげられる（図3-6）。

　１つは「阪神間モダニズム」の中心地であった芦屋という地域に醸成された雰囲気を含む多様で豊かな文化資源である。この資源に囲まれて前衛画家吉原は成長しており、「具体」の創造的営為の原理も芦屋という地域を介して藤田から吉原にもたらされた文化資源の１つである。「具体」初期のエポックとなった「野外実験展」や『具体』誌の背後に、吉原の若い頃の文化的体験の影響が指摘されていることも「具体」の歴史でふれたとおりである。この戦前からの文化的資源を継承しようとする吉原の姿勢は、伝統の否定による革新を標榜した当時の前衛芸術運動のなかではきわめて異質なものでもあった。

　もう１つは、「具体」への来訪者、あるいは新たに参加したメンバーを介して外からもたらされたものである。タピエなど外国から批評家や芸術家が吉原邸を訪れたときには、メンバーが作品を持参し、批評会が行われることが度々あった。このときにアンフォルメルやネオ・ダダなどの世界的な前衛美術運動の理念やそれにもとづく「具体」への評価と賞賛が伝えられた。これは世間の誹謗と無視にあってきた「具体」メンバーを勇気づけ、自らの作品の価値に自信を持ち、創作を促進する触媒ともなったのである。世界的な評論家やアーティストも含むこのようなコミュニティ／ネットワークのひろがりには、幅広い吉原の交友関係がもちろん寄与したが、ライフ誌の取材を働きかけるようなプロモーション、タピエ来訪の契機となった『具体』誌の刊行と配布による戦略的な広報活動も効果をあげた。

　ココルームの事例において、フェスティバルゲート時代の創造的営為の主体となったのは、ミュージシャンやアーティストであり、彼らの手によって、

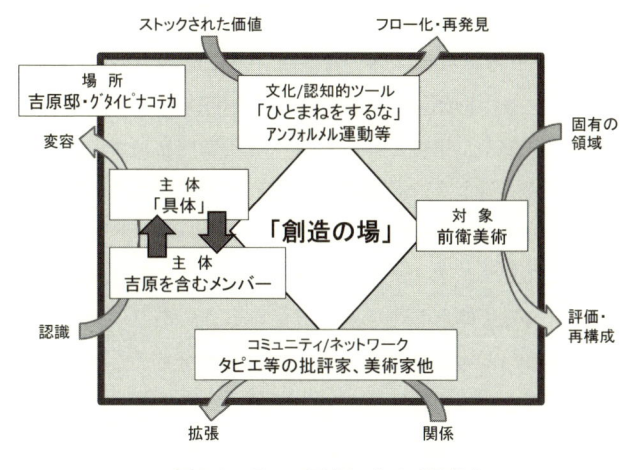

```
           ストックされた価値    フロー化・再発見
    ┌──────┼───────┼──────┐
    │ 場 所      文化/認知的ツール         │
    │ 吉原邸・グタイピナコテカ 「ひとまねをするな」      固有の
    │         アンフォルメル運動等         領域
    │ 変容                       │
    │      主 体                  │
    │      「具体」   「創造の場」  対 象   │
    │      主 体           前衛美術   │
    │      吉原を含むメンバー           評価・
    │ 認識                      再構成
    │      コミュニティ/ネットワーク        │
    │      タピエ等の批評家、美術家他        │
    └──────┼───────┼──────┘
            拡張       関係
```

図3-6　5つの要素による「具体」

（出所）筆者作成

キッチュな都市の記憶が呼び覚まされるフェスティバルゲートという場所の雰囲気などが、文化／認知的ツールとして見出され、コミュニティ／ネットワークに加わった聴衆の前で、対象であるアートのために活用されていった。

　移転後のココルームは、アートに関心を寄せていた人ではなく、疎外されてきた釜ヶ崎に暮らす人たちが主体となって、ココルームや「カマメ」にある事物、スタッフや訪れる人たちに触発され、対象である生活を豊かに、よりよいものにする力を獲得する「場」へと変移していく。地域の人びとが主体となって、芸術文化にふれ、対話や交流をとおしてエンパワメントされていく「創造の場」として再構成されたのである。その転換を可能にしてきたのもまた、上田を中心とするココルームがこれまでの活動をとおして培ってきたアーティスト、研究者、キュレーター、行政関係者、学生などの多様なコミュニティ／ネットワークである。

　以上の再考察によって、3つの事例の「創造の場」を構成している要素とその関係を判別し、創造的営為を促進するために必要なものについて示唆を得ることができる。それは、C：カフェとしての「場」の持つ隠された機能と、文化／認知的ツールとコミュニティ／ネットワーク要素の相関関係である。これまでの分析と重なるところもあるが、次に改めてまとめてみよう。

○Ｃ：カフェのもう１つの機能—主体の変容と「創造の場」の潜在的連鎖

「創造の場」は、主体が対象に向かおうとする意志がなければ成立しない。しかし、伊賀まちかど博物館の成立過程などが示唆するように、主体は所与として完全なものではなく、主体となれるような可能性を持つ個人や組織が創造的営為への意志を持てるような認識変容の機会が重要である。そしてこの機会をもたらすのが開かれたＣ：カフェとしての「場」への参加であることが多い。ある「場」にコミュニティ／ネットワークの一員として関わった人や組織が次なる創造的営為の主体として準備されているのであり、何らかのきっかけによって発現するものと考えられる。創造的営為のダイナミックなプロセスに関わることが人の考え方や意識を変える力を持つからであろう。

「創造の場」は、Ｃ：カフェを中心として、コミュニティ／ネットワークへの参入者が主体となる機会を介して水面下で結ばれており、時間や地域も超えてつながっていく可能性を持っている。

○文化／認知的ツールとコミュニティ／ネットワークの相関

伊賀上野のまちづくりの始点となったのは、主体となった辻村がエコミュージアム理念に出会ったことにあった。「具体」の活動では、吉原の「ひとまねをするな」というモットーが、メンバーにとってそれぞれの作品制作を進める駆動力となっていた。これらは「創造の場」の文化／認知的ツールとして機能し、主体の対象に対する新しい見方、より深い理解や全体的把握を促していた。これらの文化／認知的ツールなくしては、伊賀上野のまちづくりも、「具体」の作品も、ココルームの活動もあり得なかったことは疑いないだろう。

この創造的営為を起動させる文化／認知的ツールは、コミュニティ／ネットワーク要素が媒介する２つの経路をとおしてもたらされる。１つは、「創造の場」への新たな参加者によって、あるいは参加者の持つ関係を経由するものである。エコミュージアム理念が伊賀地域を調査していたシンクタンクによって持ち込まれ、「具体」に画期をもたらしたアンフォルメル運動の理念がタピエによってもたらされたことがその例である。

もう１つの経路は、新たな参加者によって場所やその周辺にあらかじめ保持されていた価値が掘り起こされるということである。ココルームの事例では、フェスティバルゲートに固有のキッチュな雰囲気がアーティストのパ

フォーマンスの刺激となり、移転後はインフォショップ・カフェ、カマメに並んでいたピアノやギター、本棚などの事物が地域の人びとによって活用され、生活を見直し自らの価値を見出す力となっていた。

　文化／認知的ツールとコミュニティ／ネットワークの出会いと相互作用によって偶発的に生じる人の思わぬ行動や言動が膠着した状況を打破し、同質化した主体や硬化した活動に転機をもたらし、「新しさ」を生み出す契機ともなり得る。「創造の場」において、文化／認知的ツールとコミュニティ／ネットワークは相互に関連し合いながら、創造的営為の促進に重要な役割を果たしているのである。

事物への「棲み込み」

　1章でふれた、SECIモデルにも影響与えた清水［2003］の「場」とは、それを構成する細胞など細分化された要素を分析することでは決して捕捉されない生命の包括的な働きをとらえるための概念であった。この働きについて、清水より先に同じ科学思想家として考察しているのがマイケル・ポランニーである。ポランニーは、より高次のレベルを生み出す過程を表す概念として「非生命的存在からの生命の創発（emergence）」[6]を提起している。ポランニーは、この創発について、分析的に説明できる可能性を否定しており、その過程を明示していないが、暗黙的に知ること（tacit knowing）が創発について感じ取り、考えていく手がかりとなることを示唆している。

　そして、ポランニーは、明示的にものごとを知るという次元を超えて、ものごとを暗黙的に知ることは、近位項の中に「棲み込む（dwell in）」ことによって媒介されると論じている。その例となっているのが洞窟を探検するときの探り杖である。暗闇の洞窟探検のときに、もし杖に意識を集中させてしまうと、杖の先に伝わる衝撃や感触だけしか感覚として得ることができず、洞窟の形や進むべき方向を見失ってしまう。探り杖を意識せず、それをあたかも自分の手の一部として知覚するように、手に持つ杖＝近位項を自分の腕、身体として外縁化する（棲み込む）ようになってはじめて、洞窟という未知の包括的存在を知覚することができるようになるというのである。

　この「棲み込む」ことを、新たなビジネスモデルを発見し見通す「ビジネ

ス・インサイト」のための契機として主張しているのが、石井淳蔵［2009］である。石井は、「棲み込む」ことのできるものとして、人と事物と知識をあげている。その人の気持ちや立場になりきったり、事物に対する固定的な見方を避けて新たな意味や可能性をみつけたり、知識をそれが生み出された時にまでさかのぼるように深く理解することで、創造性がもたらされるとしている。我々が文章を書いている時にも、文の中に入り込んで次々と言葉が紡ぎ出されるようなモードを体験することがある。これが「棲み込む」ことができた時である。しかしこのような「ビジネス・インサイト」はめったにあるものではなく、それをもたらす機制や方法も形式知として簡単に学ぶことはできない（石井［2009］）。

　また、チクセントミハイは、インサイトの類似概念といえる「活動への没入」が、幸福、創造、生活へのフロー（Flow）体験のための過程に必要であるとしている（Csikszentmihalyi［1990］、今村訳［1996］）。

　このような考察をふまえると、主体（あるいはコミュニティ／ネットワーク）に対して多様な出会いや相互作用の機会を提供する「創造の場」は、普通は容易ではない「棲み込み」のチャンスを豊富に与えているのではないかと考えられる。「創造の場」によって、主体が新奇な文化／認知的ツールに「棲み込む」機会が得られ、既知の事物、人や知識を超えてその先にある対象（＝包括的存在・新しさ）をつかむ可能性が拡張されるのである。

　それが実現した例としてあげられるのが、たとえば、1章でみたコクヨの〈テピタ〉の開発プロセスで起こった、障がい者が見せた想定外のハサミの使い方に誘発された新しいアイデアの生起である。製品開発チームの担当者が、「机の上に置いてたたいて使う」という予期せざる行為を行った人や事物に「棲み込み」、その後の〈たまほっち〉などの新しい製品につながる発想の転換をもたらしたのである。「具体」の批評会やココルームの「カマメ」なども同じような機会を与えていた。このように考えると「創造の場」の根源的な役割は、「棲み込み」の機会を与えることにあるということができるだろう。

5節　「創造の場」のシステムモデル

　この章の終わりに、ここまでの考察を振り返り、「創造の場」概念の再構築を試みたい。
　まず、1節では、「創造の場」の4つのカテゴリーの中でも価値観を共有できるつながりと新奇な理念や方法に接することができるC：カフェが中核となること、さらに、C：カフェとL：実験室という2つの機能を持つ「場」が重なり合うことが創造的営為を達成するために重要であることを指摘した。続いて2、3節での心理学研究、「活動理論」を参考とし、4節では、「創造の場」を構成する5つの基本的要素を提示した。
　しかし、この5つの要素は、すべての「場」において、均等に関わっているわけではない。「創造の場」の4つのカテゴリーは、主体と創造的営為の拡張と場所の転移を表徴するものであったが、それぞれの「場」における対象、文化／認知的ツール、コミュニティ／ネットワークという要素の軽重、関係は異なっている。
　たとえば、A：アトリエは、すべての創造性の原点となり、個人が対象に働きかけるインフォーマルでプライベートな「場」であるが、コミュニティ／ネットワーク要素が介入できる余地は狭い。外部化、社会化されない「個人にとっての新しさ」に没入するという創造的営為は、文化／認知的ツールによって媒介されているが、直接的な他者との関係性はほとんど必要とされないのである。これに対して、L：実験室は、明示的な目的に向かって文化／認知的ツールとコミュニティ／ネットワークも効率的に利用されるが、外部との境界は厚く、フォーマルでプライベートな「場」である。一方、C：カフェは、個人が主体となって、文化／認知的ツールとコミュニティ／ネットワークを開放的、自在に活用できるインフォーマルかつパブリックな「場」と考えられる。T：劇場は、主体との関係性の濃淡もさまざまな不特定多数の人びとの参入により、コミュニティ／ネットワークが拡張されることが必要である。多くの他者によって、「新しさ」を検証し、主体に対しても試練を与えるフォーマルでパブリックな「場」である。

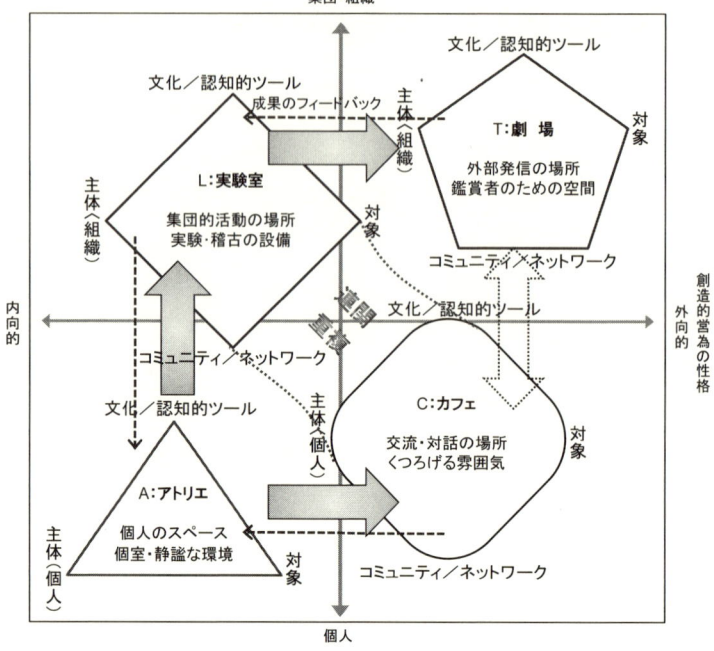

図3-7 「創造の場」のシステムモデル

(出所) 筆者作成

　以上の考察をふまえて、「創造の場」の4つのカテゴリーに、創造的営為を構成する基本的要素を組み込み、再構築したものが「創造の場」のシステムモデルである（図3-7）。主体が対象へと向かう創造的営為は、その必要に応じて文化／認知的ツール、コミュニティ／ネットワーク、ときには主体、対象そのものを再構成しながら、4つのカテゴリーとして分節化できる「創造の場」を形成、活用し、このシステムモデルの中に一定の軌跡を描きながら達成されていくものとしてとらえることができる。

　以上の考察をもって、「創造の場」に関する検証を一段落させたい。さらに続く課題は、「創造の場」が生み出される時空間としての創造都市をとらえ直すことである。そのために次章では2章とは異なるひろがりを見せている事例を取り上げてみていくこととしよう。

注
1）以下、高尾［2006］pp.334-339から引用
2）たとえば、比留間編［2006］、山住編［2006］、杉万編［2006］があげられる。
3）山住［2004a］pp.82-84による。
4）創造的営為の結果を社会的に評価し、押し広げる「創造性のシステムモデル」における
　　フィールドは、主にこのコミュニティ／ネットワークの要素に含まれる。
5）「創造性のシステムモデル」では、フィールドの評価による領域の変化に焦点が当てられ
　　ていた。
6）Polanyi, M.［1966］、佐藤訳［1980］p.71

第4章

「創造の場」をひろげる
——界隈・地域・都市

本章で取り上げる事例は、創造的営為の継続的な発展過程に加えて「創造の場」が面的、地理的、あるいは歴史的につながり、ひろがっていくプロセスについても観察し記述することができる。このような「創造の場」の連結や拡張への考察をとおして、個々の創造的営為を醸成する「場」への視点を超え、「創造の場」が集積した環境としての創造都市への示唆を得ることができるのではないだろうか。
　まず、これらの事例の概要についてまとめておこう。
　1節　アート拠点からの星座的展開—BEPPU PROJECT の活動
　　　地方都市におけるアート NPO の事例である。まちなかの空き店舗などをリノベーションして、アートスペースやカフェなどの対話・交流の場所をつくり出し、さらに、これらを拠点としながら面的展開を図り、地域全体を舞台とするアートフェスティバルを実施している。
　2節　地域文化資源の地下水脈と農村再生—上勝町・神山町
　　　共に過疎が進行する徳島県の農山村部に位置しながら、幅広いネットワーク形成と有形・無形の文化資源を活かして新たな活動を展開し、産業創出や地域再生に成果を生みつつある。上勝町では「葉っぱ」のビジネスやごみ減量化、神山町では、アーティスト・イン・レジデンスやサテライトオフィスなどの取り組みに注目する。
　3節　文化芸術創造都市試論—近代京都の都市再生
　　　明治維新以降の京都の都市再生をみていく。近代化の緒に就いた京都は、幕末の混乱に加え、東京奠都によって深刻な社会的・経済的衰退に直面し、再生をめざした新たな取り組みが進められてきた。近代京都で展開された実践、活動から 2 つの時代に焦点を当てて検討する。

1節　アート拠点からの星座的展開
　　　—BEPPU PROJECT の活動

　アート NPO として、別府を中心に地域に根ざした芸術文化の拠点形成とまちづくりに取り組んでいるのが BEPPU PROJECT である。BEPPU PROJECT は、国際的に活躍していたアーティスト山出淳也の主導によって

2005年に任意団体として創立され、2006年にNPO法人の認証を受けた。地元自治体や商工会、他のNPOとも連携して、アートを発信し、地域に根付かせるために精力的に活動を行っており、2009年に別府市各所で開催した国際アートフェスティバル「混浴温泉世界」は全国的に話題となった。この「混浴温泉世界」でも拠点として活用されたのが、まちなかの空き店舗などをリノベーションしたplatformと名付けられたスペースである。さらにこれらの点在する拠点をつなぎ、回遊性をつくりだす面的展開を志向している[1]。

BEPPU PROJECT の歩み

まず、アートNPO BEPPU PROJECT の誕生から2013年までの歩みについてみていこう（表4-1）。

大分県出身の山出は1990年代後半から国内で、2000年からは主にアメリカやヨーロッパなど海外に拠点を移して、モノとしての作品ではなく、プロジェクトによる「リレーショナルアート（関係性の芸術）」と呼ばれる、アートを起点としてそれをみる人とのコミュニケーションのひろがりに主眼を置く作品を発表し続けている。

2002年から2年間、山出は文化庁派遣芸術家在外研修員としてパリで暮らしていたが、偶然インターネットで別府のまちづくりに関する記事を見たことをきっかけに、別府で活動を始めることを決意し、帰国する。別府の新たなまちづくり活動に、ここでなら自分がかねてから温めてきた国際的な展覧会を開くことができるのではないかと感じたのである。

帰国後は、別府に一人だけあった知人を介して地域の人びとや団体、組織との交流し、NPO法人ハットウ・オンパク、NPO法人別府八湯トラストなど市民の手によってまちづくりを進めようとするNPOなどと対話を深め、協働を模索する。この中で、現代アートには全く馴染みがない別府で国際展を開くことにどのような意味があり、別府に何が残るのかを意識することになった。その結果、残るのは経験であり、アートによって人や場所、まちの歴史や時間をつなぐことに価値があると考えるようになっていく。

2005年4月には山出を中心に有志が集い、別府で国際アートフェスティバルを開催することを目的として任意団体BEPPU PROJECTが創立され、別

表4-1　BEPPU PROJECT の歩み

年	月	主要プロジェクト等
2004	10	山出淳也フランスから帰国
2005	4	BEPPU PROJECT 任意団体として発足
2006	5	10日 NPO法人の認証を受ける
2006	10	30日 別府中心市街地活性化協議会設置準備会発足
2006	11	24～26日「全国アートNPOフォーラム in 別府」開催。全国のアートNPO関係者にフェスティバル構想を発表する。
2007	6	8日 別府中心市街地活性化協議会設置
2007	10	27・28日 別府市中心市街地活性化国際シンポジウム「世界の温泉文化創造都市をめざして」開催。「星座型　面的アートコンプレックス構想」を発表する。
2008	7	9日 別府市中心市街地活性化基本計画が国の認定を受ける。これを受けて8月より platform 設置事業を開始する。
2009	4	11日～6月14日 platform などを会場として別府市街地全域を使った国際アートフェスティバル「混浴温泉世界」を開催する。
2010	3	1日『混浴温泉世界　場所とアートの魔術性』が出版される
2010	3	6～22日「BEPPU PROJECT 2010 アート、ダンス、建築、まち」開催。より日常的にアートを体験できるイベントとして市街地各所で開催する。
2010	11	1～30日「ベップ・アート・マンス 2010」を開催。44のアートプログラムを市内各所で実施する。
2011	11	1～30日「ベップ・アート・マンス 2011」を開催。57団体、87企画が参加する。
2012	10	6日～12月2日第2回「混浴温泉世界」を開催する。「ベップ・アート・マンス 2012」と共に別府市内各所でアートプロジェクトを展開し、「国東半島アートプロジェクト2012」も期間内に実施される。
2013	11	11月1日～12月1日「ベップ・アート・マンス 2013」を開催。

（出所）筆者作成

府市内の施設などを使って作品発表やトークショーなどを行う。2006年5月には特定非営利活動法人として認証され、同年11月には、全国のアートNPO関係者が一堂に会する「全国アートNPOフォーラム in 別府」を主催し、国際アートフェスティバル構想を発表する。このような活動と並行するように別府市、商工会議所、商店街振興組合などによる中心市街地活性化の取り組みが動き出し、山出も請われて参画するようになる。

　2007年には、チャールズ・ランドリー、フランス・ナント市の文化顧問ジャン＝ルイ・ボナン、浜田別府市長などをパネリストとする「別府市中心市街地活性化国際シンポジウム『世界の温泉文化創造都市を目指して』」（「国際シンポジウム」）を開催する。ここで、山出は「星座型　面的アートコンプレックス構想」を発表するが、これにもとづく拠点形成事業が、2008年に中心市街地活性化事業として承認され、実を結ぶことになる。このような BEPPU PROJECT の取り組みが評価され、山出は平成20年度芸術選奨文部科学大臣

新人賞（芸術振興部門）を受賞した。

　2009年には、アートNPOの創立当初からの目的であった「別府現代芸術フェスティバル2009『混浴温泉世界』」（「混浴温泉世界」）を開催する。別府市内約20カ所の会場でさまざまなアートイベントが展開され、9万人余りの観客を動員した。「混浴温泉世界」までのまちづくり、芸術文化振興の取り組みが認められ、別府市は平成21年度の文化庁長官表彰（文化芸術創造都市部門）を受ける。

　2010年には、「混浴温泉世界」を契機に生まれつつあるアート活動を育て、より日常的なそのあり方を模索する「BEPPU PROJECT 2010 アート、ダンス、建築、まち」や「ベップ・アート・マンス2010」を開催した。その後も毎年継続して開催してきたアート・マンスをとおして次なるアートフェスティバルの方向も模索し、2012年10月には第2回「混浴温泉世界」が開催された。

別府市の現状

　別府市は温泉湧出量、泉質数で日本一を誇る温泉観光地である。市内には「別府八湯」と称される古くからの湯治場があり、多くの宿泊施設、土産物店などが集積し、発展してきた。市街地にも豊富に湧く温泉はまた、住民にとって日常生活の中の一部となっており、内風呂を持たずに100円以内で入浴できる近隣の共同温泉に通う人も多い。この「裸のつきあい」を中心とする濃密でやわらかな人のつながりは今日まで続く別府の生活文化ともなっている。

　1906（明治39）年の合併により生まれた旧別府町（合併時人口約1万2000人）の市街地を核として、現在のJR別府駅（1911年開業）の南部に商業集積が進み、今日の中心市街地が形成されてきた。この中心市街地は第二次世界大戦の戦災を受けなかったことから、狭く入り組んだ路地や古い木造建築物、低層密集地区が今も残っている。

　別府市の主要産業といえる観光は、昭和40年代には新婚旅行、昭和50年代までは修学旅行、社員旅行などの団体旅行・宿泊客によって隆盛を極めたが、その後宿泊客は減少の一途をたどっている。観光業の発展とともに増え続けていた別府市の人口も1980年をピークに減少局面に入り、2010年国勢調査では

ピーク時から1万人余り少ない12万5385人となっている。市街地の商店街は、かつては宿泊した観光客が浴衣姿でそぞろ歩き、「眠らない街」と呼ばれる歓楽街として賑わっていたが、現在では空き店舗が目立つようになっている。中心市街地の小売販売額は、平成6年から平成16年にかけて36.1％の減少（市域全体16.3％）、商店数は493店から339店へと31.2％減少しており（市域全体28.9％）[2]、その衰退がみてとれる。

このような状況の中で、中心市街地の活性化を図るために2007年6月には「中心市街地活性化協議会」が設置され、2008年7月には、まちなかの賑わい創出、まちなか観光の活性化、まちなか商業の活性化という3つの目標を掲げた「別府市中心市街地活性化基本計画」が国の認定を受けた。先述したように、この基本計画の事業の一部として空き店舗のリノベーションや別府現代芸術フェスティバル2009の開催が掲載され、中心市街地へのplatformの設置と「混浴温泉世界」の実施に向けて動き出すのである。

「混浴温泉世界」2009

第1回の「混浴温泉世界」は、2009年4月11日から6月14日にわたって、platform01・02・04・05をはじめとする別府市内の約20カ所で開催された。国内外160組・約200人のアーティストが参加し、現代美術の国際展「アートゲート・クルーズ」（図4-1）、若手アーティストの滞在制作による「わくわく混浴アパートメント」、コンテンポラリーダンス「ベップダンス」、音楽「ベップオンガク」、トーク・シンポジウム、ワークショップなどの多彩なプログラムで実施された。

運営のために地元団体、有識者らによる実行委員会を組織し、BEPPU PROJECTが事務局を、山出は総合プロデューサーを務めた。「混浴温泉世界」という全体コンセプトは、総合ディレクターとなった芹沢高志によるものであり、大地に湧く温泉がすべての人にとってのいっときの時間を共有するところであり、緩やかな交流の結節点となっていることを意味している[3]。運営費は、文化事業、観光や地域振興に係るものを対象とした助成金や補助金、地元企業からの協賛金、鑑賞チケットの販売によりまかなわれたが、基盤となる安定的な財源は確保されず、資金不足と対象期間ごととなる助成金の決算の煩雑さに

悩まされることとなった。のべ65日間に及んだフェスティバルでは、別府港のフェリー乗船場、公民館、共同浴場や商店街などさまざまな場所でプログラムが展開され、期間中の観客動員数はのべ約9万2000人（会場での実数把握4万2000人、その他会場での推定観客数5万人）、有料来場者によ

図4-1 「アートゲート・クルーズ」で制作されたマイケル・リンの作品（関西汽船フェリーのりば壁面）
（出所）筆者作成

る直接経済効果は5000万円弱と推計されている。また、テレビ番組に取り上げられたことをはじめ全国紙、雑誌などメディアへの露出[4]を広告に換算するとおよそ28億7000万円になると試算されている[5]。

　プログラムの中で注目すべきものの1つは、「わくわく混浴アパートメント」である。これは、老朽化し使われなくなった木造アパート「清島アパート」（図4-2）[6]に若手アーティストが滞在し、共同生活、公開作品制作・展示を行うものであった。国内132人・組を数える参加アーティストの滞在期間は長短さまざまであったが、寝食を共にし、互いに刺激しあう関係となる中で、制作意欲も高まって数多くの作品が生まれ、会期中に5195人の来場者を集めた[7]。生活費の限られたアーティストに対して、地域の住民から食料の差し入れなどの協力もあった。地元との交流をきっかけとして、会期後には別府に移住し制作を続けるアーティストが現れたり、アーティストと地元との継続した関係が生まれるなどの効果も生まれている。

　「混浴温泉世界」では目的の1つに地域の将来を担う有為な人材を育成することが掲げられ、そのために開催準備期間を含め、フェスティバル運営に多くのボランティアの参加が進められた。結果としてボランティア登録者は281人、そのうち女性は77％、居住地は別府市内と大分市内を合わせて約60％、立命館アジア太平洋大学（APU）や大分県立芸術短期大学を主とする学生の

率も同じく約60％であった[8]。

　これらの若いボランティアは会場設営や運営補助などさまざまな場面で活動したが、なかでもマイケル・リンの作品（図4-1）をはじめとする制作の補助、通訳などの参加アーティストへのサポートに大きな力を発揮した。

　「混浴温泉世界」を訪れた人からは、フェスティバル全体のコンセプトや各イベント、作品の内容については肯定的な意見、感想が多く寄せられ、今後の継続を望む声も少なくなかった。しかし、財政面を含む運営のあり方や地元への広報、周知などマネジメントの面では問題も多く、地域の団体との連携強化、安定的財源の確保、まちの再生への関わりの明確化などの課題が残されることともなった。

　また、「混浴温泉世界」では会場として使用されなかったが、2005年のアートイベントで使われたストリップ劇場「A級別府劇場」が2009年6月に閉鎖となり、同年秋からはBEPPU PROJECTが借り受け、活用策を探ることとなった[9]。

2010年以降の展開

　2009年の「混浴温泉世界」の実現は、山出とBEPPU PROJECTにとって1つの区切りとなった。2010年は、「混浴温泉世界」に残された課題の解決の方向を探り、2012年に予定されていた次回への展望を開くために小規模なアートイベントを連続して行った。

　2010年3月6日から22日にわたって開催された「BEPPU PROJECT 2010 アート・ダンス・建築・まち」は中心市街地・まちなかに会場をしぼり、裏路地散策と市民参加型のアートの融合を試みたものである。BEPPU PROJECTと文化庁が主催し、前年と同じく山出が総合プロデューサー、芹沢が総合ディレクターを務めた。8組の現代美術アーティストがまちに滞在し、地域の人びととのワークショップと作品展示、旅館「山田別荘」を使った市民参加によるダンス・パフォーマンス、横浜市の建築家集団「みかんぐみ」のデザインによる旧A級別府劇場の改築計画の発表展示とワークなどが行われ、鑑賞者がそれらを回遊するように仕掛けられた。ボランティアは各会場を案内するとともに地域の歴史や施設、まちを紹介するコンシェルジュ人材と位置づけられた。

清島アパート

清島アパート（入り口）

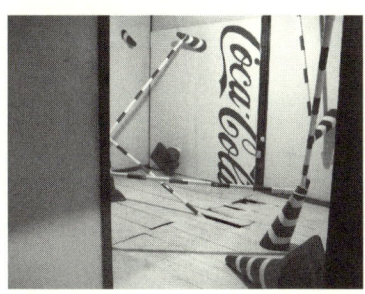

清島アパート
（「わくわく清島オープンルーム」作品展示）

清島アパート
（「わくわく清島オープンルーム」作品展示）

永久別府劇場

永久別府劇場
（1F ステージ）

永久別府劇場
（3F 展示スペース）

図4-2　清島アパートと永久別府劇場

（出所）筆者作成

4章　「創造の場」をひろげる　　*131*

各会場の入場料や協力店での飲食にも使えるクーポン型チケットBP（6枚綴り500円）も試験的に導入された。会期をとおした観客動員数は7312人、有料来場者による直接的経済波及効果は1060万円余、各種メディアへ掲載記事の広告換算は7500万円弱、前年同様APUと大分県立芸術短大などの学生、社会人ボランティアは70人と報告されている[10]。

　2010年11月1日～30日には「ベップ・アート・マンス2010」が開催された。別府現代芸術フェスティバル「混浴温泉世界」実行委員会が主催し、この期間に行われるアートイベントや展覧会、活動を広く公募して、プログラムとしてまとめた。platform02を会場とした大分県にゆかりのある若手作家によるコンペ「BEPPU ART AWARD 2010」の作品展示、清島アパート居住アーティストによる発表とワークショップ「わくわく清島オープンルーム」（図4-2）など、前衛的なアートから生活文化まで44のプログラムが実施された。クーポン型チケットBPも再度導入された。

　「混浴温泉世界」に参加したことをきっかけにBEPPU PROJECTのスタッフを経て清島アパートに居住し「わくわく清島オープンルーム」に参加したアーティストは、「住み心地は悪い。いや、きっと悪いのでしょうね。夏は暑いし冬は寒い。虫は出るし。でもそれが逆に刺激になる、生活感があるというか。今では作品制作に欠かせないものになっている」[11]と語っている。1階の空き部屋を自由に使った行われた作品展示では、床下に穴を掘り、地下から滲み出し溜まった水を電球で照らしたものなどユニークな作品が並んだ。

　プログラムの一つとして開催された11月3日から7日まで5日間にわたる「混浴温泉世界シンポジウム」は、2009年の成果を振り返るとともに、2012年に向けてのコンセプトを参加者とともに設計することをめざしたものである。また、これまでBEPPU PROJECTとは疎遠だった地元のギャラリーなどがプログラムに参加していることが注目される。

　2012年10月6日から58日間にわたり開催された第2回の「混浴温泉世界」では、「ベップ・アート・マンス2012」も併催され、別府八湯にちなんで別府市内で8つのアートプロジェクトが展開された。同時期に国東半島を巡るアートプロジェクトも実施され、会期中に12万人以上の来場者を集めた。

platformと清島アパート・永久別府劇場

　BEPPU PROJECTの活動の核となり、「混浴温泉世界」をはじめとするアートイベントのまちなかでの拠点となっているのが中心市街地に点在する8つのplatformと清島アパート、永久別府劇場（旧A級別府劇場）である（図4-2・3・4[12]）。

　2007年の国際シンポジウムで発表された「星座型　面的アートコンプレックス構想」は、まちなかに点在する温泉湯とそこにおけるコミュニケーションやつきあいという別府の町湯文化からも発想を得ている。中心市街地に生まれ続ける空き店舗をさまざまなアートスペース、コミュニティスペースにリノベーションし、それらを回遊する仕掛けをつくり出すことによって、星々をつなぐ星座のようなつながりを生み出そうとするプランである。この構想には、アートスペースにおけるアーティスト・イン・レジデンス事業、スタジオ機能を持つ小劇場、商店街の2階を学生の下宿スペースとして貸し出すという項目も含まれており、その後の清島アパートや永久別府劇場での展開を予告するものとなっている。

　この構想は、2008年7月に認定された「中心市街地活性化基本計画」の「中心市街地リノベーション事業」として実現した。BEPPU PROJECTはこの基本計画づくりの作業部会に参画し、プランづくりから具体的なリノベーション実施までを担っている。リノベーションの事業費用は別府市の予算でまかなわれるが、伝統的建築の保存をめざすNPO法人別府八湯トラストの調査をベースとした候補となる空き店舗のピックアップ、家主との交渉、賃貸契約、改装デザイン、工事監督などのプロセスをBEPPU PROJECTがコーディネートしているのである。

　この事業過程で注目されるのは、どのような空き店舗を選ぶかというコンセプトと場所の使用権のルール化である。まず、リノベーション物件の選定にあたっては複合的な機能を盛り込めることをコンセプトとした。具体的には、パブリックスペースとなる1階部分だけではなく、アーティストが滞在し制作できるプライベートスペースとして2階以上を利用できることを要件として重視し、一体化した活用を探ることである。

　使用権のルール化としては、場所の所有者、賃貸者、使用者を区別し、そ

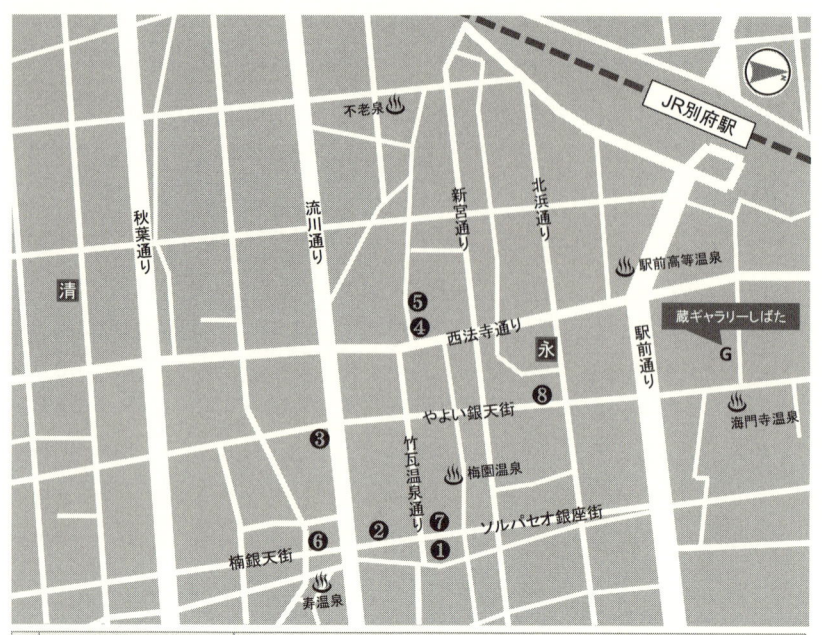

	名称・内容	説　明
❶	platform01 アートスペース	BEPPU PROJECTが使用。アーケード商店街の空き店舗をダンスや演劇の練習・公演、集会や講座などの場所として活用。レンタルも実施している。
❷	platform02 アートギャラリー	BEPPU PROJECTが使用。アーケード商店街の空き店舗を現代アートの作品展示や滞在制作の場所として活用されている。レンタルも実施している。
❸	platform03 アートスペース	立命館アジア太平洋大学（APU）がAPUさくらまちラボとして使用。角地の空き店舗が地域の交流と大学、学生の学習の拠点として活用されている。
❹	platform04 ブックカフェ	BEPPU PROJECTが使用。木造長屋を本の展示とカフェのスペースに。2階の和室にはマイケル・リンの絵が描かれた襖がある。
❺	platform05 アートスペース	BEPPU PROJECTが使用。platform 04の軒続きの長屋の一軒を作家の滞在制作、作品展示の場所として活用している。
❻	platform06 三世代交流サロン	市老人クラブ連合会が使用。アーケード商店街の空き店舗で手作り作品の展示や手づくり教室が開催され、三世代の交流スペースとして活用されている。
❼	platform07 別府竹細工職人工房	別府竹製品協同組合が使用。アーケード商店街の空き店舗。別府の特産品である竹細工をつくる様子が見られ、作品に接する場所となっている。
❽	platform08 platform情報発信スペース	NPO法人八湯オンパク等が使用。アーケード商店街の空き店舗。platformの案内やまちづくりNPOの事務所、情報発信拠点として活用されている。
清	清島アパート アーティスト滞在制作スペース	BEPPU PROJECTが運営。古い木造アパート全体をアーティストの滞在制作場所、展示スペースとして活用している。
永	永久別府劇場 パフォーミングアートスペース	BEPPU PROJECTが運営。廃業したストリップ劇場をパフォーミングアートの発表スペースとして試行的に活用しながら、並行してリフォームを行っている。

図4-3　別府市中心市街地アートスペース MAP

注：2010年11月時点の状況　　（出所）筆者作成

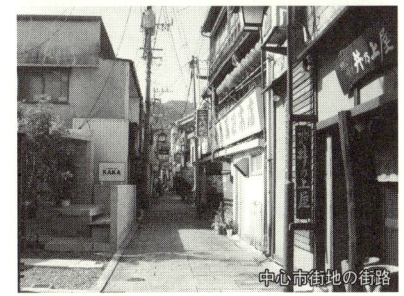

図4-4　platformと別府中心市街地

（出所）筆者作成

れを契約関係として明示できるようにした。リノベーションされた platform は、所有者が「中心市街地活性化協議会」と賃貸契約を締結することによって、協議会をとおして市から賃貸料を受け取り、さらに賃借者である協議会が、使用者と使用契約を結んで場所の使用を認めるという3段階の権利委譲によって各種スペースとして運営されている。BEPPU PROJECT は、これらの契約書をすべて作成している。面倒な手続きを伴いがちな賃貸借ではなく場所の使用権のみを切り離して簡単に契約できるように BEPPU PROJECT が媒介することで、建物の持ち主と使いたい人との隙間を埋め、新しい空間利用が実現しやすい条件を整え、空き店舗などの活用と若手アーティストへの支援を同時に進めようと企図している。

アートスペースから面的展開へ

platform で常に何らかのアートイベントが行われ、そこに関わる人や鑑賞する人びとがまちを行き交い、アートスペースが線としてつながり、周囲にある交流、商業スペースを活性化するというのが「星座型　面的アートコンプレックス構想」の描く方向性であった。その後の「混浴温泉世界」や清島アパートの展開などを経て、この構想を含む下記の3つを事業の柱とするひろがりをもつものへと発展した[13]。

○「星座型　面的アートコンプレックス」構想

中心市街地の空き店舗を文化芸術交流拠点としてコンバージョンし、クリエイターの創造環境を整備する。他地域の民間団体、内外の NPO や大学などが、研究目的で一定期間使用できるパビリオンを設け、地域との連携を図り、市街地一帯を生涯学習の場へ。これらの多目的な拠点をネットワーク化し、発信能力の高いエリアを創出する。

○「アーティスト・ビレッジ」構想

市街地の空きビル、空き店舗などをアーティストや若者の居住スペースとして整備し、運営を行う。土地と建物の使用権分離による証券化も視野に入れ、居住人口増加を目指す。

○「混浴温泉世界」

市街地全体で3年に一度開催する芸術フェスティバル。アートとアーバン

プランニングの融合。世界観の提示。新たなプロジェクト創出の場。
「星座型　面的アートコンプレックス」構想の拠点となるものの1つが永久別府劇場、「アーティスト・ビレッジ」構想のモデルとなるのが清島アパートであり、3つをつなぐ核となるのがplatformと位置づけられている。
　この3つを柱とするグランドデザインは、2010年までの活動の集大成であり、BEPPU PROJECTが積み重ねてきた経験を昇華したものであるといえる。しかし、まち全体を巻き込んだ展開を進めるためには別府にある既存組織や住民との一層の連携も必要となる。
　BEPPU PROJECTは創立された当初から、2009年の「混浴温泉世界」実施に向けて、市民、NPO、行政部局、商工会などとの対話を重ねてきた。別府市が呼びかけて生まれたまちづくりグループ「泉都まちづくりネットワーク」にも加入し、交流会へも積極的に参加してきた。2010年1月には、platform01を交流会の会場として提供し、空き店舗のリノベーションについても紹介した。このような地道な取り組みが「混浴温泉世界」をはじめとするアートイベントの実現の力となってきたのは間違いない。
　ほとんど馴染みのなかった別府という土地で、なぜ新たな提案によるアートイベントが受け入れられ実現することができたのか、山出は、それも別府という地域の持つ文化のおかげであるという。近代になって温泉街として発展してきた別府では地域の行事、イベントの多くがそれほど長い歴史をもたないため、排他的になるほどの強い伝統的意識をもっていないことが多い。「ポッと出てくるのがイベントなので、だから逆にわかりやすい」[14]のであり、まったく新しい「混浴温泉世界」やBEPPU PROJECTの構想を受け入れやすい素地が別府にはあったと考えられるのである。観光客や湯治客という外部の人を常にターゲットとしてきた地域の産業や生活の構造も、外からのアイデアの受け入れを促したように思われる。
　しかし、以前から別府に根ざして活動してきた美術団体や関係者は、2009年の「混浴温泉世界」にはほとんど参加していなかった。長年、地域で活動してきた作家たちは、突然現れたイベントを遠巻きにして眺めていたのである。このことには、山出も気づいており、「ベップ・アート・マンス2010」では、さまざまな機会にアートイベントの登録を呼びかけ、公募によってプログラム

に組み込むという方法をとった。この取り組みによって、20年以上別府のまちなかでギャラリーを営み、platformに顔を見せない地元作家のたまり場でもある「蔵ギャラリー しばた」などの参加があったことは1つの成果であったといえるだろう。だが、作家同士の交流やつながりはいまだに十分ではないように思われる[15]。

　BEPPU PROJECTの歩みを振り返ると、実験的なアートイベント主導から持続的なアートスペース、滞在スペースづくりへ、さらにアートによる日常的なネットワーク形成、まちづくりへと拡充してきた過程とみることができる。

　このように、まちづくりのためにアートを利用するという方向に転移してきたようにみえるBEPPU PROJECTの活動だが、そのめざす方向は一貫してアートのための環境整備、アートをターゲットとする活動であり、決してアートを離れてきたわけではない。活動の内容が変化してきたのは、アートの達成とまちづくりの方向性が相反するものではなく、一致するものであるということが次第に見出されてきたことを意味する。

　では、このアートの果たすべきまちづくりに向けた役割、アートにしかできない社会的機能は何であると考えられるのだろうか。それは、一言でいえばアートの持つ触媒機能であり、アートと接することでしか学べない自由な発想やアート的な見方である。

　現代アートは、新奇で評価が定まらず、それを鑑賞者がどのようにみて、どのように受け取るのか、作品をつくり出したアーティストであっても、決定できない振幅を持つ。その価値が曖昧な存在であるからこそ、それに接することでものの見方が変わり、ものごとに捕らわれずに考えることができるように触発を受ける。「作品を持ってくるとか、アーティストを連れてくるとかいうことではなくて、ここに関わっていく人たちがもう少し、より自由な観点からまちをみていく、活動をはじめていくということが実は理想」[16]なのである。このアートとまちづくりの交差点が生まれるためには、多くの人が日常的にさまざまなアートと接し、アーティストと交流する機会を豊富に持つことが重要であると考えられる。

　一方、アーティストの側に立てば、しばしば制作の袋小路に入りこんでしまいがちなアーティストにとってこそ、多様な価値観を持つ人と交流し、自分

にはないものの見方、アートの受け止め方を知ることが必要となる。まちなかでアートによる回遊、交流の面的展開が行われることは、「個人にとっての新しさ」に閉じこもりそうになるアーティストが、アートに縁遠かった人ともつながり、より広い視角から「社会にとっての新しさ」に向かうチャンスともなるのでもある。

BEPPU PROJECT と「創造の場」

　BEPPU PROJECT の実践は、別府にこれまでになかった「新しさ」をもたらす創造的営為であり、その NPO 活動を進めるうえでも、国際アートフェスティバルなどのプロジェクト展開においても「創造の場」に依拠し、またその形成を意図した活動であるということができる。

　BEPPU PROJECT が参画することになった「中心市街地活性化協議会」は、NPO 法人別府八湯トラスト、商工会議所、商店街振興組合等を主要構成メンバーとする実行組織であった。「中心市街地活性化協議会」の会合は、協議会という組織が主体となって、法規にもとづいて中心市街地活性化という対象に向かうフォーマルな協議を行う L：実験室としての「創造の場」とみることができる。

　この「場」に持ち込まれたものが、現代アートによる国際フェスティバルの開催やアートスペースの設置というアイデアであり、多くのメンバーがはじめて接する新奇な文化／認知的ツールであった。このアイデアが受け入れられ、BEPPU PROJECT と「中心市街地活性化協議会」によって開催された「国際シンポジウム」では、「星座型　面的アートコンプレックス構想」としてまとめて発表された。続いて認定された「中心市街地活性化基本計画」の事業の一部に、この構想にあった空き店舗のリノベーションや現代芸術フェスティバルが組み込まれていく。

　この過程で、協議会を構成していた NPO や商工会等に対しても現代アートに対する啓発が行われ、それぞれに認識の変容をもたらすとともに、アイデアや構想自体も別府市の状況に対応するものとして鍛えられていくことになったのである。このような「創造の場」として、「中心市街地活性化協議会」をとらえることができる。

2009年の「混浴温泉世界」の実施にあたっても、その推進組織となった「別府現代芸術フェスティバル2009実行委員会」には、商工会、商店街連合会、NPO法人など「中心市街地活性化協議会」構成団体の代表が委員として名を連ね、総合ディレクター芹沢高志の「混浴温泉世界」というコンセプトを実現する力となった。この実行委員会も「中心市街地活性化協議会」と同様にL：実験室であったということができよう。

　しかし視点を変えて、BEPPU PROJECTをはじめとする個々のメンバーを主体として、「中心市街地活性化協議会」の会合をみることもできる。BEPPU PROJECTは協議に参画し、他のNPOや商工会というコミュニティ／ネットワークとの関係を深めることによって、別府の現状やそこに存在し続けている温泉文化について学び、国際アートフェスティバルやアートスペースのコンセプトを実現可能なものに練りあげる機会を得られたのである。これは、BEPPU PROJECT以外のNPOなど主体的に協議会に参画していた構成員にとっても同様である。それぞれが、他者から持ち込まれた新たな構想や価値観と出会い、集まった人との意見交換を刺激としながら、自らが実現したいと考えているアイデアの具体化に向かう対話、交流の機会を得ることができた。このように「中心市街地活性化協議会」は、そこに参画した人びとにとってのC：カフェとして存在していたのである。ここで、多くの参入者にとって新たな創造的営為の契機となる「棲み込み」のチャンスが得られたものと思われる。

　「創造の場」としての「中心市街地活性化協議会」は、中心市街地活性化という共有された1つの対象に向かう協議、意志決定のために設けられた「場」ではあったが、構成員とその周辺にいる人や組織、外部とのつながりも保たれており、目的的なL：実験室としても、参画した人同士の交流、対話のためのC：カフェとしても機能していたと考えられる。

　さらに、2012年の「混浴温泉世界」に向かって、BEPPU PROJECTは「ベップ・アート・マンス2010」でのシンポジウムなどを開催し、より多くの市民などを巻き込み、多様な人の参加、交流によってコンセプトづくりから始めようとした。これは、より開かれたC：カフェとしての「場」をBEPPU PROJECTが自らつくり出し、ゆるやかな関係のもとで多様なアクターを呼

び込み、対話を進めることによって、「混浴温泉世界」にさらなる「新しさ」をもたらそうとしているとみることができる。

　以上をまとめると、BEPPU PROJECT は、C：カフェにおいて多様なアクターとの対話・交流を進め、活動のコンセプトを鍛え上げる L：実験室によってそれを現実化している。この２つの「創造の場」で批判され、社会化された「新しさ」が、たとえば「混浴温泉世界」として産出されたのであり、最終的に別府という地域全体をフィールドとする T：劇場をとおして具現化された。このように一連の「創造の場」の中に BEPPU PROJECT の構想は形となり、実現されているのである。

　アートプロジェクトの拠点であり、中心市街地活性化のための回遊性回復の起点となるスペースである platform、清島アパート、永久別府劇場は、「創造の場」を意図的、持続的につくり出そうとする実践である。これらの「場」における主体は、そこを使用する人、団体・組織であり、別府にある温泉文化、路地やレトロなまちなみなどの周辺の環境が有している文化／認知的ツールも活用しながら、それぞれの対象に向かう創造的営為を展開している。

　また、空き店舗のリノベーションの過程で定式化された使用権は、「創造の場」における主体を明示する仕組みであったと考えることができる。賃借料を負担している「中心市街地活性化協議会」や BEPPU PROJECT が創造的営為の主体となるのではなく、コミュニティ／ネットワークとして側面から関われる仕組みをつくったのである。それによって場所を使用するアーティストやあるいは NPO、協同組合などが、主体として前面に出て創造的営為を主導し、エンパワメントされることも期待されているのである。

アートプロジェクトと細街区による回遊性

　さらに注視すべきことは、１つひとつの「創造の場」を超えて、そのつながりや連動をつくりだそうとする試みがあることである。

　地域の人たちにとって新奇な現代アートを身近なものとするための方法として考えられるのは、美術館などパブリックで特別な場所ではなく、暮らしに密着したさまざまな場面でアートやアーティストと出会い、ふれあえることである。アーティスト・イン・レジデンスは、まちなかにアーティストが滞在

し、普段は人目につかないプライベートなA：アトリエという「創造の場」で展開されている制作過程をも可視化する試みである。それによってアートを人びとに近づけるとととともに、多様な住民の目による評価を受けることによって作品の社会的価値を高めることができるという両面の効果がある。このための場所として設置されているのが清島アパートである。

　platformは、建築関係の大学研究室や市民ボランティアとの協力を得ながら、空き店舗や長屋をギャラリー、ブックカフェ、三世代交流サロンなどへリノベーションしている。それぞれ異なったコンテンツによって人びとを引き寄せ、交流、対話の拠点となるアートスペース、コミュニティスペースであり、C：カフェとしての「場」として機能する。永久別府劇場は、T：劇場として活用され、また、platformの一部も含めてダンスや演劇の練習場、L：実験室としても利用されている。

　「混浴温泉世界」をはじめとするアートイベントは、A：アトリエ、L：実験室、C：カフェ、T：劇場という4つのカテゴリーの「創造の場」それぞれにおいて新たな創造的営為を展開し、網の目のように張り巡らされている商店街や街路によりこれらをつなげ、まちの中に回遊性を取り戻そうとしている（図4-5）。中心市街地に集積している、異質な性格、機能を持つ「場」が、創造的営為の多様な過程を垣間みせることによって、そこに人びとを引き寄せ、ふれあいの機会とにぎわいを生みだし、まちも活性化しようとするのが、「創造の場」からみた「星座的　面的アートコンプレックス構想」である。

　また、空き店舗の1階をC：カフェやT：劇場として開放し、2階以上の居住スペースをA：アトリエとするという、2階建てのコンセプトは、「創造の場」の面的、水平的な展開を縦に置き換えたものということもできる。

　さらに、このような異なる「創造の場」を近接した地域に創出し、結びつけるためのインフラとなっているのは、車の入れないような細街区と商店街に多い自営店舗の空き家であり、共に衰退しつつある地域に残されていた文化資源なのである。

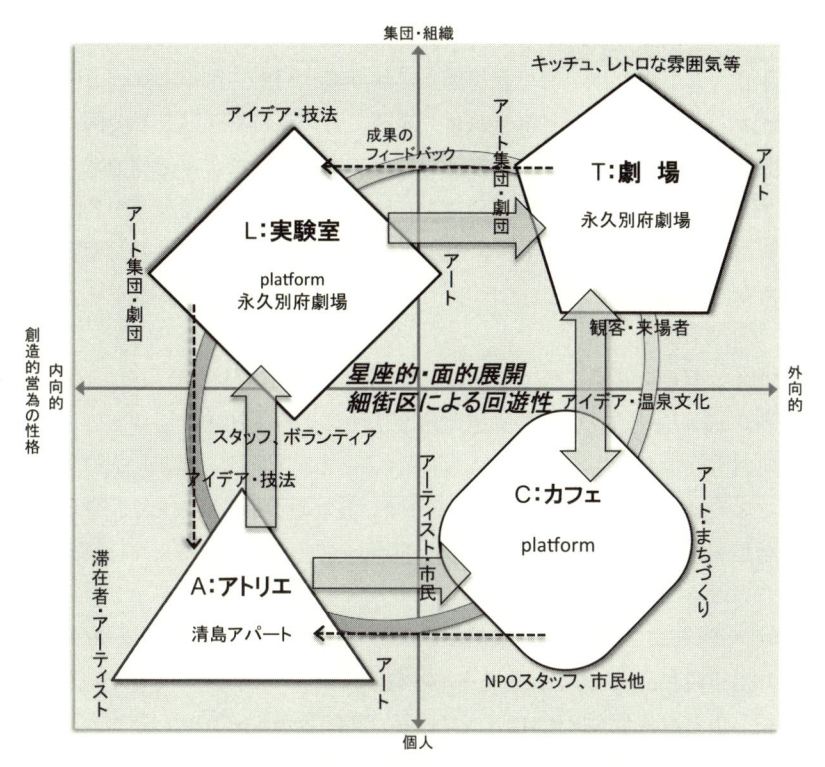

図4-5　BEPPU PROJECT の活動における「創造の場」

（出所）筆者作成

2節　地域文化資源の地下水脈と農村再生
　　　―上勝町・神山町

　本節で取り上げる徳島県上勝町、神山町の事例は、これまでの都市部におけるものとは異なり、農山村を舞台としている。

　過疎化、少子高齢化が進む現在の状況の下で、条件不利地域とされる中山間地域において、この2つの町は、ネットワークを拡張しながら、それぞれの地域に固有の文化資源を活かして新たな活動を展開し、産業創出や地域再生に成功しつつある[17]。

都市への人口集中と過疎

　我が国では1960年代、高度経済成長に伴う農山村から都市部への急激な人口流出が社会問題化し、1966年には「過疎」という言葉がはじめて国の審議会報告において使われた。1970年4月には、議員立法による過疎地域対策緊急措置法が10年間の期限付きで成立し、法律にもとづく過疎地域が公示された。以降、三度にわたる過疎対策立法や法の期限延長によって、社会変容にともなう課題の変化にも対応しながら、今日までさまざまな対策が講じられてきた。

　1970年5月にはじめて公示された過疎地域は776市町村であったが、奇しくも現行の過疎地域自立促進特別措置法改正法によって2010年4月に公示された市町村も同数である。もちろん、合併による市町村総数の減少、人口・財政力などの過疎地域指定の要件が変更されているため、単純に数を比較できないが、依然として「過疎」に多数の地域が直面しているということには異論の余地がないだろう。

　2010（平成22）年の国勢調査結果によると、2005（平成17）年からの5年間で1321市町村、全国の76.4％を占める自治体で人口が減少している。過疎地域を持つ市町村の全人口は912万人であり、2005年から67万人・6.8％の減少となっている。この数値は非過疎地域の0.8％の減少に比べて高く、さらに過疎地域市町村のうち、145市町村（23.5％）では10％以上の大幅な人口減となっている。高齢化の進展も著しく、地域の持続可能性が失われつつあることが指摘されている。

　その裏面で、大都市への人口移動は歯止めがかからない。2010年に人口が100万人を超える市は、前回の国勢調査と変わらず12市（東京都特別区を1市と数える）あり、その総人口は2884万人、2005年から5年間で596万人増加している。この12市の中で東京都特別区を除くと最も人口が多いのは369万人の横浜市であり、また、京都市だけが5年間で唯一人口が減少している。

創造都市から創造農村へ

　2013年1月に、創造都市の取り組みを推進する地方自治体などを支援し、国内外の創造都市間の連携・交流を促進するためのプラットフォームとなるべ

く設立されたのが、創造都市ネットワーク日本（CCNJ）である。設立に加わった市町村は21に上り[18]、横浜市、京都市など政令指定都市8市と人口8000人を下回る北海道東川町まで、実に多様な規模を持つ市町村が含まれている。創造都市をめざす自治体間での経済力、人口や社会基盤等の差異はきわめて大きい。

　このように、全く規模の異なる自治体が、同じように創造都市論に惹き付けられた要因の1つはハード中心の従来型の再開発のような大規模投資を必要としないところにある。1章でみたとおり創造都市は、多領域での人びとの自由な創意と活動に地域再生・発展の駆動力を見いだそうとするものであり、その最大の資源はハードではなく、人材、人的資源である。

　総務省地域力創造グループ［2012］は、地方圏においても、芸術家などの創造的人材の定住・交流、知的付加価値の創造によって、知の拠点ともなる人材交流のノードが形成され、住民の地域に対する愛着や誇りと創造性に富む地域づくりが進んだ事例をまとめている。40におよぶ地域の文献・実地調査の結果、創造的人材を惹き付ける5つの要素を見いだしたとしている[19]。その第1は地域の人的資源であり、内外に幅広いネットワークを持つキーパーソンと良いものの価値を理解する活動的で寛容な住民層の存在があげられている。特にキーパーソンはその1つの要素だけで他の要素をカバーすることができるとしている。

　ところが、CCNJ加盟市町の国勢調査の結果をみると、県庁所在地と北海道東川町をのぞく自治体はすべて人口減の状況にあり、総務省調査のいう創造的な地域づくりにとって何より重要な人的資源という面でも不安を抱えているのではないかと思われる。

　また、同調査は、人的資源以外の要素として、緑や野鳥などの自然環境、町並みや風景、歴史的建造物、地元の食材などの文化資源の重要性をあげている。一般的に農山村地域は、原生林から二次的自然までの豊富な自然に恵まれている。また、風土に適応した在来作物と郷土料理、風景に溶け込んだ民家や歴史的景観、伝統芸能や行事、特有の方言や伝承など有形・無形の文化資源も残っており、この面でのキャパシティは高い。

　だが、そこで暮らす人にとっては、歴史や風土に根ざした地域固有の文化

資源、自然環境は日頃から接している見慣れたもの、日常生活の中に埋もれたものであって、その価値や重要性を認め外へ発信するような機会はなかなかないものと思われる。

以上のように、農山村部における創造的地域づくりには可能性があるものの課題も多い。しかし、このような中で次々と独自の創造的活動を繰り広げ、地域再生に成果を生みつつあるのが上勝町（2-1）と神山町（2-2）である[20]。まずこの2つの町の概略をみておこう。

上勝町と神山町の概略

上勝町と神山町は、共に徳島県の中山間地域であり過疎地域として公示されていること、昭和30年代の市町村合併により誕生した自治体として現在まで継続していること、それぞれ鮎喰川と勝浦川の源流・上流域を占めることなど共通する点も多い（表4-2）。一方で、この両町は南北に隣接しているが、2000m級の剣山に連なる急峻な山嶺によって隔てられ、流域圏、生活圏を異にしている。

この2町の人口動態に関して、根本祐二［2013］の手法[21]を用いてコーホート別動態を分析しグラフ化したのが図4-6である。2つのグラフは同じような波形を示す。上勝町には高校がなく、神山町には県立高校の分校があるが、共に高校進学時にほとんどが町外に出るため、15－19歳で人口が減少している。しかし、その後の若年者の動態を比較すると、上勝町がわずかながら人口が増加しているのに対して、神山町では40歳代まで減少が続く傾向にある。

2－1 上勝町

「葉っぱ」のビジネスから

上勝町は徳島県で最も人口の少ない市町村であるが、毎年、町民の数を越える視察者が訪れる[22]。視察目的の多くは、日本料理に添えられる木の葉や枝花などの「つまもの」栽培、いわゆる「葉っぱ」のビジネスである。

つまものは、1981年の大寒波で壊滅的打撃を受けた温州みかん農家への代替作物として、当時農協の営農指導員を勤めていた横石知二によってはじめて栽培が進められた。それまで板前修行の一環として料理人自身が野山等で採集

表4-2 上勝町・神山町の概況

市町村名	2010（平成22）年国勢調査									
	総人口（人）	同構成比（％）			2005-2010年の人口増減数（人）		労働力人口	産業別就業人口構成比（％）			高等教育卒業者比率（％）	昼夜間人口比率（％）
		0〜14歳	15〜64歳	65歳以上	人口増減率（％）			第1次産業	第2次産業	第3次産業		
上勝町	1,783	8.1	39.4	52.4	▲172	▲9	919	45.3	14.8	39.6	12.5	104.3
神山町	6,038	6.5	47.1	46.4	▲886	▲13	3,080	31.3	21.6	46.8	12.2	92.3

総務省統計局刊行「統計でみる市区町村のすがた2012」						
面積（km^2）	可住地面積（km^2）	可住地面積比率（％）	就業者数（人）※他市区町村からの就業者を含む	課税対象所得（百万円）	財政力指数（2009）	市町村歳出総額（2009年度決算）（百万円）
109.7	16.0	14.6	1,003	1,231	0.13	2,773
173.3	30.7	17.7	3,522	4,302	0.24	4,406

（出所）筆者作成

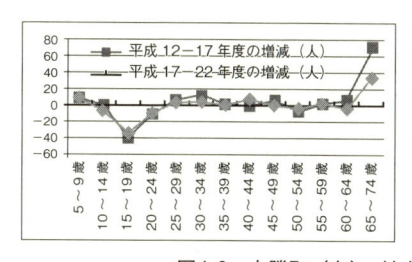

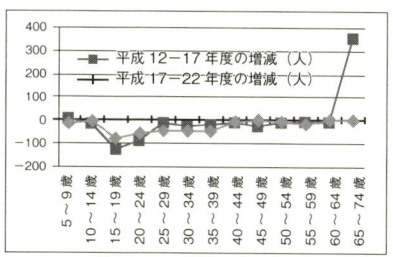

図4-6 上勝町（左）・神山町（右）コーホート分析

（出所）筆者作成

していた木々の葉や枝を、野菜と同じように青果市場に出そうとしたのである。横石がそのアイデアを思いついたのは、出張のとき立ち寄った大阪の料亭で、料理に添えられたモミジの葉を大事そうに持ち帰る若い女性の姿を見たときであった。しかし、当初は横石が呼びかけても栽培しようとする農家は現れず、個別に説得してようやく出荷にこぎ着けても、実際にどのようなつまものが求められているのかについての知識がないためほとんど売れなかった。横石が料亭に客として通いつめて、ようやく盛り付けについてのノウハウを教えて

表4-3　上勝町の第3セクター

名　称	創立/創業	事業内容	社員（内臨時等）
（株）上勝バイオ	1991.4	菌床椎茸人工ホダ木の生産販売、菌床椎茸の生産販売。	71人（42人）
（株）かみかついっきゅう	1991.11	都市農村交流センター・月の宿の管理運営、キャンプ場・テニスコートなどの管理運営。	31人（22人）
（株）ウインズ	1996.4	国土調査、一般測量、設計コンサルタント。	11人
（株）もくさん	1996.7	木材の加工販売、建築工事の請負並びに企画設計管理・林業労働者の確保。	4人（2人）
（株）いろどり	1999.4	農産物の企画販売、情報システムソフトウェアの開発・販売。	9人（3人）

（出所）筆者作成

もらい、それまでほとんど流通のなかった販路が少しずつ開いていくようになった。また、つまもの栽培農家（いろどり農家）に対する、防災無線FAXから始まりタブレット利用にいたる市場情報提供・出荷予約システムも同時に整備が進められた。

　1999年には、町の出資によって株式会社いろどりが設立され、農協と連携しながら、農家を支援するという体制が整えられた。現在では、いろどりからインターネットによって登録農家へ日々の市場のつまものの取引情報が発信され、それを見た農家が予約を入れ、昼までに農協共同撰果場に搬入するという仕組みが出来上がり、東京などの青果市場に毎日出荷されている。いろどり農家は、パック詰めしたつまものを軽トラックなどで町内1カ所の共同撰果場まで搬入するが、中には高齢者向けの電動車で持ってくるお年寄りも現れている。さらに、いろどりが実施しているセミナーやインターンシップの参加者が地域で起業するなど、外部へ波及効果も生まれている。

　上勝町は、雇用の場を確保し、産業を活性化するために、いろどりに加え、4つの株式会社を設立運営している（表4-3）。これら第3セクターは、町外からのIターン、Uターン者の就業の受け皿ともなっており、コーホート分析の結果における25歳以上での人口の維持や増加にもつながっているものと思われる。上勝町では2008年からの5年間のうち、4年間で社会増を記録している。

ごみ問題とゼロ・ウェイストアカデミー

ごみ問題への取り組みもピンチから始まっている。上勝町では、1997年までごみは自家処理が基本であり、それができないものは町内の野焼き場で処分してきた。しかし、環境問題への関心の高まりなどによって野焼きができなくなり、1998年に小型焼却機を設置したものの2000年には使えなくなり、ごみ減量化が喫緊の課題となったのである。試行錯誤の結果、現在では、住民の手による徹底的なごみ分別をとおした資源回収、リユースのためのくるくる工房（図4-7左）などの運営、使い捨ての紙コップや紙皿の代わりに祭などで使えるリユース食器の貸出などの総合的な取り組みによって大幅なごみ減量化に成功している[23]。

家庭から出るごみは、まず生ごみが畑や生ごみ処理機[24]によって堆肥化され、それを除くごみは町内1カ所のゴミステーションに各戸が運び、34種類に分別していく。ステーションまで持ってくることが困難な高齢者などに対しては、登録制の回収が地区別に2ヶ月ごとに行われている。2003年には、アメリカ人研究者の助言によって日本最初の「ゼロ・ウェイスト宣言」を行った。ゼロ・ウェイスト（zero waste）とは、出てきた廃棄物を事後処理でなくすのではなく、そもそも無駄なもの、ごみとなるものをゼロにする考え方である。2005年には、町の支援も得て、推進団体となるNPO法人ゼロ・ウェイストアカデミーが設立され、町のホームページを通じて公募された初代事務局長には留学先のデンマークから応募してきた松岡夏子（現理事）が就任した。

図4-7　くるくる工房と上勝百貨店

(出所) 筆者作成

ごみ問題に加えて、ゼロ・ウェイストアカデミーは、シルバー人材センター事業の一環として車を運転できない高齢者などのための有償ボランティアタクシー事務局も運営している。有償ボランティアタクシーは、過疎化によって利用者が減少し、町内から民間のバス・タクシー会社が撤退することになり、お年寄りなどの移動手段の確保が必要となったために2003年に創始された。町民の登録ボランティアドライバーが自家用車で輸送を行う日本初の事業を、上勝町が構造改革特区として申請して生まれたものである。

　このように、ゼロ・ウェイストアカデミーはさまざまな地域課題への対応を進める民間セクターとしてさらに重みを増している。また、2013年1月には、一般社団法人地職住推進機構が使われなくなっていた倉庫を改装し、町内の産物販売と町民の買い物の場所となる「上勝百貨店」をオープンした。食材や食物油などのばら売りや量り売り、新聞紙を再生した手づくりのレジ袋などによって、容器や包装を減らしゼロ・ウェイストを進める役割も担っている（図4-7右）。

地区アートプロジェクトの展開

　2007年に徳島県で国民文化祭が開催され、上勝町は「里山の彩生（さいせい）」をめざしてアートプロジェクトに取り組むこととなった。2005年からの準備段階では、越後妻有・大地の芸術祭を新潟県まで視察し、総合ディレクターの北川フラムなどと関係を結び、その助言を得ながら、実行委員会を設置して企画を検討した。2007年には、町内5つの大字単位の地区実行委員会を設け、たほりつこ、國安孝昌など5人の現代美術家の構想による屋外アート作品の制作と設置を進めた（図4-8左）。これらの作品はすべて杉の間伐材を主とする町内産の材料を使うことが条件とされ、のべ3000人に及ぶ地区住民のボランティア活動によって造られた。集落を見渡す丘の上や棚田など地区ごとに検討された場所に設置された巨大な作品は、制作に関わった住民に共有される体験をもたらし、それを巡るアートツアーも企画された。

　2013年度は、谷口・大北集落の住民がアートプロジェクトを誘致し[25]、大学生ボランティアなどの協力を得ながら、土屋公雄の構想にもとづく野外ステージともなる作品を、剣山スーパー林道近くの谷川脇の元棚田に設置する「森林

図4-8　國安孝昌の作品と森林アートプロジェクト2013の制作場所

(出所) 筆者作成

アートプロジェクト2013」が進められている（図4-8右）。

　これらの地区ごとのプロジェクトのベースとなったのは、町によって1988年に始められた大字単位のまちづくり活動である１Q(いっきゅう)運動会である。住民自らが知恵を出してまちづくりのための事業を行い、運動競技のように地区間でその成果やアイデアを競い合うことで、楽しく、張りのあるまちづくりをしようと現在まで実施されている。

上勝町―地域課題への取り組みと地域の文化資源

　上勝町の地域再生はおおむね、産業再生から環境問題への対応、芸術文化によるまちづくりへと展開してきており、現在は、集落（名・小字(みょう)）の地域活性化を視野に入れたアートプロジェクトに力が入れられている。農業再生に端を発した「葉っぱ」のビジネスの開発過程[26]、焼却場問題から始まったごみの減量化プロセスも含めて、それまでにない新しい問題解決が試行されており、そこにはいくつかの「創造の場」が介在していたと思われる。その中でごみ減量化と集落ごとのアートプロジェクトに焦点を当ててみたい。

　ごみ減量化のプロセスでは、上勝町の主導によって設立されたNPO法人ゼロ・ウェイストアカデミーが主体となって、くるくる工房などリユースを進める新たな取り組みを創りだしている。一般社団法人地職住推進機構による、ごみとなる容器や包装をなくした百貨店というユニークな試みも始まっている。産業を活性化するために町の出資によって設立された第3セクター各社も、新

4章　「創造の場」をひろげる　　*151*

しい製品、サービス開発に努力している。これらの創造的営為は、組織によるL：実験室としての「創造の場」を中心として進められている。

集落ごとのアートプロジェクトは、地道なまちづくり活動の延長線上に町が構想し、呼びかけに応えた住民との協働によって実施されたものである。地区毎に構成された実行委員会という組織が主体となり、アーティストというコミュニティ／ネットワークによって持ち込まれた現代美術という文化／認知的ツールを活用して、身近な地域の物産を活かした現代アート制作という新奇な共通体験を住民にもたらし、集落を活性化させている。また。そこに参加した住民やアーティストへの意識変容の機会を与える交流のためのC：カフェとしても機能している。里山の自然にも溶け込んだ作品を訪れるツアー客も生まれ、アーティスト等との交流が継続している地域もある。集落ごとに設置された屋外作品は、社会に広く開放され。その周囲の場所を含めて、T：劇場として機能していると思われる。2013年度には、立体アートでもあり、舞台としても使える作品を設置するアートプロジェクトも進行している。

このように上勝町では、地域が直面している課題に対応して、それを解決しようとする「創造の場」が町のあちこちで生み出されているといってよい。これを生み出す起点となり、創造的営為をリードする主要なアクターともなったのは町役場・農協などの組織とそこに属する専門家であり、彼らが時には専門外の分野に属する外部の有識者とも交流しながら、強力に活動を進めている。行政の仕事をすべて創造的と考えることはできないだろうが、公的な権限をもつ専門機関が、一時的、部分的であっても新しさを生みだそうとして「創造の場」に関与すれば、時には大きな力を持つことを上勝町の事例が教えてくれるようである。

また上勝町の取り組みで印象深いことは、つまものビジネスを生み出す土壌となった山里の自然環境とともに、これまで地域で培われ、伝えられてきた無形の文化資源、共有されてきた生活スタイルの根強さであり、それが新しい創造的営為を支えていることである。

たとえば、ごみの減量は、各家庭が車でごみを町内に一カ所しかないゴミステーションまで運び、手間をかけて分別するという自律的な行動によって成り立っている。これは町民に負担を強いるものでもあり、他地域では容易に模

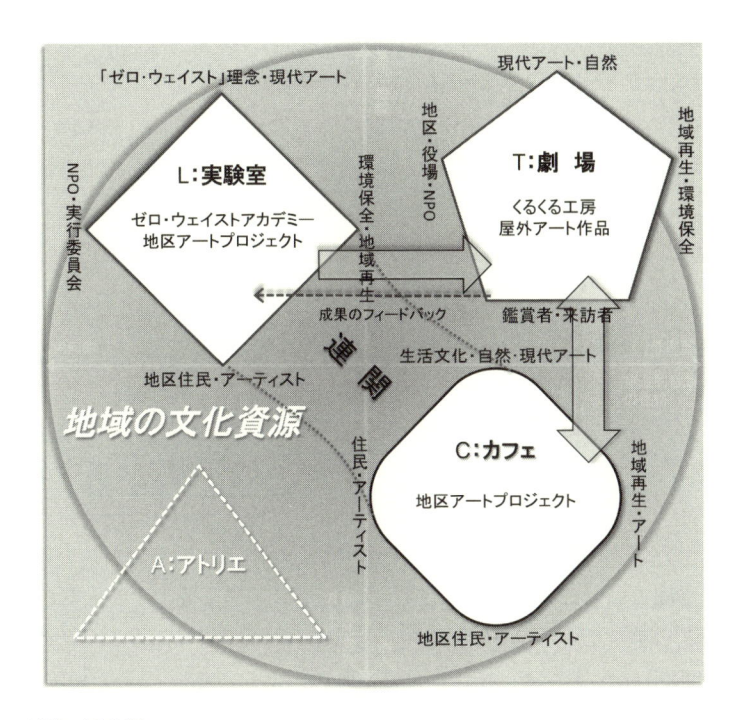

地域の文化資源
人の手によって守り育てられてきた自然、持ち寄りの行動スタイル、集落単位の結びつき、人形芝居座の運営など地域に埋め込まれた無形の文化・共通の生活様式

図4-9　上勝町の「創造の場」と地域文化資源

（出所）筆者作成

倣できるものではない。上勝町では、ごみ収集車が走ったことはこれまで一度もなく、そのこともあってか、ごみの分別に対する苦情はあるものの、持ち込む手間に関する苦情は少ないという[27]。つまものの出荷も同様だが、上勝町では町民が自らの力でそこまで持っていくという「持ち寄り」の行動スタイルが当たり前のものとして保有されており、これは現在の課題解決の目に見えない資源となっている（図4-9）。

同じように、地区単位のアートプロジェクトは大勢の住民ボランティアによって進められており、地域活動に参加することのハードルは都市部では考えられないほど低い。この背後には、農林業の作業を中心とする集落内の結びつきとともに、村社に必ずあった農村舞台[28]で、戦後まで盛んに行われたという

人形浄瑠璃芝居に伴う座の運営に関わったり、自ら演じたりしたことの体験が共有され、脈々と息づいているように感じられる。

これらの文化資源は地域全体、環境に広く深く埋め込まれたものであり、「創造の場」の文化／認知的ツールとしてすぐにリスト化されたり、場所の特性として簡単に把握できるものではないが、「創造の場」をひろげるためには、発掘され、再評価されるべき重要な資源であることが分かる。

2-2　神山町
NPOグリーンバレー

行政が積極的に課題解決に向けた新たな取り組みを展開している上勝町に対して、神山町での活動の中心となっているのは、大南信也が理事長を務めるNPO法人グリーンバレーである。その前身となった神山町国際交流協会は、町立神領小学校に残されていた青い目の人形「アリス」のアメリカへの里帰り運動を契機として1992年に設立されている。アメリカで大学院を修了し生家の建設業を継いでいた大南は、母校でもある小学校のPTAとしてこの里帰り運動に関わったことから、市民活動に取り組むようになっていった。グリーンバレーの主要な設立メンバー5人は、人形の里帰り運動以来のさまざまな体験を共有しており、現在まで、活動に取り組む心強い仲間となっている。

アリスの里帰りを実現した後、国際交流協会を設立したものの、活動が遅々として進まず悶々とした時期が続いたが、1997年に、徳島県長期計画「とくしま国際文化村プロジェクト」について紹介された小さな新聞記事をきっかけに、住民目線での国際文化村を県に提案するという動きを始める。同年4月には、有志でつくった国際文化村委員会において、1989年のアメリカ旅行で知って以来関心を持っていたアドプト・ロード・プログラムと、アーティスト・イン・レジデンスという2つの事業構想を提案した。この「環境」と「芸術」という方向性が、今日につながる活動の2つの柱となっていった。

2004年に国際交流協会は、NPO法人グリーンバレーに改組された。グリーンバレーは、「日本の田舎をステキに変える！」をミッションとし、それを実現するためのビジョンとして、「人」をコンテンツとしたクリエイティブな田舎づくり、多様な人の知恵が融合する「せかいのかみやま」づくり、「創造的

過疎」による持続可能な地域づくりの3つを掲げている。この「創造的過疎」とは、過疎化を受け入れながらもあるべき未来の地域像を具体的に描き、それに近づいていくための人口構成、人材獲得など現在の戦略を考えることを意味している。

神山アーティスト・イン・レジデンス

1999年に国際交流協会は、文化庁などの助成金を得て、神山アーティスト・イン・レジデンス（KAIR）を始める。地域住民の協力のもと、アーティストが創作活動に専念できる環境を提供し、ここで得た体験がこれからの創作に良い影響を及ぼすこと、アートとの交流に恵まれることの少ない地域の人びとが新しい発見、価値観、交流を享受できることをめざしたものである。

第1回は外部からキュレーターを招いて運営を任せたが、第2回からは、著名作家を呼ぶための予算もなくアートの専門家もいないことを逆に活かして、素人が低予算で運営できる、住民による手づくりの、無名の「アーティストを育てる」事業とした。毎年、海外から二人、国内から一人のアーティストを招聘し、2013年まで15回にわたり実施されている。町の中心に位置する、神山温泉近くの大粟山にはKAIRで制作された作品が里山の緑の中に点在する「創造の森」がつくられている。

また、縫製工場に転用されたあと10年ほど放置されていたかつての劇場寄井座の再生にも取り組み、現在ではKAIRの会場としても活用している（図4-10左）。

ワーク・イン・レジデンスとサテライトオフィス

KAIRが定着すると、参加したアーティストから、神山の環境や人びとの魅力に惹かれ移住したいとの声が寄せられるようになる。この要望に応え、長期間の滞在、制作できる場所をつくることができれば、町にも経済的効果をもたらすこともできると考え、空き家の再生に取り組むようになった。

2007年に、グリーンバレーは、神山町の移住交流支援センター業務を受託し、幅広い移住希望者からの希望物件の条件、スキルや移住後にやりたいことなどの登録情報を得ることができるようになった。2008年には、クリエイター

図4-10　再生された寄井座とえんがわオフィス

(出所) 筆者作成

にデザインを依頼し、リニューアルしたウエブサイト「イン神山」をオープンした。「神山で暮らす」という移住者向け情報ページも設けると、これにアクセスし移住を希望する人が次々と現れるようになる。

　グリーンバレーは、移住は単なる人口増をめざすのではなく、地域活動の維持・活性化、学校の児童数減に歯止めをかけることなどの課題の解決につながる人材を呼び込むチャンスだととらえている。そのために、始められた事業がワーク・イン・レジデンス（WIR）である。これは、グリーンバレーが費用を負担して空き家を改装し、地元がそこに住んでほしいと考える職種、人材を「逆指名」して入居してもらうというものである。この逆指名が可能となったのは、上記の移住交流支援センター業務を受託したことにより、登録情報を閲覧できるようになったからである。WIRによって、パン焼きの職人やクリエイターなどの多様な人材の移住を実現し、2011年度には神山町ではじめてとなる人口の社会増をもたらすことになった。

　「イン神山」をみたニューヨーク在住の建築家・板東幸輔が来町し、2009年に商店街にある長屋を改修すると、ウエブサイトのリニューアルを手がけたトム・ヴィンセントがそこを借りることになった。さらに、彼らの交友関係からクリエイターが次々と神山を訪れ、滞在するようになる。その一人であるICT起業家が神山町の豊かな環境に惹かれ、2010年10月古民家を改造して開いたのが、神山ではじめてのサテライトオフィスである。サテライトオフィスを置く企業は、2013年には10社となっており、うち2社は本社も移転した。

2013年7月には、古民家を改造し、地域の人が自由に使える縁側を設けたオフィスもオープンした（図4-10右）。さらにレストランへの改修が進む古民家も近くにあり、空き家が次々と再生されたまちなみには活気も戻りつつある。この延長線上に、構想されているのが、WIR による商店街の再生である。

神山町―市民活動と地域の文化資源

先に指摘したように、神山町の取り組みの主役は市民セクターである。NPO グリーンバレーが中心となって、来たるべき課題との間隙をいち早く埋めて、創意にあふれた活動を次々と展開してきたのである。

グリーンバレーを主体とする、美しい環境を守ることと新たな芸術文化を根付かせることの2つを柱とする今日までの取り組みが、サテライトオフィスの開設につながり、ビジネスへと結びついている。しかしそのプロセスをみると、最初からそれを想定し、帰着点として、グリーンバレーがプランを持って組織的に活動を進めていたわけではなく、大南をはじめとするメンバーがそのつど話し合い、目の前にある課題を乗り越え、よりよい地域づくりを進めるための創意工夫を1つずつ積み上げてきただけである。柔軟な発想と実践の繰り返しの中で、それまでまったく縁のなかった人との関係が生まれ、次々と「数珠つながり」になってコミュニティ／ネットワークがひろがり、予期せざる文化／認知的ツールによって地域資源の再評価が行われた成果が、神山への移住者であり、サテライトオフィスだったのである[29]。

グリーンバレーの意志決定は「浮遊するリーダーシップ」とも形容されている[30]。一人が先頭に立って引っ張るのではなく、活動のプロセスや課題に対応して、リーダーが入れ替わり、アメーバーのように柔軟で自在な活動を行っていることを表現したものである。グリーンバレーは目的的な NPO 活動の中でも、一人ひとりのメンバーが自律的に活動できる自由をある程度保持している。その活動の「場」は、プロセスに応じて外部の人ともゆるやかなつながりを持つ開放的な C：カフェとしても機能していると考えられる。

行政は、このようなグリーンバレーの活動を側面から支援し、移住交流支援センター業務の委託などの協働を進めてきた。移住交流支援センターは、グリーンバレーが神山への移住促進という行政目的に向かう閉じた組織的活動の

ためのL：実験室として機能している。そこに行政はコミュニティ／ネットワーク要素の一部として参加していた。

このように、グリーンバレーは、まちづくりの主体として、L：実験室としての「場」を主宰するとともに、その会合はメンバーや知人にとっての交流の「場」であるC：カフェとしても機能してきた。この2つの「創造の場」を柔軟につなぎ替えることによって、グリーンバレーは開かれた交流や対話を行い、同時にそこから得られた新たなアイデアや価値を組織的活動に結びつけ、パブリックな地域課題の解決方法をインフォーマルなひろがりを持つ関係の中から自在に探り得たのである（図4-11）。

ICT企業の企画・開発を担っているサテライトオフィスも組織によるL：実験室としての「場」である。このサテライトオフィスを開設した企業経営者は、当初、C：カフェとして機能しているグリーンバレーの活動にコミュニティ／ネットワークとして関わったが、神山で出会った自然環境などの文化／認知的ツールによって変容し、次の創造的営為の主体となったとみることができよう。

KAIRでのアーティストによる滞在・公開制作は、現代アートやアーティストとのふれあいによって住民に変容をもたらすC：カフェとしての「場」であり、また地域の人びとや鑑賞者が幅広く参加することができるT：劇場としても機能している。公開制作の場や作品が置かれた里山を訪れる鑑賞者も生まれ、アーティストとの交流が続き、移住する作家が現れるなどその後の展開につながったことは既にふれたとおりである。

このように、神山町では、まちづくり活動を進める組織であるとともに出会いの「場」を内包するグリーンバレーを核として、KAIRで交流が生まれ、新しいサテライトオフィスが次々とつくられるというように、「創造の場」の地理的、時間的な連鎖が起きている。そして、この「創造の場」の「数珠つながり」を支えているのが、上勝町と同じように地域全体に埋め込まれていた有形、無形の文化資源である。

全町に張り巡らされた光ファイバー網は、神山町が国・県事業を活用して設置を進めたものだが、企業誘致の基盤整備をめざしたものではなく、町民のICT環境の整備や地上デジタルテレビ放送の難視聴問題への対策として進め

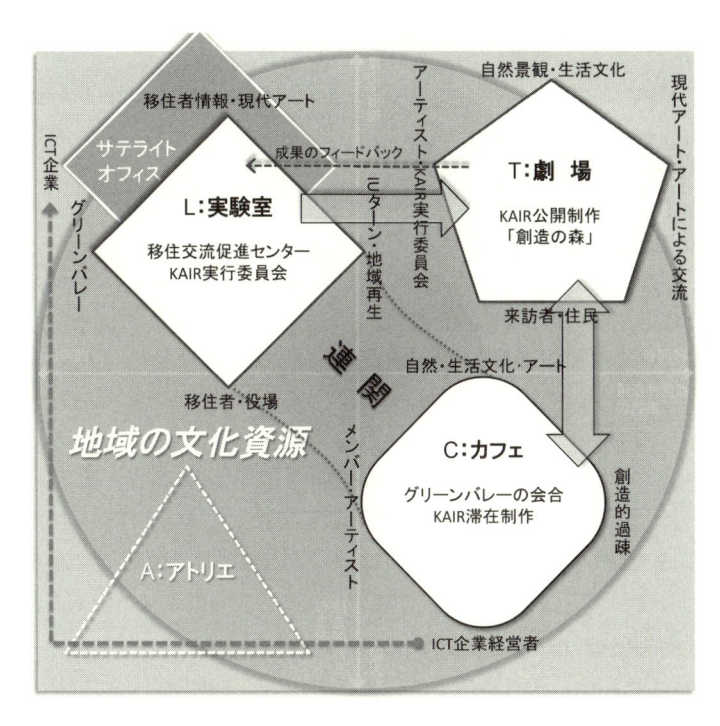

図中テキスト:
- 移住者情報・現代アート
- サテライトオフィス
- ICT企業
- グリーンバレー
- L:実験室 / 移住交流促進センター KAIR実行委員会
- 成果のフィードバック
- アーティスト・KAIR実行委員会
- 自然景観・生活文化
- T:劇場 / KAIR公開制作「創造の森」
- 現代アート・アートによる交流
- Cターン・地域再生
- 移住者・役場
- 地域の文化資源
- 価値
- メンバー・アーティスト
- 自然・生活文化・アート
- 来訪者・住民
- C:カフェ / グリーンバレーの会合 KAIR滞在制作
- 創造的過疎
- A:アトリエ
- ICT企業経営者

地域の文化資源
光ファイバー網、開放的なコミュニティ、もてなしの文化など地域に埋め込まれた有形無形の文化・共有された経験

図4-11　グリーンバレーの「創造の場」と地域文化資源

（出所）筆者作成

られたものであった。ヘビーユーザーがいない高速ネット環境は車の走っていない高速道路にもたとえられ、大量のデータのやりとりが必要なICT企業のサテライトオフィス誘致のための大きなインフラとなった。しかし、そのような価値は、ICT関係者が来町し、コミュニティ／ネットワークがひろがるまでは気づかれていなかった。

　地域に豊かに残されている自然と並んで、よそ者に寛容な雰囲気も重要な資源となった。日本各地にあった候補地から神山町を選び「えんがわオフィス」を開いた（株）プラットイーズの代表者は、神山町になぜサテライトオフィスを設けることになったのかという問いに対して、清流と緑豊かな自然環

4章　「創造の場」をひろげる　　**159**

図4-12 小野さくら野舞台と襖絵

(出所) 筆者作成

境、光ファイバーなどのインフラに加えて、「田舎らしくないゆるさ」[31]が決め手となったと答えている。オフィスの外周に設置した縁側を住民に開放することとしたものの、実際に使ってくれるのかどうか心配したが、今では夕刻になると畑でとれた野菜を持った住民が縁側に腰掛け、オフィスで働く人との間にも自然な交流が生まれるようになっている[32]。

　神山町には四国八十八カ所の第12番札所焼山寺と遍路の元祖と言い伝えられる衛門三郎縁の杖杉庵がある。焼山寺から杖杉庵を経て、第13番札所大日寺へ向かう道は神山町内を通り抜けるため、遍路のための宿も点在し、その歩く姿もよく見かけられる。開放的ともいわれる神山町のコミュニティには、遍路をもてなしてきた文化が残っていることを指摘する声も多い。

　さらに、上勝町と同じく、神山町も人形浄瑠璃が盛んに上演された歴史を有し[33]、農村舞台で残るものは1カ所だけとなったが（図4-12左）、舞台で使われていた襖絵は172組（1459枚）現存し（図4-12右）、町内の阿波人形浄瑠璃上村都太夫座（寄井座）は今も各地で上演を行っている。

　これらの無形、有形のものからなる地域の文化資源が「創造の場」とその連鎖に影響を与えていると思われる。

3節　文化芸術創造都市試論──近代京都の都市再生

　本節では、近代京都の都市再生のプロセスを追う。維新によって近代化の

幕が上げられた京都は、江戸期以来の商品経済の発達や町人層による自治の台頭があったとはいえ、幕末の混乱から続く社会的・経済的衰退に加えて東京奠都によって深刻な危機に直面し、再生をめざした新たな取り組みが強く求められていた。

結果的に、京都は衰退の危機を乗り越え、今日に続く近代都市・京都への道を歩んでいく。本節では、近代京都の歩みを概観し、産業・地域社会に取り組んだ槇村府政期（3-1）[34]と、大正、昭和初期の映画都市・京都（3-2）[35]という２つのエポックにスポットを当てて考察の対象としてみたい。

3－1　開化期・京都
幕末期の京都―経済的衰退と大火

京都は、8世紀末に都が置かれて以来、日本の中心として、「古い文化遺産と美しい自然景観を保持してきた千年の都」[36]である。しかし、その歴史は、絶えざる政争と戦火、天災による衰退とそこからの復興の繰り返しであったといってよいだろう。18世紀以降だけでも三度にわたる大火によって甚大な被害を受けており、その最後が「鉄砲焼け」あるいは「どんどん焼け」と呼ばれる1864年の大火である。御所を警護する薩摩藩、会津藩と長州藩との市街戦（禁門の変）の戦火が延焼し、811町が消失したのである。大火から１年後には富裕商人など家作を再建する者が現れる一方で、その影響は長く残り、明治維新後の1873年になってもなお市内に多くの空き地があったという（京都市編［1974］）。

この大火は、それまでも経済的苦境にあった京都にさらなる痛撃を加えた。京都を代表する産業であった西陣織

表4-4　近世－明治・大正期京都の人口推移

年代	人口（町人）	留意事項・データ元
1674	408,723	
1683	353,707	
1690	350,549	
1700	351,692	
1715	344,379	
1730	373,302	
1766	318,016	
1864	279,992	浜野（2007）p.224
1872	244,883	(本籍人口)
1881	236,038	
1888	274,732	(鴨東9ヶ村編入)
1902	387,095	(大内村等編入)
1913	507,919	
1918	668,930	(16町村編入)

(出所) 浜野（2007）、京都市（1975）により筆者作成

4章　「創造の場」をひろげる

は、すでに天保年間（1830〜43年）から深刻な不景気に見舞われていた。それ以前からの新興産地との競争激化に加えて数年間にわたる飢饉による米価の高騰・難民の発生（天保クライシス）、幕府の改革政策による絹物禁止令などがその原因である。さらに、開港後の外国貿易による生糸価格の暴騰が追い打ちをかけ、人口も江戸中期に比べて大幅に減少していたと推計されている（浜野［2007］、表4-4)。

　このような長期的な不況に加えて、さらに幕末期に有力諸大名や全国の浪士が京都に押し寄せ、需要が急増することにより、米・味噌・醤油などの必需品価格は暴騰し、町人の暮らしを圧迫していた（図4-13)。

　江戸時代、江戸・大坂と並ぶ三都として繁栄してきた京都は、幕末には深刻な社会的・経済的危機に陥っていたのである。

槇村府政と殖産興業政策

　1868年に京都に新政府が樹立され、旧幕時代の町奉行に代わっておかれた京都の行政機構は、翌年には京都府と改称され、初代知事として公家出身の長谷信篤が就任した。維新後の京都は、幕末以来の困難な状況に加え、東京奠都に伴う公家等の転出、幕府や藩など有力パトロンを失った寺社の疲弊などによって購買層を失い、西陣織をはじめとする京都の産業は重大な危機に直面していた。初動期の府政の主要な課題は、産業を立て直し、経済的危機を乗り越えることであったが、明治初期は府県の所管地域や地方議会、行政組織が確立されていく時期であり、税制も近代化の途上にあって、制度的にも財政的にも限界を抱えていた。

　新時代への期待もあって、京都の町民は新政府に対して多額の献金を行うなど大きな期待をかけたが、1869年には、明治天皇の2度目の東幸によって首都は事実上東京に移ってしまう。なし崩し的な遷都に反対する町民に対して、京都府は慰撫に務めるとともに、新政府と交渉し洛中地子銭免除特権、勧業基立金と産業基立金計25万両の下付を引き出し、それを資金として積極的な殖産興業政策を進めることとなる。府はこの政府からの下付金に加えて町民からの献金、ときには割当金も課しながら小学校等の開校、士族・困窮者授産事業を含む勧業機関設置、留学生派遣等人材育成、病院設置等の医療・衛生、

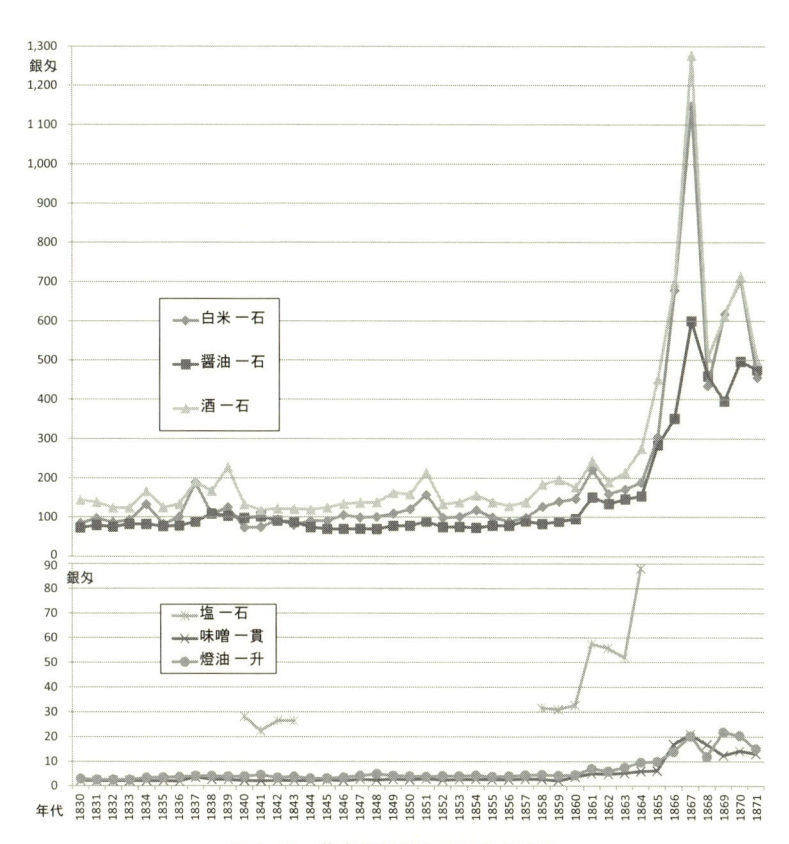

図4-13　幕末維新期京都の物価変動
（出所）京都総合資料館［1971b］に基づき筆者作成

博覧会開催等の先進的な取り組みを次々と実現していった。

　この殖産興業政策をはじめとする創設初期の京都府政の中心となったのが1869年に京都府に出仕し、その後第2代府知事となった長州藩出身の槇村正直である。開化政策の推進にあたって、槇村は、新政府の意向も汲み取り、時には町民とも対立しながら、強引ともいえるリーダーシップを発揮し、辣腕をふるった。そのブレーンの一人として大きな役割を果たしたのが、会津藩出身の蘭学者山本覚馬である。

小学校の建営―教育と自治

　小学校設立については、1868年8月に書道師範西谷淇水から京都府に対して「口上書」が提出されていた。西谷や画家幸野楳嶺、文房具商鳩居堂の八代当主熊谷直行らは6月頃から柳馬場通六角下ルにあった四条派の画家森寛斎宅に集まり小学校設立建議について協議したといわれている。

　同年9月に京都府は西谷の建白内容に類似した「小学校設立の仕法」を各町組に対して提示し、建設を働きかけている。11月には全町組の代表者が府庁に集められて小学校建営の主旨を伝えられ、12月には小学校の図面（図4-14左上）を布達し設計基準を示した。建設費は府から下賜されることが決まったが、維持費は町組が負担し戸別に徴収されることとなった。建築場所（広さは100坪前後）も各町組が準備し、寺社地などが候補となり調整が難しいときには府が仲介するとされたが、実際には地元の有力者からの寄付によるものが多かった。

　小学校建営と並行して、府は町組ごとに会議場・府員の出張所・府兵の宿所とする会所設立を論達しており、この会所と小学校を兼ねるという構想が固められていった。1869年1月には、市中の治安の維持と自治、行政からの布達の周知と小学校の開設を進めるために、府は、前年に江戸期以来の町組を組み直させ設置したばかりの番組[37]を再編し、三条通を境に上京33番組、下京32番組とした。再編された番組は、それぞれの実情に応じて小学校建設を進め、5月には全国初の小学校（上京27番組、柳池校）が開業し、年内には全64校の番組小学校が開校した（図4-14左下、右）。

　小学校の運営には、その後も苦労が絶えなかった。就学率は低く府が度々布達を出さねばならなかったし、高額な戸別の徴収金への不満は強く、運営費を捻出するための資金運用会社（小学校会社）も設立されるようになった。一方、開学当初の小学校の教育をみると、学年制はなく試験でクラス分けされており、授業科目の暗唱や句読の授業に西洋事情や万国公法などの教材も用いられ、習字や算数では実生活ですぐに使えるものが取り入れられた開明的な内容をもつものであった[38]。

　小学校に続いて1870年に府は上級学校にあたる中学校を開校した。中学校の一分科として独逸学校・英学校・仏学校からなる欧学舎を設置し外国人教員

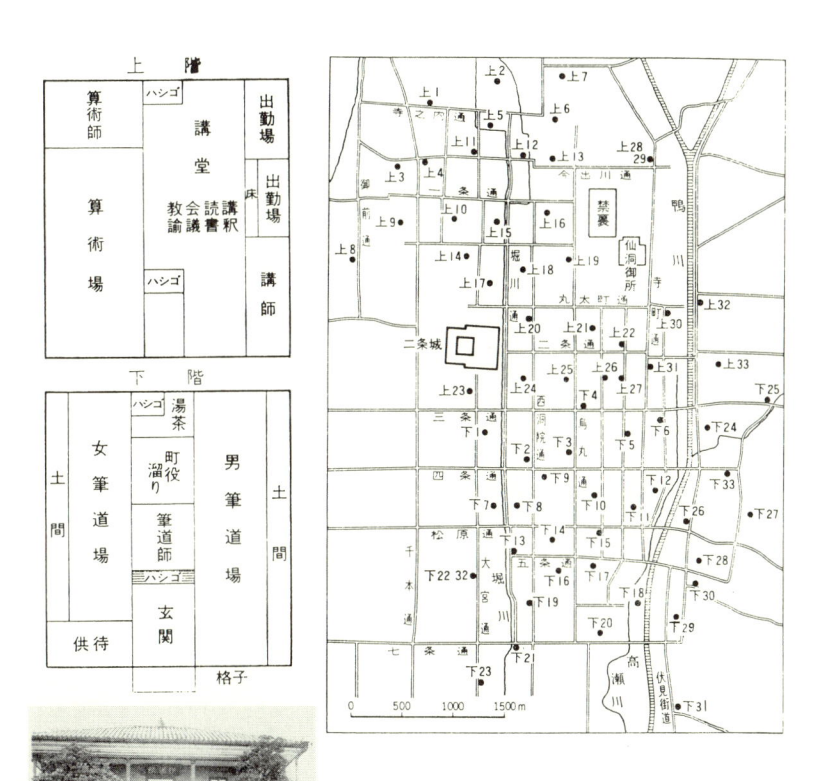

図4-14　番組小学校
（左上）府が示した小学校図面
（左下）明治10年代初期の上京第27番組小学校（柳池校）
（右）開校当時の番組小学校の位置

（出所）左下：田中［1972］、左上、右：京都市編［1974］p.507

を雇用したが、彼らは市中の小学校にも出張し語学などを教えた。また中学校に勤務する日本人講師が、小学校を月一度訪問して、呼びかけに集った町内の人たちに、文明開化の意義、世界の大勢や学校教育の重要性などの講話を行う小学校巡講師も設けられた。

　1872、73年になると小学校教育への理解が進み就学率が向上するとともに、当初の建物・敷地は手狭になり新校舎建築が大きな課題となった。その移転先として旧公家屋敷や旧藩邸、政府の「上知令」（1871、75年）により没収された寺社地などが利用された。1877年までにほとんどの小学校が新築移転した

4章　「創造の場」をひろげる　　165

が、その費用はすべて学区の財政負担によるものであり、町民は無理を重ねて小学校改築に協力した。1875年には教育奨励策の1つとして夜7時から10時まで開講する夜学を設けることが勧奨された。

　番組小学校の大きな特色は、学校が子どもの教育だけではなく、大人の社会教育の施設でもあり、防火のための火の見櫓（望火楼）が設けられ、種痘も行われるなどの多様な機能を持つよう設計されていたことである。生活に密着した「学校のなかに町役の溜り場があり、講堂は町組の会議場になり、人民教諭の場となった。そして、行政や警察の仕事が行われる町民統治機関の出張所」[39]としての役割を果たしていた。小学校は、地域住民にとって新奇な知識にふれる学習の「場」であり、多様な交流の「場」であった。自分たちで苦労して建設、運営してきた愛着の深い施設が小学校であり、その後の「お区内」のまちの連帯のよりどころとして存在していくのである（辻［1977］）。

博覧会の開催―交流と文化資源

　京都での博覧会開催を進める中心となったのは有力商人であった三井八郎右衛門（高福）・小野善助・熊谷直孝であったといわれている。博覧会の目的は「首都としての地位を失って寂莫を極める京都の景況の回復と啓蒙」[40]であった。1871年10月10日から33日間、西本願寺で開かれた京都博覧会（プレ博覧会）は日本で最初に実施されたものであり、入場料として1朱（1/16両）が必要だったが、1万人を超える来場者を集めた。しかし、出品された336点に及ぶ書画や甲冑などのいずれもが古物であったため批判され、新時代にふさわしい勧業としての博覧会をめざすべきという声が高まり、博覧会終了後、市民と府が協力して京都博覧会社[41]が設立されることとなった。博覧会社は、翌年の開催をめざして出品を募る布達を12月に出したが、出品物の提出先として小学校があげられている（京都市編［1975］）。また、当時許されていなかった外国人の入京を許可するよう政府に上申し、認められた。

　1872年に開催された京都博覧会[42]は、西本願寺・建仁寺・知恩院を会場として3月10日から80日間開催された[43]。開館時間は午前8時から午後4時まで、新古物2485点の出品を集め、入場料は1寺につき2朱（通し割引券有り）、総入場者3万9404人を数え、入場料収入は4381両に上った。外国人向けの宿泊

表4-5　明治〜大正 京都での主要博覧会概要

開催年	名称	会期(日)	会場	来場者数	内容・特記事項
1871	京都博覧会(プレ博覧会)	33	西本願寺	11,455	博覧会後、京都博覧会社が設立。
1872	第1回京都博覧会	80	西本願寺、建仁寺、知恩院	39,403	付博覧(娯楽イベント)として茶席、都をどりを開催。外国人の来場、入京を許可し770人が来場。博覧会後、本願寺書院を借り受けて1、6の日に6ヶ月間常設博覧会を開設し4万人余りを集める。
1873	第2回京都博覧会	90	御所、仙洞御所庭	406,457	会場を御所に集約し、仙洞御所庭園には動物園を開設。
1874	第3回京都博覧会	100	御所、大宮御所、仙洞御所庭園	187,888	大宮御所で機械会開催、仙洞御所庭園には動物園を開設。
1875	第4回京都博覧会	100	同上	234,346	ほぼ全国から出品物が寄せられる。審査表彰制度を始めて実施。常設博覧会廃止。
1876	第5回京都博覧会	100	同上	241,764	
1877	第6回京都博覧会	100	同上	63,782	島津源蔵が博覧会場で軽気球をあげる。
1878	第7回京都博覧会	100	同上	109,933	鉄道局後援、京阪神間運賃割引、桂御所拝観。
1879	第8回京都博覧会	100	同上	111,281	桂御所、修学院御茶屋拝観。
1880	第9回京都博覧会	100	同上	176,938	同
1881	第10回京都博覧会	100	京都御苑(新設常設会場)	188,584	上下京区連合区会の承認を得て市民に納付金を割り当て、ワグネル設計による常設博覧会場を御苑内に建設。
1895	第4回内国勧業博覧会・平安奠都千百年記念祭	122	岡崎公園	1,136,695	平安遷都当時の大内裏を一部復元し平安神宮を開設。16万9,098点の出品があったが中でも黒田清輝の裸婦画が大きな話題となった。七条駅から会場まで日本ではじめての市街電車が登場。
	時代品博覧会	115	京都御苑常設会場	120,129	勧業博と競合しないよう平安期から明治前までの美術工芸品約3500点を展覧。
	日本青年絵画共進会	37	同上	8,620	
1915	大典記念京都博覧会	80	岡崎公園	861,155	京都の生産品展観と文部省主催の美術展覧会を中心に開催。
	戦捷記念博覧会	61	京都市勧業館	184,026	

(出展) 京都市 [1975]、大槻喬 [1927] により筆者作成

施設も用意され、770人が観覧した。付博覧（娯楽イベント）として茶席の開設や祇園芸妓による踊りの公演を行い、後者は「都をどり」として毎春恒例の京都観光行事と発展する。翌年の第2回博覧会では、山本覚馬らによってはじめての英語によるガイドが作成された。

京都博覧会は、その後も継続して開催され毎年恒例のイベントとなった。1873年から御所・仙洞御所・大宮御所を会場として開催されるようになり、1877年の第8回展では島津源蔵が軽気球を上げて大きな話題となった。1881年からは、御苑内に新築された常設会場で開催されるようになった。

1895年には、大阪との誘致競争の末に、第4回内国勧業博覧会（勧業博）が岡崎で開催されることとなった。勧業博と同時に平安遷都千百年記念祭も催され、全国から集めた協賛金によって現在の平安神宮が創建され、時代祭も創始された。七条駅から岡崎の会場まで全国初の市街電車が運行され、当時の京都市の人口の3倍以上にあたる113万人の来場者を集めた。また、道路修繕と寺社の修理などが実施され、観光都市にむけての基盤整備が進んだ。1915年には、大正天皇即位の大礼が京都で行われ、それを記念した大典記念京都博覧会が開催されて、勧業博より規模は縮小されたものの86万人の入場者を集め

4章　「創造の場」をひろげる　　167

盛況であった（表4-5）。

　博覧会は、年中行事として定着し、創始当初の目的どおり、にぎわい創出や勧業、経済的にも成果を上げ、観光都市・京都形成の契機となった。さらに、第2回博覧会に来場した外国人研究者が古物を賛美したことが伝統芸術に対する明石博高の目を開かせ[44]、第4回展から始まった出品作への表彰が生産者に自信を与えるなどの効果も生まれた。明治初年には、市民がほとんど出会うことのなかった外国人をはじめとする新たな来訪者との交流が、京都に潜在する文化資源の再発見につながり、新技術と発明品が開示され、多くの観覧者を集めることによって伝統工芸の生産者が集積する京都に刺激を与えたのである。

勧業機関の設立—産業再生と人材育成

　槇村のもとで府の殖産興業政策の実務を担ったのが明石博高である。京都薬種商の家に生まれた明石は蘭医学を学び、1866年からは理化学研究・講義を行う煉真社を主催しており、その例会を通じて槇村と知り合ったといわれている。1870年に槇村に招かれて府に出仕すると、科学知識を活かして主として殖産興業政策、療病院などの医療・衛生政策の中心となった。

　府の殖産興業政策は、各種勧業機関の創設（図4-15）による新産業の育成と、西陣織をはじめとする既存産業の再生を柱として進められた。既に疲弊していた西陣織は、東京奠都によって、高級絹織物の需要者、保護者であった公家社会を失い、また寺社からの受注も減って大打撃を受けていた。生産の効率化と新しい需要喚起のため、零細で細分化されていた生産者を糾合した西陣物産会社の創設、ジャカード織（型紙による機械式紋織）等の新技術導入が進められた。西陣物産会社は、1872年に先進地フランスに職工を派遣し、その帰国により輸入された最新技術と機械を使って全国からの募集生へ伝習を行い、各地の繊維産業の近代化を導いた。ジャカード織機は1台しか輸入されなかったが、西陣の機大工荒木小平はこれを木で模造し、その普及に大きく貢献した。

　その後も留学生派遣は続けられ、1877年には仏学校教師レオン・ジュリーの献策によって中学生・師範学校生など8人をフランスへ派遣した。その一

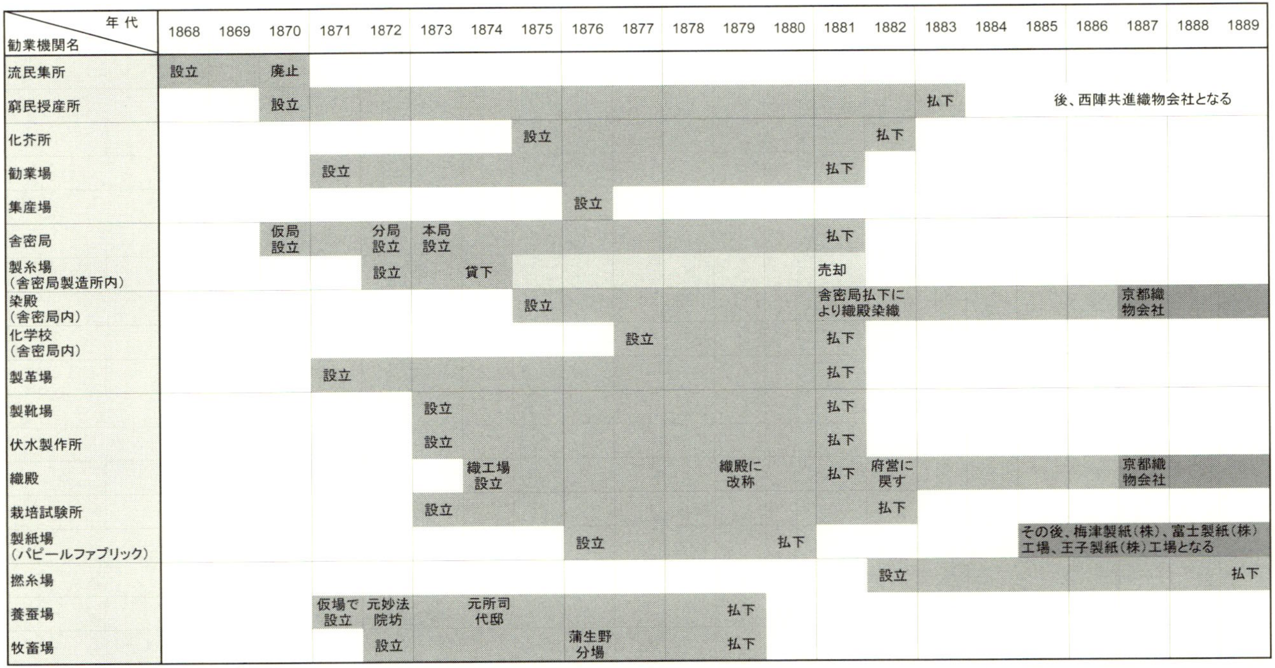

図4-15 明治初期の勧業機関とその払い下げ状況
(出所) 京都総合資料館編 [1970] pp.304-305、明田 [2004] を参考に筆者作成

4章 「創造の場」をひろげる

人、稲畑勝太郎は帰国後、京都織物会社の染色技師長を務め、後に起業家としても活躍した。さらに稲畑はシネマトグラフ（cinemato-graphe）を輸入し、1897年にはじめて京都で上映して、その後の映画都市・京都への道を開いたことでも知られている（→3-2　映画都市・京都）。

　府が創設した勧業機関の多くは木屋町二条付近に置かれたが、その中で明石が最も深く関与したのが局長を務めた京都舎密局[45]であった。舎密局は1870年末に仮設開局し、理化学研究・教授、薬物検査とあわせて化学製品の製造・販売も手がける機関であった。最盛期は1879年頃であったといわれ、最新理化学技術を応用したガラス・陶磁器・七宝の製造研究、染色、ビール醸造など幅広い分野に取り組んでいた。

　しかしこれらの勧業機関は、第３代北垣国道知事が就任すると民間売却の対象となった。明石は府を辞して舎密局等の払い下げを受け、経営にあたったが、維新から間もなく、市民とってなじみのない生産品の需要は少なく、数年で経営は行き詰まった。槇村や明石等が力を注いだ新産業育成は、十分な定着をみることなく勧業機関の終焉を迎えてしまったのである。

　産業化には直接結びつかなかったが、舎密局は産業革新を担う人材育成という点では大きな意味をもっていた。製造事業が軌道に乗り理化学の授業も盛んとなった1872年４月の受講者は260人を数え、開局以来５年間で3000人が学んだといわれている[46]。1878年には、化学者でありウィーン万博（1873年）の日本政府顧問として大きな貢献をしたゴットフリート・ワグネルの招聘に成功し、舎密局に化学校も開設された。後に京都薬科大学設立に関わる小泉俊太郎、陶磁器製造の入江道仙、陶芸家永楽和全等がワグネルの謦咳に接し影響を受けた。ワグネルは、鴨川の東にある聖護院門跡内に住み舎密局に通勤しており、自宅に押しかけて教えを請う者も多かったといわれている。

　島津源蔵は、仏具金工・鋳物を家業としていたが、その購買者であった寺が廃仏毀釈の嵐の中で苦境に陥って家業も行き詰まり、持てる技術を活かして理化学機器の修理に乗り出していた。舎密局へも出入りする内に、ワグネルの信頼を得て旋盤の使用法を学び、島津製作所を創設することになるのである。

北垣府政期以降の京都—インフラ整備と都市経営

槇村は、維新後の困難な状況のもとで強い意志をもって京都の開化政策を進めたが、「傲岸不遜」とも評されたとおり、周囲との軋轢が絶えず、1880年には地方税追徴をめぐって府議会との対立が決定的なものとなった。翌年1月、槇村は東京の元老院議官へ転じ、北垣国道が知事に着任した。北垣府政は殖産興業政策に重心を置く点では同じであったが、「任地主義」といわれる協調的姿勢で臨み、商工会議所設立をはじめとする民業の育成に努め、都市インフラ整備として琵琶湖疏水を完成させた。1890年代になると琵琶湖疏水の水力発電所の電力を利用する工場も建設されるようになり、近代産業がようやく京都に本格的に根付いていった（図4-16）。1889年には京都市が誕生するが、市制特例[47]が適応され引き続き北垣知事が市政運営を行った。

1898年に市制特例が廃止となり、京都の有力商人であった内貴甚三郎が市会によって初代民選市長に選出された。内貴は下水事業・教育施設・道路・鉄道等に渡る市政への抱負を開示したが、十分な成果をあげないまま、1904年に選出された西郷菊次郎市長に引き継がれた。西郷は台湾での行政経験を活かして都市経営の視点から市政にあたり、7年間の任期中にいわゆる三

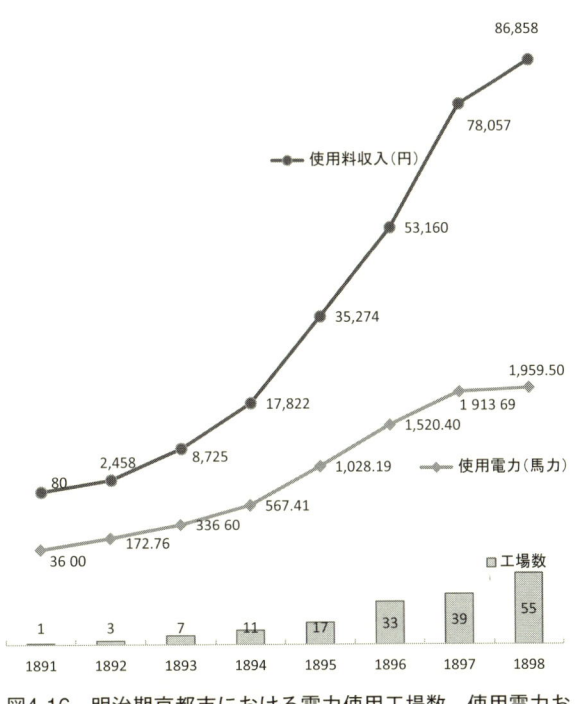

図4-16　明治期京都市における電力使用工場数、使用電力および使用料収入の推移

（出所）筆者作成

大事業（第二琵琶湖疎水・上水道・主要道路拡築と市電敷設）を完成させたが、これによって今日につながる京都の都市基盤を築いたと評価されている（伊藤編［2006］）。1911年には三大事業が竣工し、隣接16町村が市に編入され、1918年までにほぼ現在の京都市の姿が出来上がる。

開化期の「創造の場」と掘り起こされた文化資源

　琵琶湖疎水、三大事業を成し遂げた北垣府政、西郷市政に比較して、槇村の京都府政が注目されることは少ないように思われる。その要因の1つは、この時期は行政・社会も近代への過渡期であり、統計資料や一次資料が不足していることがあげられるだろう。文明開化をめざした「早すぎた」事業の逸話は残されていても、創設された勧業機関はほとんどが消滅している。

　しかし、「創造の場」という概念をとおしてみると、ここまでみてきた取り組みは、直接的には産業化につながらなかったかもしれないが、「創造の場」としては確かに機能し、後に成果を生むことになる創造的営為を展開していたと考えることができる。それぞれの対象となった領域に「新しさ」をもたらし、さらに重要なことには、その「場」にコミュニティ／ネットワークとして参加した人びとに変容の機会を与え、次なる文化／認知的ツールを生み出した。京都にそれまでにない人材や新たな文化をもたらすことによって、北垣府政期以降の都市発展を準備していたのである。市内全域に設置された番組小学校は、子どもにも大人に対しても外国語や科学等の新奇な知識を与える「場」となって、近代京都を幅広く支える人材を育てたし、同時にまちの溜まり場として地域の問題を解決する対話を促進し、その後の住民自治の拠点ともなった。また、毎年開かれた博覧会は、外国人を含むさまざまな人びとを京都に呼び込む文化装置としての役割を果たし、交流の機会を生み出すことによって、最新の機器・技術への啓発と伝統文化の価値の再発見をもたらしていた。

　舎密局は、最新の科学知識を伝え、製品化をめざして試行錯誤を行う「場」であり、活動をとおして次の世代の起業家を生み出していった。3年間という短い期間であったが、ワグネルから指導を受けた中から陶磁器産業や七宝焼きを革新するリーダーが生まれ、島津製作所はノーベル賞受賞者も輩出する理化学機器の世界的リーディングカンパニーへ成長する。舎密局の近辺には、島

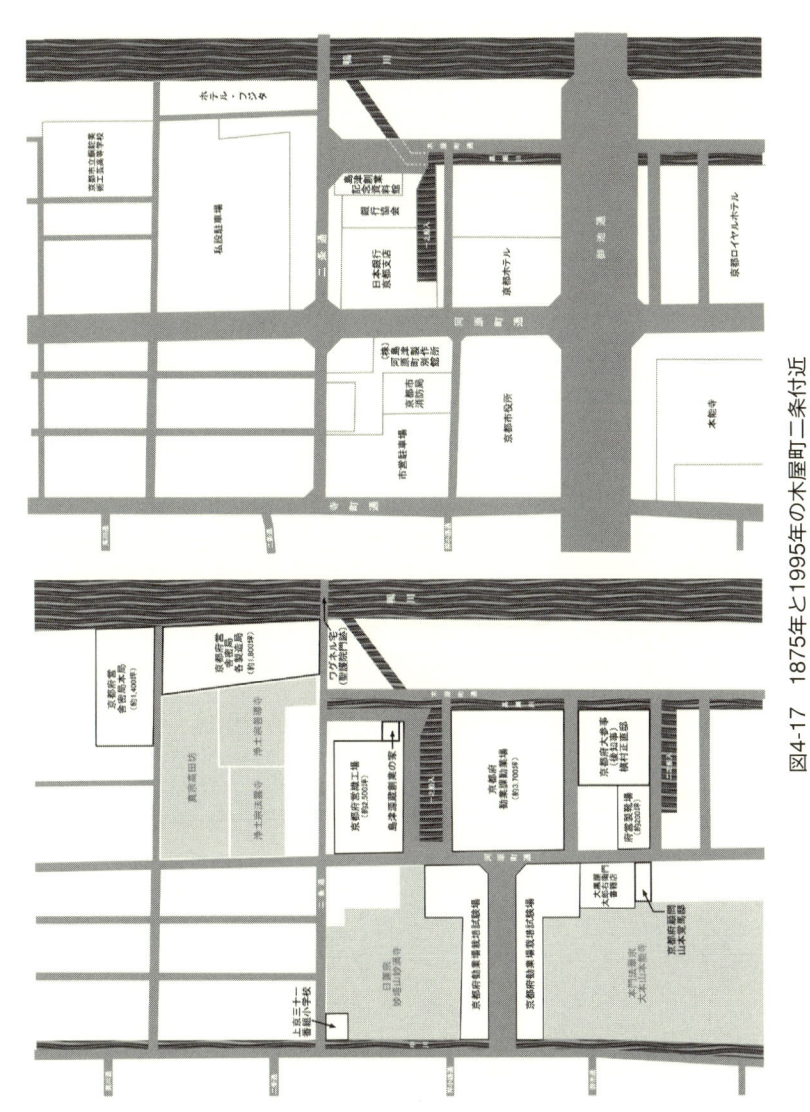

図4-17 1875年と1995年の木屋町二条付近
(出所)島津製作所編[1995]に基づき筆者作成

4章 「創造の場」をひろげる 173

津、槇村、府顧問として政策を指導していた山本覚馬も居住しており、舎密局に勤務していた明石や、ワグネルなどの外国人教師との交流も濃密に行われていたようである。山本は自宅で政治・経済を論じる講座を開いていたが、槇村などの府幹部もしばしば訪れ、門下生からは濱岡光哲、中村榮介など後の京都の政財界の中心となる人材が育っていった。鴨川西岸の限られた範囲に舎密局、勧業場、槇村邸などが立地する木屋町二条は、明治初期京都の新知識を収蔵し、交換する場であり、府政幹部を中心として公的にも私的にも行われた交流・対話によって人びとの創造性を刺激する環境であったといえる (図4-17)。

　以上の取り組みを、「創造の場」システムモデルに重ねると、番組小学校、舎密局と勧業場はＬ：実験室としての「創造の場」であるとともに、そこに参集した人びとがインフォーマルな交流、対話を行うＣ：カフェの機能も兼ね備えていたと思われる。博覧会はＴ：劇場であり、殖産興業のためのアイデアや構想が練られた槇村や明石の自宅はＡ：アトリエとして、それに続く集合的な「創造の場」の起点となっていた。また、山本の私邸は次代のリーダーを覚醒させるＣ：カフェとして重要であった。明治初期の京都は、木屋町二条に「創造の場」を創出し、集積させることによって、次代の発展を準備した時期として再評価することができるのである。

　「場」に持ち込まれた主な文化／認知的ツールは外来の新知識であった。小学校での外国語、住民へ伝授された世界知識、博覧会に出展された機械や西洋画、舎密局に持ち込まれた理化学などをそれに数えることができる。これらの新奇な文化／認知的ツールは明治初期の強い文明開化への希求によって受け渡されて行き、新たな創造的営為を推進する原動力となった。

　これらの「場」を支えたのは歴史的に蓄積されてきた京都の文化資源のストックである。京都は、長年にわたって皇室と貴族、宗派本山寺院などの特権的な消費者が居住し、その要求に応える洗練された様式美を誇る精緻な美術工芸、技能の中心地として他の都市、地域の追随を許さなかった。しかし、これら伝統文化のユーザーは、東京への奠都、廃仏毀釈の波によって失われ、伝統的技能も西洋文明への憧憬のもとに古いものとして忘れ去られようとしていた。このような受容者や消費者を失いつつあった旧式の文化が「創造の場」によって再利用され、新たな創造的営為を支えるスキルにもなったのである。江

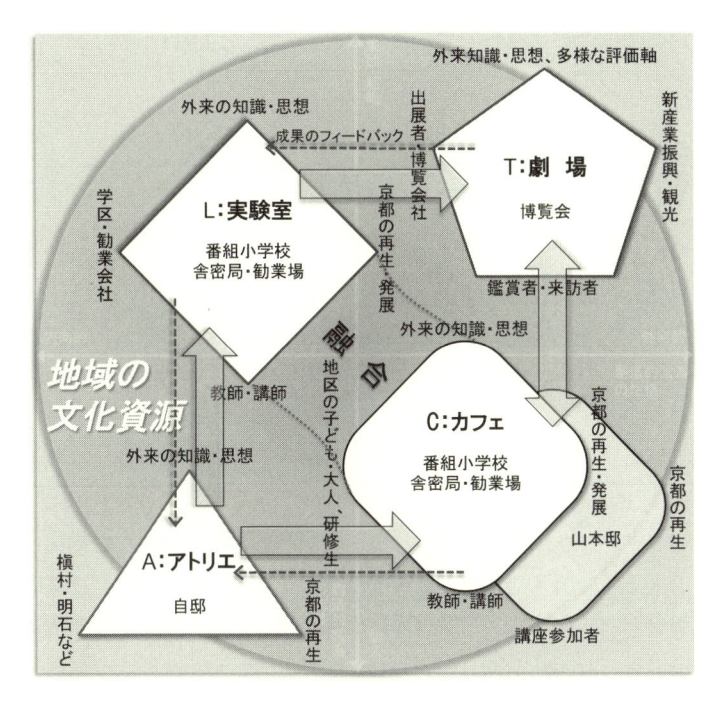

地域の文化資源
美術工芸、京舞、寺院をはじめとする京都に埋め込まれた有形無形の文化等
図4-18　開化期京都の「創造の場」と地域文化資源

（出所）筆者作成

　戸期からの伝統を持つ京舞が、観光客向けの新たなレビュー「都をどり」の創始に使われ、西陣にあった精巧な木工技術によりジャカード機が模倣され、仏具制作の金工技能が理化学機器製造に転用されたことがその具体例である。番組小学校の建営を支えた江戸期以来のコミュニティのつながりも忘れてはならない。また、西本願寺などの大寺院が博覧会場に利用されるなど、前近代の建築空間も新たな「創造の場」の場所として再生されている。
　京都にあった伝統文化は、その享受者を失ったことによって衰退の危機に直面していたが、逆にそのことが、それまでと違う主体を引き寄せ、異なる対象へと関わることができる自由を生み出していたのである。「創造の場」を支え、新奇な知識を根付かせることができる土壌になったのは、京都に厚く積み

4章　「創造の場」をひろげる　　175

重なり、旧弊、固陋とも非難されていた、このような有形無形の文化資源だったのである（図4-18）。

3−2　映画都市・京都
シネマトグラフの移入

　稲畑勝太郎は、8年間にわたったフランス留学を終えた後、京都織物会社を経て西陣で稲畑染料店を開業していた。1896年に稲畑はフランスへ出張し、リヨン工業学校での級友リュミエール兄弟から彼らが発明したシネマトグラフを紹介され、その機材・フィルムと映写技師、東洋での興行権を携えて帰国した。1897年1月には、四条河原町の京都電燈株式会社の庭で持ち帰ったフィルムの試写に成功し、これが日本における映画の幕開けであるとされる[48]。

　稲畑は、連れ帰った映写技師の日本最初の映画撮影にも関わったが[49]、やがてシネマトグラフの機材一式と興行権を留学時代の同級生だった横田万寿之助とその弟永之助に譲った。万寿之助は程なく手を引くが、永之助は巡業隊を編成して全国巡回興行を続けた。当初は海外からの新作フィルムを輸入し上映を行っていたが、1901年に横田兄弟商会（後横田商会）を設立し、日露戦争の記録映画や常設館の運営にも手を広げていった[50]。横田は自前の作品制作にも着手するが、さらに大衆にアピールする劇作品をつくるために目をつけたのが、西陣にあった芝居小屋・千本座の若き座主、牧野省三であった。

手探りの撮影技術と松之助の登場

　横田が、牧野に声をかけたのは、その興行主としての才覚とともに千本座専属の役者を使えるというもくろみも働いたからである。当時は、役者にとって「板の上の芝居」・檜舞台で演じることが花であり、土の上に降りた芝居・「活動写真」は敬遠される傾向があり、専属役者が必要だったのである。牧野は、千本座を活動写真の興行に貸したことがあり、横田との面識も活動写真に対する知識も持っていた。

　牧野の最初の作品は1908年、左京区浄土寺の真如堂で撮った「本能寺合戦」の森蘭丸奮闘の一幕ものであり、これが日本における映画製作の始まりであるとされている[51]。続く第2作は北野天満宮で撮影された「菅原伝授手習鑑」

だったが、このとき思いがけない発見があった。この頃の撮影は、台本もなく、歌舞伎の舞台を屋外に移し替え、外光の下で固定したカメラでフィルムを回すだけであり、カメラのパンやカットのような技術もなかった。撮影の途中でフィルムがなくなると、「待った」の声がかかり、動きの途中であっても役者は静止してフィルム交換が終わるまで待ち、「用意始め」の合図で演技を再開するのであった。この時の撮影現場で、フィルムの交換が行われていたときに、役者の一人が小用に立ったが、誰にも気づかれず、戻ってきたときには撮影が再開されており、その役者は仕方なくそっと場面に加わり演技を続けた。撮影の様子を記録する現在のスクリプターもいなかったため、牧野もカメラマンもそのことに気づかず、フィルムを現像して試写してみると、場面の途中で画面に今まで映っていた役者が消えて驚いたのである。この経験から牧野はトリック撮影を発見し、さらにカット・バックといった映画技法も手探りで発見していった（京都新聞社編［1980］）。

　1909年に牧野は、岡山の役者、尾上松之助を千本座に招き入れる。歌舞伎の様式化されたゆっくりとした立ち居振る舞いしかできない多くの役者に対して、自由自在に宙返りができる運動神経を持ち「トンボ松」と綽名されていた彼の軽快な身のこなしが、活動写真に合うと考えたのである。その後、松之助は、当時刊行されて大人気を博していた「立川文庫」を原作とする忍者ものなどの主役を演じ、「目玉の松ちゃん」として日本映画草創期の大スターとなった。

映画撮影所の草創期

　1910年に横田商会は、京都では初めてとなる撮影所を二条城の西隣に建てた[52]。およそ300坪の敷地に2間×4間（16畳）の板敷の舞台を設置し、それを開閉自由な天幕で覆うという簡便なものだった。照明はすべて太陽光であり、「書き割り」[53]の前で役者が演じる場面を、ずっと据え置かれたカメラで撮っていた。牧野は、松之助主演による全幕通しの「忠臣蔵」を記念作品として撮影したが、書き割りの作成経費がかかるためにこの撮影所はあまり使われず、依然として寺社でのロケーションが中心であり、1年後には閉鎖されてしまった。

図4-19　開設当時の日活大将軍撮影所

(出所)鴇他編［1994］p.146

　1912年1月に横田商会は、上京区一条通天神筋の約580坪の土地に本格的な撮影所（通称「法華堂撮影所」）を建てる。同年9月に横田商会、東京の吉沢商会など常設映画館を経営していた当時の4大映画会社が合併して、大日本活動写真株式会社（日活）が誕生し、法華堂撮影所は「日活関西撮影所」と称することになった。法華堂撮影所は、牧野の発案で片屋根をガラス張りとした半ガラス・ステージ1棟、現像所、俳優部屋、事務所が設けられ、最新カメラ機材も備えられていた。ここで、牧野監督、松之助主演の作品が次々と量産され、ピーク時には月9本、閉鎖までの6年間に400本以上に及んだ。

　日活では、法華堂で時代劇、東京向島撮影所では新派演劇を模倣した現代劇を製作し、1本ずつ組み合わせて興行していた（鴇他編［1994］）。京都で時代劇が撮り続けられた背景には、寺社などの歴史的景観、芝居などの伝統芸能に加え、伝統工芸の存在があげられる。映画の道具や衣装に不可欠な調度類や織物などを作る京都の職人の優れた技術力は他の場面でも発揮され、壊れた撮影機は海外へ送るのが当たり前だったが、西陣の職人が修理することができたといわれている[54]。

法華堂撮影所時代に撮影所に通う牧野が、一条御前下ルにあった古道具店「高津道具店」から小道具を借りるようになった。交流が深まるにつれて牧野からの要求も本格的になり、道具店は作り物ではない本物の小道具を揃えるために全国を巡るようになっていった。道具店と映画との関係は撮影所移転後も継続し、道具店は、映画美術装飾の老舗・高津商会へと発展した。現在まで京都の撮影所の道具類の貸し出しを一手に引き受け、特に時代劇では欠かせない存在となっている。

　1917年の台風による被害が直接の原因ともいわれているが、1918年頃に、日活関西撮影所は北区大将軍一条町の通称「日活大将軍撮影所」（大将軍撮影所）へ移転した（図4-19）。大将軍撮影所の敷地は約1500坪あり、法華堂時代と同様にステージをはじめとする4棟の建物が建てられていた。当初、北側にある一条通には民家が点在していたが、周囲は社寺を除いて一面の大根畑で、撮影所ができると道ができ、関係者のための借家が建つようになった。

マキノプロ、松竹京都撮影所

　当時の時代劇と現代劇は、時代背景は違っても共に定型のストーリーを踏襲するものであり、また女性役もすべて男優が演じていた。映画製作が軌道に乗り多くの人が見るようになると、定型化されたパターンに満足できない観客も現れ、外国映画とも比較されて、知識人からその後進性を非難されるようになる。向島などでは少しずつ革新への機運も生まれ、舞台の模倣ではない映画独自の表現、技巧の模索、女優の起用、リアリズムの追求等による作品が製作されるようになっていった。

　しかし、京都では松之助という大スターを中心とする映画づくりが続けられていた。それに飽き足らなくなった牧野は独立を決意し、紆余曲折を経て1921年に等持院境内の空き地にステージ、倉庫、俳優部屋、事務所を建て、牧野教育映画製作所（後マキノ映画製作所、マキノキネマ株式会社）を興す。

　独立時の日活との約束もあって、牧野は、最初は学校教育用の短編映画と社寺仏閣縁起の映像化に取り組んだが、やがて劇映画製作に移り、プロデューサーとして大きな力を発揮するようになる。この等持院の撮影所が世に出したのが、阪東妻三郎（阪妻）の主演によるダイナミックなアクションによる時代

劇である。1925年に阪妻はマキノから独立し、翌年、洛西太秦に阪妻プロ太秦撮影所を作る。牧野は、妙心寺北の天授ヶ丘に作ったマキノプロダクション御室撮影所に移ったが、その下からは、月形龍之介、市川右太衛門、片岡千恵蔵、嵐寛寿郎などの大スターを輩出した。これらのスターは次々に個人プロダクションを作って独立していくが、マキノプロは、慢性的不況と左翼思想の流行という時代風潮にも影響されながらノンスターの群像劇などの新たな作品を生み出していった。

牧野は生前、映画づくりの原則として、「一スジ、二ヌケ、三ドウサ」を口にしていたが、これは、まず筋・シナリオ、次に抜けの良いシャープな映像技術、最後に切れの良い役者の演技を指していた。

牧野の自宅は、御幸町御池の東南角にあったが、1923年に等持院にも近い北野天満宮東側に新築転居した。後の大監督・衣笠貞之助は1922年にマキノ映画製作所に入社したが、御幸町時代の牧野宅に一時期世話になっていた。衣笠は、その当時の牧野の様子について次のように記している。

「この人が、義太夫を口ずさみながら脚本を書いたり、ふとんのなかに入ってからも、夜おそくまで翌日の撮影シーンをメモ書きしていた姿などを、隣の室からみていたことがなつかしく思い出される。」[55]

1920年には、芝居興行のみを手がけていた松竹が映画製作に乗り出し、松竹キネマ合名会社を設立した。東京蒲田に9000坪の撮影所を建設し、演劇界から小山内薫を起用して斬新な映画を世に送り出していったが、1923年に関東大震災に襲われ、蒲田の撮影所も被災した。松竹は時代劇製作に備えて入手していた左京区下鴨宮崎町の土地に急遽、松竹下加茂撮影所（後松竹京都撮影所）[56]を建設し、蒲田のスタッフ、俳優を移動させた。以降、日活とマキノ（および独立プロダクション）に松竹が加わり、3つの映画製作会社が中心となって京都で映画を生み出していくこととなる。

東洋のハリウッド・太秦の変遷

1926年に松之助、1929年に牧野が相次いで亡くなり、昭和初期を迎えた京都の映画界は複雑な人間関係や利害が絡み、独立、引き抜き、倒産、統合が相次いで起こる。プロレタリアート運動、労働争議、戦争の激化、資材統制など

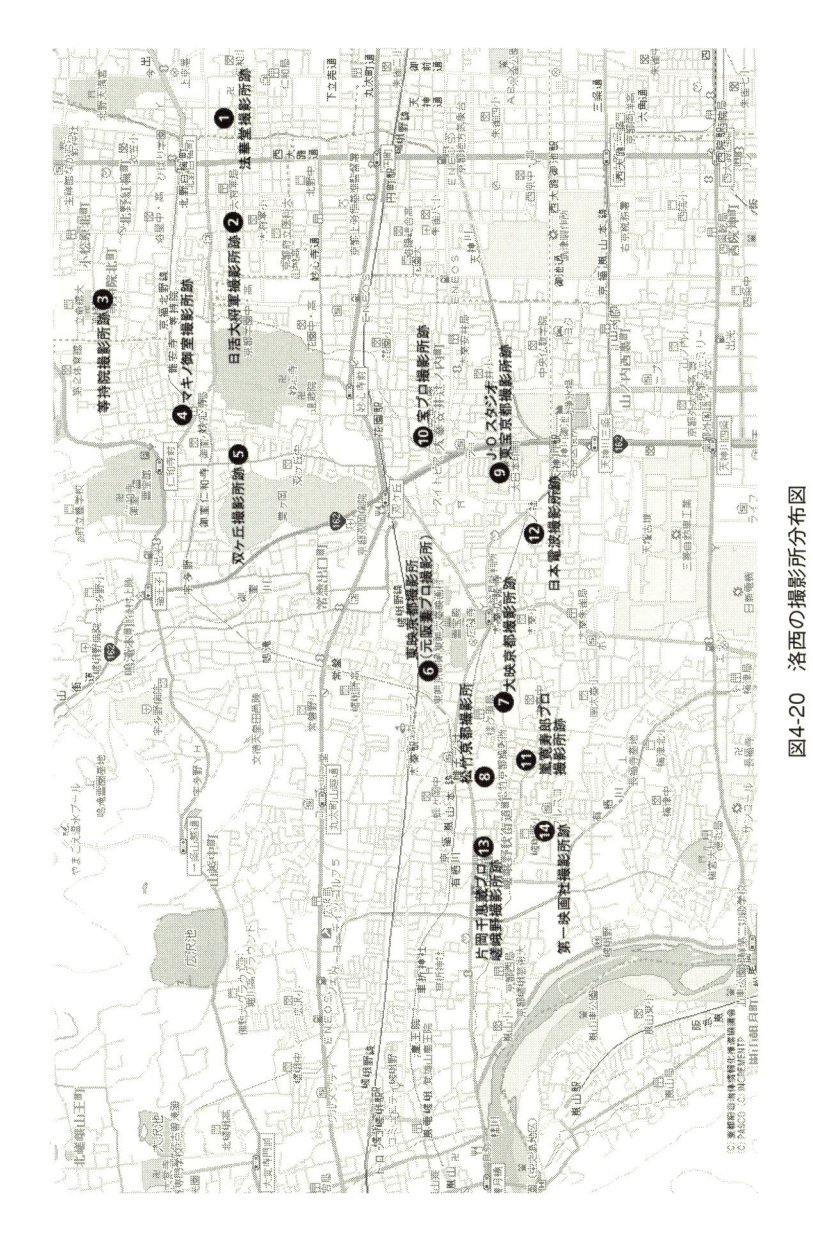

図4-20 洛西の撮影所分布図
(出所) 大田他構成 [1997]『別冊太陽 No.97』p.6 を参考に筆者作成
[注] 丸数字は図4-21と同じ

4章 「創造の場」をひろげる

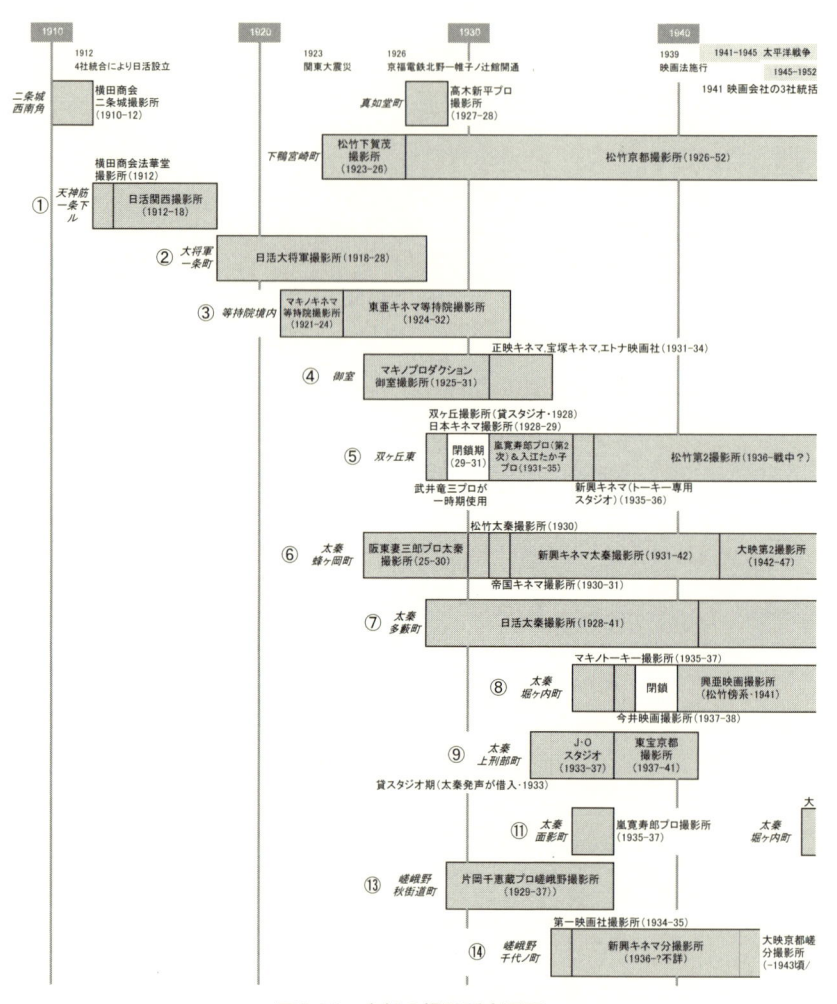

図4-21 京都の撮影所変遷図

	1950		1960		1970	1980	1990
	1952 対日講和条約						
GHQによる映画統制							

京都映画撮影所（1952-1974）

立石電気工場となるが、1950-52頃、宝プロが工場敷地内を借りて時代劇制作

東横映画撮影所（1947-51）

東映京都撮影所（1951-現在）

敷地西側が東映太秦映画村となり現在に至る（1975-現在）

大映京都撮影所（1941-71）

大映京都撮影所（貸スタジオ・1971-86）

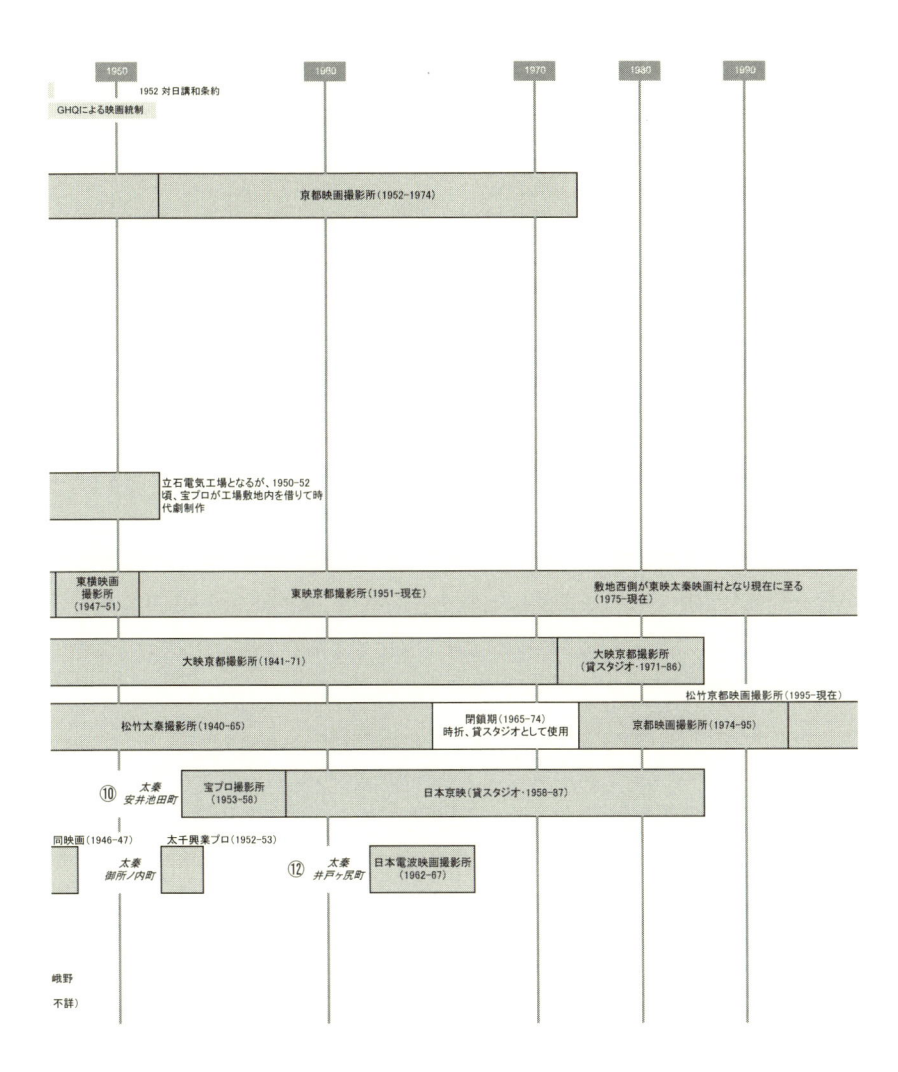

松竹京都映画撮影所（1995-現在）

松竹太秦撮影所（1940-65）

閉鎖期（1965-74）時折、貸スタジオとして使用

京都映画撮影所（1974-95）

⑩ 太秦安井池田町

宝プロ撮影所（1953-58）

日本京映（貸スタジオ・1958-87）

同映画（1946-47）

太秦御所ノ内町

太千興業プロ（1952-53）

⑫ 太秦井戸ヶ尻町

日本電波映画撮影所（1962-67）

嵯野不詳）

（出所）太田他構成［1997］『別冊太陽 NO.97』pp.166-7に基づき筆者作成

4章 「創造の場」をひろげる　183

の時代背景が製作に大きな影響を与えるとともに、映画自体も無声映画からトーキーへと大きな変貌をとげていくこととなる（鴇他編［1994］）。

　このような激動の昭和初期に、京都の映画製作のメッカとなったのが右京区太秦地域である。太秦に最初に撮影所を開いたのは、先に述べたとおり阪妻プロダクションである。1928年5月には日活太秦撮影所（後の大映京都撮影所）、さらに独立プロなどが太秦に相次いで撮影所を建設し、無声映画がトーキーへと変わった1935年頃には、日活、新興キネマ（元阪妻プロ撮影所）、マキノ・トーキー、J・Oトーキー、知恵蔵プロ、嵐寛プロ、双ヶ丘、第一映画の8つの撮影所が太秦近辺で活動していた。このような状況が、流行歌に「今じゃ日本のハリウッド」[57]と歌われたのである（図4-20）。

　平安京造営に貢献した秦氏ゆかりの太秦は、1931年に伏見市、山科町、花園村などと共に京都市に編入されるまで葛野郡に属した村であった。昭和初年に撮影所が開かれ、映画関係者が足を踏み入れる前は、見渡す限り「八丁藪」と呼ばれた深い竹藪に覆われて昼でも薄暗く、電気も引かれてなかった[58]。当時は京都で生まれ育った人の中にも太秦を「うずまさ」と読めず、どのあたりか分からない人がいた。1925年に北野駅―高雄口（現宇多野）駅間に電車が開通するまで、太秦へは市内から広隆寺まで延々と藪の小道を歩いていったのであった。

　なぜ、太秦に撮影所が次々立地したのか、その理由としてあげられるのは、土地代が安かったことに加えて、フィルムの現像に必要な水が豊富だったこと、丹波から筏を組み保津川によって運ばれてくる材木の集積地であり、材木店が多数あったというメリットも指摘されている。材木は映画のセット作りに欠かすことが出来ないうえに、時代劇によく出てくる江戸の材木問屋や木場の風景のロケ地として、材木店がすぐに利用できたのである[59]。

　二条に最初の映画撮影所が作られて以降の京都の撮影所の盛衰をまとめたのが図4-21である。太秦に最初に開設された阪妻プロの撮影所は幾多の変遷を経て現在の東映京都撮影所に至っている。昭和30年代には映画は最盛期を迎えたが、その後の半世紀以上にわたる映画産業の斜陽化により、多くの撮影所は閉鎖されていった。しかし、太秦は現在に至るまで時代劇のメッカであり続け、1975年にオープンしたテーマパーク太秦映画村は京都の人気観光地の一

角を占めている。

鳴滝組の活躍

1934年から3年間に渡り[60]、共同執筆による斬新なシナリオを次々に生みだし、映画界に旋風を巻き起こしたのが鳴滝組である。鳴滝組は、鳴滝駅周辺に住んでいた8人のメンバー、山中貞雄、稲垣浩、鈴木桃作、滝沢英輔、萩原遼の5人の監督、八尋不二、三村伸太郎、藤井滋司の3人の脚本家によって結成されたグループである（図4-22）。

専属会社もキャリアもまちまちな8人が、「梶原金八」をペンネームとして名乗り[61]、各社からの依頼に応じ、そのときの状況にも対応して柔軟に役割を分担しながら、共同で執筆を行っていた。当時、トーキー映画の初期は、しゃべり慣れていない役者は古い言葉のセリフ回しに苦労した。しかし、鳴滝組のシナリオは、現代のしゃべり合う口調をそのまま大胆に使ったもので、描かれる人物もどこか明るく滑稽で、「マゲをつけた現代劇」とも呼ばれた。

8人が鳴滝に居住するようになったのは偶然だったようである。この界隈は当時、一面の畑と竹藪で、家がポツポツと建ち、うどん屋、寿司屋、たばこ屋の他には商店もほとんどなかった。しかし、ここに集まった誰もが仁和寺の鐘が遠く聞こえるこの土地の雰囲気を愛し、大いに飲んで語り合い、麻雀の勝負で自分たちの「村長」を選んだりする屈託のない仲間づきあいが生まれていた。「梶原金八」名義のシナリオの最初は（片岡）知恵蔵プロダクション製作の「勝鬨」（1934年公開）である。鳴滝組誕生の事情やその交流の様子について八尋は次のように回想している。

「みんな本当に気が合ったんですね。欲がなくて人がよくて、おっとりがたなで、仕事となると"それいけ！"となる。」[62]

「鳴滝にはウデのたつ侍がようけいよるでというウワサが広まっていったんですね。ある日、浪人中の小石栄一監督が"一本撮ることになったんやけど本がない。すぐに一作書いてもらえんやろか"と言ってきたんです。ちょうど手のあいていた山中、稲垣、滝沢、それに僕の四人が宿に泊まりこんで、あれこれいいながら『勝鬨』という作品を書きあげたのが最初です。シナリオはできたけど、ペンネームをどうしようということになりましてね。当時はプロ野球

図4-22　鳴滝組の主要メンバーと並木鏡太郎、市川右太右衛門
【注】左より並木、滝沢英輔、稲垣浩、八尋不二、山中貞雄、三村伸太郎、市川
（出所）太田他構成［1997］『別冊太陽 NO.97』p.52

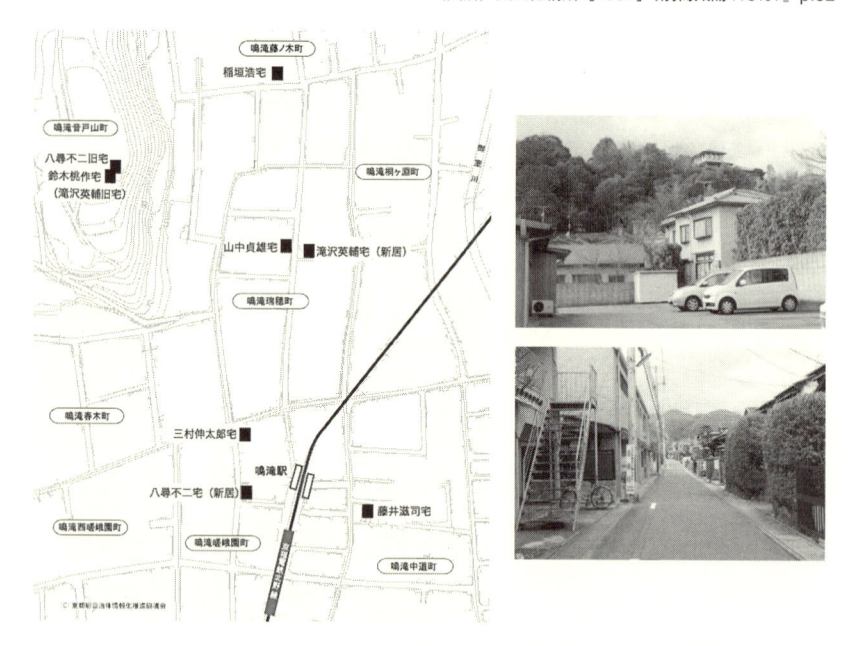

図4-23　鳴滝組メンバー宅の位置関係（昭和9年頃）*1と現在の鳴滝*2
（出所）*1 鴇他編［1994］p.201を参考に筆者作成
　　　　*2 筆者作成

はなく、東京六大学野球が全盛だったんですが、七割をこえる打率を誇った梶原という選手がいました。映画が絶対ヒットするように梶原にしよう。メンバーは八人だし、金ももうかるようにというので、梶原金八とつけたんですよ。」[63]

　新進気鋭の監督や脚本家が数人寄り集まって１つのシナリオを仕上げるというやり方は、それまでの日本の映画づくりになかったことだったが、上記のような日常的な交流から自然に生まれたものであった。

　鳴滝組のシナリオは、その質の高さ、完成度や革新性とともに、共同で行う開放的な創作活動によって生み出されたという点でも、その後の映画製作に大きな影響を与えることになった。鳴滝組の８人は鳴滝駅周辺、徒歩10分ぐらいのあたりに住んでいた。現在は、住宅等が立て込んでいるが、当時と同じように細い道が走り、音戸山の緑や北山が遠望できる静かな地域である。それぞれの家の位置について、山中の遺族の証言などにもとづくものをあげておく（図4-23）。

映画製作の「場」と京都の文化資源

　映画は総合芸術といわれ、その創造的営為の達成には、４つのカテゴリーに属するすべての「創造の場」が関与している。プロデューサーやシナリオライターがアイデアを練るＡ：アトリエから、交流しながら構想を膨らませるＣ：カフェ、チームで音と映像を作り上げるＬ：実験室である撮影所、完成した作品を公開するＴ：劇場としての映画館までのすべての「場」の機能が必要となるのである。

　ここまでみてきた京都の映画づくりの事例においても、これらの４つのカテゴリーに属する「創造の場」とそこで展開された創造的営為を数えることができる。たとえば衣笠が回想している自宅での牧野の呻吟、交流から生まれた開放的な鳴滝組のシナリオづくり、洛西に作られた撮影所やロケで行われた撮影、新京極や千本通に軒を連ねていた映画館[64]での上映がそれにあたる（図4-24）。

　黎明期の映画は動くものの姿を記録するドキュメンタリーであったが、やがてドラマが中心となると、その製作には多くの人材と資源が動員される一大

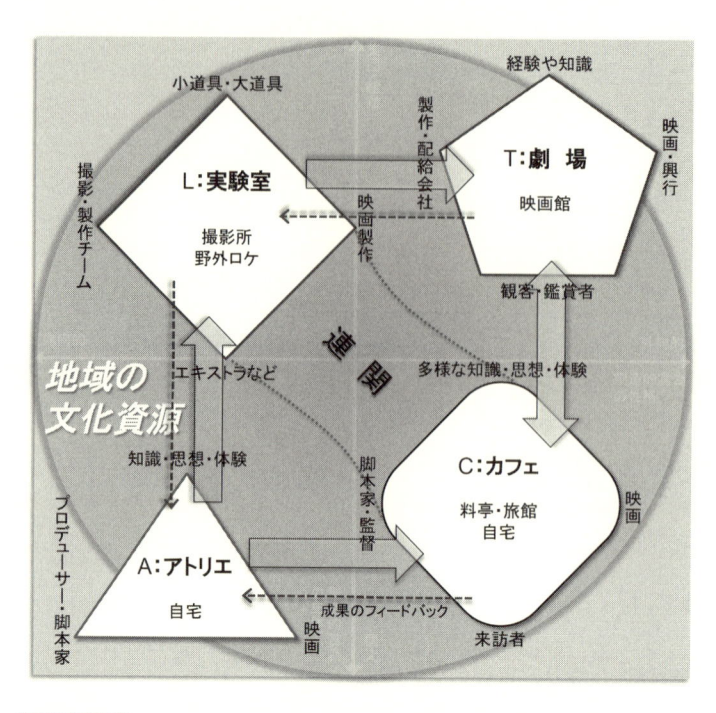

地域の文化資源
　歴史的景観・伝統芸能文化・技法と周辺に形成されてきた関係資産・組織、接遇文化等
　　図4-24　映画都市・京都の「創造の場」と地域文化資源
（出所）筆者作成

プロジェクトとなっていった。このとき人材、資源、ノウハウが集約され、製作工程において中心となっていった「創造の場」が撮影所である。撮影所での映画づくりは初期の段階から行われていたが、無声映画時代は必要とされる機材も少なく、スタジオなども比較的小規模であり、小さな投資で作品を作ることが可能であった。しかし1930年代にトーキーが主流となると膨大な録音機材や多数の技術スタッフなどを準備するために、大きな資金が必要となった結果、大資本によって系列化、寡占化が進む。映画の黄金時代ともいわれる昭和30年代には映画製作の工程に必要なすべての機能は撮影所に集約され、専属契約によって監督と監督ごとの専従スタッフ、俳優を抱えることに加え、技術伝承・人材育成も担うようになり、撮影所システムと呼ばれるようになる[65]。

映画には、絵画、文学、音楽などの既存ジャンルの芸術文化が文化／認知的ツールとして持ち込まれ、その関係者がコミュニティ／ネットワークとしても創造的営為に関与したが、劇映画に最も強い影響を与えた芸術形式は演劇である。歌舞伎、新劇をはじめとする芝居の台本やストーリー、俳優の供給源として今日の映画製作においても重要な位置を占めている。

　100年以上にわたって、時代劇を中心とした映画製作のための「創造の場」の形成を支え続けたのは、京都に埋め込まれている文化資源である。その第1にあげられるのは、開化期の京都でも指摘した、無用となって遺棄されつつあった伝統的な芸能文化と技法であり、その周辺に形成されてきた関係資産や組織である。

　「京都は千二百年の王城のまちである。御所を中心にした公家たちのまちであり、宗派の大本山や総本山が集中した僧侶のまちだけでなく、芸能や遊興のまちでもあった。それに関わる歌舞伎、能狂言、舞踊、雅楽、邦楽や生花、茶道などの芸能や芸事の各流派の宗家や家元も京都に集中している。また西陣織や友禅などの伝統産業、建造物を造成する材木資材などの供給産業。当然彼らが抱える宮大工、左官、瓦師、造園業者たち。そして家具調度や祝祭具類、京蒔絵や京焼、衣装飾りや扇子などの小道具類となる美術工芸品から、清酒や京菓子にいたるまでの嗜好品。御用達として献上するそれらの最高の品を生産する職人のまちでもある。これは東京や大阪の大量生産としての生産ではなく、個人職人、中小企業の生産である。逸品を作る手作りの粋を誇り、巧みを競う職人気質の土壌が京都にはある。また時代風俗の資料館やそれを研究する学者、大学などの学術研究機関、博物館や美術館、資料館など。」[66]

　これらのものが緊密に関連し合い、京都での映画の「創造の場」を支えてきたのである。

　第2の文化資源としてあげられるのは、社寺仏閣、町家が並ぶまちなみなどの前近代の風景である。この歴史的景観を活用した京都での映画づくりを支えているのは「見立て」の手法であるといわれている。時代劇の多くは江戸時代を描き、江戸が舞台となる作品であるが、その多くは京都の撮影所でつくられており、ロケ地も京都にある。いかに京都の風景を江戸に見せるかが重要だが、そこで使われているのが「見立て」である。嵯峨野の大沢池は有名ロケ地

の1つだが、ある映画では上野の不忍池、別の映画では江戸の大川端として使われている。同じく大覚寺の境内はしばしば江戸城・大奥に、明智門は西国雄藩の江戸下屋敷に見立てられる。「見立て」とは、あるものを別のもので立てかえて表現することであり、江戸時代の芸術表現上の重要なコンセプトとされる。しかし京都では、日本庭園の「借景」としてはさらに古い歴史を持ち、四方を山に囲まれ狭い土地しか持たないこの都市の美を拡張する作法として蓄積されてきた（京都市メディア支援センターホームページ）。

歴史的景観を、さらに幅広い映画製作の風景に「見立て」、取り込むことができたのは、第1にあげた京都にあった伝統的な文化資源の一部と考えてよい。

「この〈借景〉を映画に例えるなら、京都における映画はまさに〈借景〉そのものだといえる。自然や社会、歴史的な背景のなかでの人間たちのドラマを描く。これが京都映画の根底にある。俳優だけの演技では狭い画面しか得られないが、背後に社寺、名所旧跡などの景観を借りて奥行のあるスケール感を創りだしている。風景だけでなく、京都がもつ社会性や歴史的風土、文化、芸能や人々の営みに至るまで映画はそれらを借り、互いに生かし合いながら大きくなってきた。」[67]

映画は限られたフレームによって世界を切り取っていく作用であるが、逆にその限定された視覚によって、土塀に沿った路地、甍を争う風景は京都そのものを表すことを越えて、失われた前近代の表徴として、異なる土地の風景や時代にも転用され得るのである。

第3に、長年にわたって外来者を受け入れてきた接遇文化があげなければならないだろう。京都の撮影所は東京から来た関係者であふれており、彼らは一仕事を終えると祇園や先斗町などにも繰り出した。また、鳴滝組が共同執筆を行った場所は京都に特有とも言える旅館兼料亭であり、映画関係者の定宿や執筆の場となってきた。シナリオ執筆や映画の構想を練るための不定期の滞在を受け入れ、専属を超えたつながりを生んだこのような映画人なじみの店の存在は、交流を行うC：カフェとしての「場」に数えられる。さらにその交流を支えてきた、来訪者を温かく迎え、座をもたせ、飽きさせないもてなしの文化も文化資源とみなければならないだろう。

京都に生まれ育った哲学者鷲田清一は、現代京都の代表的企業には3つの共通点があることを指摘している。ヴェンチャー企業であること、伝統工業の技術を転移するかたちで予測できなかった製品を編み出したこと、いずれもが精密工業であることである。さらに鷲田は、このような企業を育てた文化について、自らが起草のとりまとめ役を務めた2000年の「京都市基本構想」において京都人・文化の6つの「得意わざ」として集約している。〈めきき〉―本物を見抜く批評眼、〈たくみ〉―ものづくりの精緻な技巧、〈きわめ〉―何ごとも極限まで研ぎ澄ますこと、〈こころみ〉―冒険的な進取の精神、〈もてなし〉―来訪者を温かく迎える心、〈しまつ〉―節度と倹約を旨とするくらしの態度である[68]。

　ここに要約されているような、京都に厚く積み重なってきた文化資源が、映画製作という文化産業の「創造の場」を育て、支える土壌となったということができよう。

注
1）本節の内容は、萩原［2012a］を大幅に改稿したものであり、2010年9月及び11月のBEPPU PROJECT、別府市、platform、清島アパート、永久別府劇場での現地調査及び関係者への聞き取り調査にもとづいている。
2）大分県別府市［2009］、株式会社日本政策投資銀行大分事務所［2010］による。
3）芹沢による「混浴温泉世界」コンセプトは次のとおりである。「大地から湯が湧きだし、窪みに溜まる。それは誰のものでもない。人はそれを慈しみ、自発的に守り維持する。そして、ここに住む人も旅する人も、男も女も、服を脱ぎ、湯につかり、国籍も宗教も関係なく、武器も持たずに丸裸で、それぞれの人生のあるときを共有する。しかし、つかりつづければ頭がのぼせ、誰もそのままではいられない。入れ替わり湯から上がり、三々五々、ここを去っていく。人は必ずここを立ち去り、再び訪れる。ゆるやかな循環」。
4）2010年5月31日のNHK教育テレビ「日曜美術館」の特集に取り上げられ、朝日新聞（2010.4.22夕刊）、読売新聞（2010.4.23朝刊））など全国紙・地方紙、各種美術雑誌、旅行雑誌等にも記事が掲載された（NPO法人BEPPU PROJECT［2010］p.185）。
5）別府現代芸術フェスティバル2009実行委員会事務局［2009］による。
6）「混浴温泉世界」で「わくわく混浴アパートメント」として活用されて以降は、別府に居を移したり、滞在して制作を行うアーティスト、クリエイターのための居住・滞在スペースとして継続され、運営の新たな仕組み作りも模索された。2010年11月時点では、所有者からBEPPU PROJECTが賃借し、電気代などは負担する代わりに使用している8組のアーティストからは月1万円の使用料を徴収するとともに、離れの4室は短期滞在者向けに24時間単位で安く貸し出されている（筆者による聞き取り調査［2010］）。
7）別府現代芸術フェスティバル2009実行委員会事務局［2009］による。
8）同上。

9）別府歓楽街の象徴ともいえる「A級別府劇場」であったが、当初は噂されていた借り手も現れないまま放置されていた。まちづくりの関係者やNPOなどの間でも、BEPPU PROJECTへ期待する声があがり、2009年秋には借り受けることになった。後述する2010年3月の「BEPPU PROJECT 2010」には会場として使用され、横浜市の建築家集団である「みかんぐみ」のデザインによる改築を行うことになり、「混浴温泉世界」の2012年開催に向かって作業を続けながら、試行的にアートスペースとして活用されている。1階は客席に突き出した張り出しステージ、2階の照明、映写の技術室、休憩、居住用の3階部屋（展示室に改築中）を備えている（実地調査［2010年］）。
10）NPO法人BEPPU PROJECT［2010a］による。
11）聞き取り調査［2010］による。
12）2010年10月の「ベップ・アート・マンス2010」開催時の状況を写したものである。
13）BEPPU PROJECT［2010b］による。
14）山出への聞き取り調査［2010］による。
15）筆者がベップ・アート・マンス2010のある参加会場を訪れたとき、居合わせた別府市在住のある画家は、platformには一度も行ったことがなく、BEPPU PROJECTの活動についても、「突然現れて、上から降ってきたようなイベント」であり、自分とは余り関係ないもののように感じると語っていた。
16）山出への聞き取り調査［2010］による。
17）本節の内容は、萩原［2014］を改稿したものであり、2013年8月の上勝町、神山町での実地調査、関係者への聞き取り調査にもとづくものである。
18）CCNJ創立時の加盟市町村は、札幌市、東川町（北海道）、八戸市、仙北市、仙台市、鶴岡市、中之条町（群馬県）、横浜市、新潟市、高岡市、南砺市、金沢市、木曽町（長野県）、名古屋市、可児市、浜松市、京都市、舞鶴市、神戸市、篠山市、高松市の21市町である。さらに鳥取県と6つのNPOが加盟している（創造都市ネットワーク日本ホームページ）。この加盟市町から、人口集中地区の状況や産業別就業人口比などによって仮に区分すると、東川町、仙北市、鶴岡市、中之条町、南砺市、木曽町、篠山市が創造農村に含まれると思われる。
19）人的資源、地域資源、コミュニケーションの場、創造的活動の支援環境（自治体の積極的な支援、企業の貢献、大学の地域交流、創作・交流を行う場）、利便性・安心感の5つである。
20）両町に関する内容は、主として、2013年8月の神山町郷土資料館、NPOグリーンバレー、えんがわオフィス、神山町役場・教育委員会、上勝町役場、NPOゼロ・ウェイストアカデミー、カミカツーリスト、JA共同撰果場、上勝百貨店、美しい集落（谷口・大北）推進協議会などの現地調査によるものである。
21）2000（平成12）年、2005（平成17）年、2010（平成22）年の3回の国勢調査結果をもとに、5年間ごとの5歳階級別コーホートにおける人口増減を推計したものである。それぞれの調査時点において、その前の5年間にそのコーホートに属する人口増減がなければゼロを、人口減があればマイナス、増えた場合はプラスの値となる。なお、4歳までの年齢は5年前の調査段階では生まれていないためデータを示すことができない。また、75歳以上は自然減が大きくなり、市町村別の社会増減の傾向はあまり反映されないと考えられるため本書では省いている。
22）『広報かみかつ』（2012.6および2013.6）によると、視察来町者数は、2011年度3004人、2012年度2455人である。
23）『広報かみかつ』（2012.5および2013.7）によると、上勝町のごみリサイクル率（資源ごみ量／焼却ごみ量＋資源ごみ量　※ほぼ100％家庭で処理されている生ごみは含まない）は

2010年54%、2011年55%、2012年59%である。
24) 指定機種の購入には町の補助金が支給され、町民は1万円の負担で購入できる。
25) 多田和幸・美しい集落（谷口・大北）推進協議会長への聞き取り調査［2013］によれば、これまで作品の制作・設置に携わった集落の人たちが生き生きと活動する様子や作家とのふれあいが続くことに刺激と示唆を受け、設置を申請したとのことである。
26) この経過については、後藤・立木編著［2006］、横石［2007］がくわしい。
27) ゼロ・ウェイストアカデミー藤井園苗事務局長のへの聞き取り調査［2013］による。
28) 特定非営利活動法人阿波農村舞台の会編［2007］によれば、上勝町内には9つの農村舞台が現存している。
29) グリーンバレー視察時の講話によれば、大南はサテライトオフィスという言葉すら知らなかったという（聞き取り調査［2013］）。
30) グリーンバレーへの聞き取り調査［2013］による。
31) えんがわオフィス視察時の聞き取り［2013］による。
32) 同上。
33) 残された襖絵の調査を続けている粟飯原明生・神山町文化財保護審議会長の祖父粟飯原亮一（司龍）氏は語りの名人として広く知られ（徳島県指定無形文化財芸能技術保持者に認定されている）、大阪文楽の太夫との交流も深かった（筆者による聞き取り調査［2013］）。
34) 開化期・京都ついては、大槻［1927］、田中［1942］、京都市編［1974,1975］、辻［1977］、島津製作所編［1995］、明田［2004］、丸山他編［2008a,b］に負うところが大きい。
35) 映画都市・京都については、マキノ［1968］、京都新聞社編［1980］、鴇他編［1994］、中島他［1994］、太田他編［1997］『別冊太陽№97』に負うところが大きい。
36) 京都市・世界文化自由都市宣言［2012］
37) 1868年に、江戸期以来の伝統を持つ京都市中の自治組織である町組（ちょうぐみ）を組み替え、上京、下京ごとに番号で呼ぶこととしたものが番組である。ここで記述したとおり、1年後の1869年に番組は再編されたが、1872年の市区改正により区へ、さらに1879年には上京区、下京区の設置に伴い組へと改称された。
38) 明治5年に福沢諭吉が番組小学校を訪問したときの状況を「京都学校の記」として書き留めている。
39) 辻［1977］p.141。
40) 京都市編［1975］p.126。
41) この「会社」とは今日の会社ではなく結社の意味である。後に京都博覧協会に改称された。
42) 博覧会社はこれを第1回とした。
43) 当初の会期50日間を延長した。
44) 田中［1942］による。
45) 舎密（せいみ）は、オランダ語のchemie（化学）を意味する。
46) 京都新聞記事［2005］による。
47) 知事が市長の職務を兼務する特例制度である。
48) 現在の旧京都市立立誠小学校の敷地である。試写には島津製作所からの技術協力があった。その後、2月15日から大阪南地演舞場で始めて一般向けの公開上映が行われたとされる（鴇他編［1994］）。
49) 稲畑が連れ帰った映写技師ジレルが日本で撮影したと思われるフィルム18本はフランスに現存しており、その中には稲畑の家族も写っている（岡田［1997］）。

50) 日本最初の常設映画館は、1903年10月に東京浅草に吉沢商会が設立した浅草電気館とされる。横田商会は、大阪に我が国で2番目となる常設館を設け、1908年2月に京都で最初の常設館を新京極錦上ルの仮説興行場を借り受けてオープンさせた（京都新聞社編［1980］）。
51) 2008年に有志と京都市により、シネマトグラフ映写機をモチーフにした「京都・映画誕生の碑」が真如堂境内に設立され、「京都・映画100年宣言」の碑文が刻まれた。
52) 日本で最初の撮影所は吉沢商会が1908年に目黒・行人坂に作ったものであるとされている。京都で最初の撮影所は通称「二条城撮影所」と呼ばれ、その跡地には、1997年に京都映画100年を記念して京都市・京都市教育委員会よって記念碑が建てられている。
53) 木枠に紙や布を張り背景となる建物や風景を描いた大道具である。
54) 京都市メディア支援センターホームページによる。
55) 衣笠［1977］p.37。
56) 下加茂撮影所は他の京都の撮影所とは違う点が3点あった。①51年間使用され戦前に作られた撮影所としては実に長命であったこと、②牧野との関係がまったくなかったことにより、他に撮影所がない左京区エリアに作られていたこと、③風致地区に立地しておりスタジオの高さ制限、洋風様式の外観が許されないなどの法規上の制限を強く受けていたことであり、その結果、カメラの引きが制約を受け、独特の作画スタイルにもつながった（鴇他編［1994］）。
57) 1930年に発売された「京都行進曲」（作詞・西条八十、作曲・中山晋平）の4番の歌詞に、「しのぶ横笛　嵯峨野のすすき　今じゃ日本のハリウッド　並ぶスタジオ　あのチャンバラで　はすに斬られた　月が出る」とある。
58) 「八丁藪」の中にポツンと建っていた（現在も同地にある）浄土宗西光寺に60年以上住していた住田戒心尼の回想による（京都新聞社編［1980］pp.106-7）
59) 京都市メディア支援センターホームページによる。なお、京都府立総合資料館所蔵の最も古い住宅地図（住宅協会［1957］）によれば、太秦近辺には、90以上の材木置き場、材木店や加工所が確認できる。
60) 鳴滝組のペンネーム「梶原金八」による最後の脚本は1939年の「その前夜」であるが、1937年の山中の応召（結局、山中は1938年に中国戦線の野戦病院で帰らぬ人となってしまう）によって柱を失い、事実上の解散となっていた（京都新聞社編［1980］）。
61) 「梶原金八」の評判を聞いた松竹の城戸四郎が、グループとは知らずに引き抜きを命じたというエピソードが知られている。
62) 京都新聞社編［1980］p.125。
63) 同上 p.126。
64) 製作に焦点をあてて取り上げてきたため、上映館の状況にはほとんど触れてこなかったが、京都では新京極と西陣にそれぞれ最盛期には30館近くの映画館があった。
65) この撮影所が肥大化した製作形態は1970年代の映画の斜陽化によって崩壊していった。
66) 太田［1997］pp.4-5。
67) 同上 p.4。
68) 鷲田［2007］による。

第 5 章

創造するまちへ

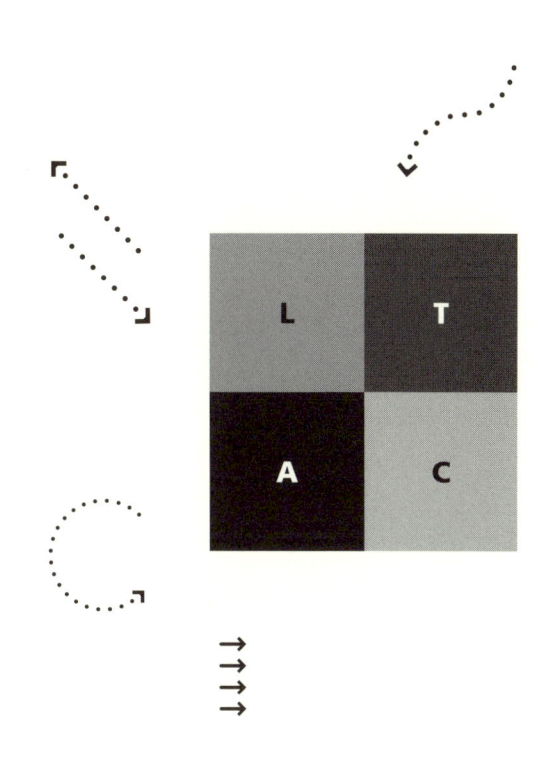

本章では、これまでの理論的考察と事例研究をまとめ、そこから抽出されるものを1〜4節に提示する。5節では、本書の締めくくりとして、「創造の場」という視座からみた創造都市の基本構造を描き出す。

1節　「創造の場」のインプロビゼーション

　1章では、創造的営為の主体と性格の差異に依拠して「創造の場」をA：アトリエ・L：実験室・C：カフェ・T：劇場の4つのカテゴリーに区分した。そのうえに3章では「場」の構成要素を検討し、主体・対象・文化／認知的ツール・コミュニティ／ネットワーク・場所という5つの要素を組み込んだシステムモデルを構築した。この概念モデルをとおしてみれば、すべての創造的営為は、個人によるA：アトリエとしての「場」から起動し、C：カフェとL：実験室によって所産となり、T：劇場によって社会的に普及される発展過程と成果が主体へとフィードバックされていく循環をとおして達成され、ひろがっていくものととらえられる。
　このプロセスにとって核となるのは、創造へのイマジネーションや思いを抱きながら暮らしている個人を出会わせ、対話を進めることができるC：カフェである。しかし、C：カフェの交流だけでは、持続的な創造的営為を生成することはできない。同様に、L：実験室の組織活動だけでは、1つの所産を成すことができても、創造的営為を伸張し、つなげることは難しい。
　2、4章の事例研究に明らかになったように、自由で開かれた交流によって個人の創造性をファシリテートするC：カフェと、個人の想念を鍛える組織的なワークを行うL：実験室という2つの「場」が時間的あるいは空間的に連関することが必要であり、それによって、「個人にとっての新しさ」を拡張し、「社会にとっての新しさ」へとつなぐことができるのである。
　さらに、この2つの「場」の連関が重要なのは、創造的営為を行う次なる主体の発現を促し、新たな「創造の場」が生まれる可能性を高めることができるためである。4章で取り上げた、別府の「中心市街地活性化協議会」、上勝町の地区別アートプロジェクト、神山町のグリーンバレーの会合などは、いずれもその後の主体となった人に事物や理念への「棲み込み」の機会を与え、新

しい活動を誘発していた。このような創造的営為の連鎖、「創造の場」のインプロビゼーションが起きることが創造都市の構築や発展にとっての1つの動因となるだろう。

　以上の再考察によって示唆されるのは、創造的営為を開始する個人の創意の「場」であるA：アトリエに近接して、人を惹き付ける固有の雰囲気を持つC：カフェやL：実験室が存在し、集積していることが、創造都市への重要な要件の1つであるということである。では、そのような集積が生まれる地域とはどのようなところか、さらに考えを進めたい。

2節　折り重なった文化地勢──「創造の場」の基層

　4章では、「創造の場」が面的、歴史的にひろがり、つながったケースを検討し、「創造の場」の基層となっている地域の文化資源について言及した。それぞれの事例をみていく中で、浮かび上がってきた文化資源とはどのようなものだったのか、まず、整理しておこう（表5-1）。

　これらの文化資源は、個々の創造的営為に影響を与えていることもあるが、直接的に関係を持つことはなくとも地域に存在し、所与の環境・風景として広がっている。このような地域の文化資源が、多様な「創造の場」形成の基層となり、また「場」を結びつける水脈となっているのである。たとえば、

表5-1　第4章で取り上げた事例の文化資源

事　例	地域の文化資源
BEPPU PROJECT	路地・細街区、レトロなまちなみ、商店街の空き店舗 排他的でない地域、「裸のつきあい」による温泉文化
上勝町	山里の自然、木材などの物産 集落の共有体験・結びつき、持ち寄りの生活スタイル
神山町	里山・自然、古民家、光ファイバー網 寛容なコミュニティ、遍路文化、人形浄瑠璃
開化期・京都	寺社(地) 町組のつながり、精緻な美術工芸・技能
映画都市・京都	寺社・町家等の歴史的景観 伝統的な芸能文化・技法、接遇文化

（出所）筆者作成

BEPPU PROJECT の活動では、昭和期の木造住宅、まちなかに網の目のように張り巡らされた細街区や路地、商店街に多い職住一体型の空き店舗など、これまでの再開発では整理の対象としかみられなかった負の都市ストックや、「裸のつきあい」を中心とするやわらかな温泉文化などの生活文化が、アートスペースや国際芸術フェスティバルなどの新たな活動の温床となっていた。

　上勝町・神山町では、豊かに残されている自然と里山、古民家、農作業や村社で行われてきた人形浄瑠璃座などでの共有体験、遍路のもてなしと寛容なコミュニティ、持ち寄りの行動スタイルなどの生活に関わる多様な文化ストックが「創造の場」を支え、間伐材等の物産、光ファイバー網などの新たなインフラもその活動を促進する資源となっている。近代京都の２つの時期の活動では、平安京以来の由来を持つ寺社、町家などの歴史的建造物や伝統的景観と、金工・木工、舞踊などの美術工芸・芸能、前近代から続く町組のつながりなどが、東京奠都等の衰退からの地域再生を実現する資源となり、映画という新しい芸術文化を育む土壌となっていた。

　衰退しつつある条件不利地域に埋蔵された有形、無形の文化資源は、「創造の場」のための場所として転用されたり、創造的営為に取り込まれたりすることによって、主体となった人や組織に影響を与える。また、外から持ち込まれた新しい文化／認知的ツール、コミュニティ／ネットワークと結びついて、新しい価値を生み出す潜在的可能性を持っている。この意味で、創造のための多様な「場」の形成と創造的営為の展開を可能にする土台となるものは、地域にあるさまざまな文化資源の堆積といってよい。

　このような文化資源に含まれるものは、本書の事例をとおしてみられたように、自然、景観、建造物、産物、美術工芸、芸能、生活文化・スタイル、コミュニティの性向、暮らしへの意識、地域に漂う雰囲気に関わるものまで実に多岐にわたる。それを見つけ出すためには、視覚、聴覚をはじめとする五感、想像や思惟などの人の持つあらゆる感性、能力を研ぎ澄まし、働かさなければならないだろう。都市や地域に折り重なって存在している、その土地の現象や事物から人に内存する心性や規範までを含む、形や大きさ、有り様もまったく異なる振幅を持つこれらの諸要素を、「創造の場」を包み込む状況として統合してとらえるために「文化地勢」という概念でくくることとしたい[1]。

文化地勢は、人の営みが継続されてきた長い歴史のある都市では厚く堆積し、多様性にも富んでいるが、歴史の浅い地域では薄く、平板であることが考えられる。あるいは人為的な事物によってできあがった都会と自然が豊富に残される農山村は、対照的な文化地勢を持つ地域として対置されるかもしれない。しかし、いずれにしても、あらゆる都市や地域は歴史にもとづくローカルでオリジナルな文化地勢を必ず保持しており、「創造の場」の生成や創造的営為の発展は、多かれ少なかれそれに影響を受け、依存している。

　分厚く堅固な文化地勢が、新しい活動を阻害する要因となることにも留意しておきたい。近代になって発展を遂げた別府では「薄い」歴史が、新しいアートプロジェクトを地域に受け入れる余地を残していたし、神山では田舎らしくない、他人に干渉しない「ゆるさ」が外部からの移住者を引き寄せる要素となっていた。これらの事例はその裏側に、厚く堅牢な文化地勢の負の側面があることを示唆している。

　限られたものではあるが、本書がこれまで取り上げてきた事例では、役割を終えた施設、空き店舗や古民家などがしばしば「創造の場」の場所として活用されている。これらの場所は、たとえ小さく、あるいは老朽化していても、使われ続けてきた歴史と記憶、他の場所が持ち得ない特有の雰囲気を有しており、さらにその界隈には細街区などの文化地勢が積み重なっていることが多い。このようなところが交流、対話を中心とする拠点へと再生されると、新しくそこに持ち込まれるアイデアやコンセプト、集った人たちの自由なコミュニケーションによって、その場所や周囲に埋め込まれていた文化地勢の価値が再発見され、自在に創造的営為に織り込まれていく。プレーンで真新しい施設の建設ではなく、旧市街地や古い施設のリノベーションが創造都市にとってしばしば重要なターニングポイントとなる理由は、それが文化地勢の「発掘現場」となることにあるのである。

　それとは逆に、まちのすべてを更地にしてしまうような再開発は、地域に積み重なってきた文化地勢をすべて消し去ろうとするようなものであり、「創造の場」や創造的営為を誘引することは少ないと思われる。

　空き家や老朽化施設、都市の周辺部や衰退地域にこそ「創造の場」になり得る大きな可能性が眠っている。これらの地域を現在の使用価値だけで判断せ

ず、固有の文化地勢が保存され、まちの履歴が染み込んだところとして遇し[2]、見えていない価値が発見されるまで保持し続けることができる許容性と「創造の場」として変え得る方法論を蓄積することが、創造都市を構築するために必要となる。

3節　文化のパースペクティブー「遠い」／「近い」文化

　前節では、「創造の場」の基層として存在している文化地勢を、新たに持ち込まれる文化／認知的ツールと切り離しとらえてきた。しかし、文化／認知的ツールとして持ち込まれる新しい芸術、コンセプト、知識、価値観、方法などは、起源は異なっていても文化地勢に類する内容を持つものであり、時間をかけてローカルな文化地勢に接合され、積み重ねられていくものと考えられる。

　嘉田由紀子［2002］は、琵琶湖での水環境と生活に関する長期にわたる調査をとおして、生活環境の構造を物質世界（モノ）、社会関係・組織（コト）、精神世界・価値観（ココロ）からなるものととらえ、それぞれに関わる「物質的距離」、「社会的距離」、「心理的距離」という視点を置いて考察している。この見方によれば、琵琶湖から毎日汲み取ってきたかつての生活用水は、人びとにとって物質的にも、社会的にも、心理的にも「近い」ものであった。これに対し、遠く離れた水源から採取され、科学的に処理され、地下に埋設された管をとおして送られて、栓をひねれば出てくる水道水は、すべての距離が「遠い」と考えられる。

　ローカルな文化地勢と外来の文化／認知的ツールの間にも、生活環境と同じ物質的・社会的・心理的な距離を置いてみよう。そうすると、ある人にとって琵琶湖の水にあたる「近い」文化地勢と、水道水と同じ「遠い」文化／認知的ツールの間に、3つの距離によって構成される立体空間を仮定することができる。地域に存在している文化地勢と外部からの文化／認知的ツールはすべて、3つの遠近によってこの空間の中に連続して位置づけられる。そしてその座標が変化していく「場」としてC：カフェ、L：実験室、あるいはT：劇場という「創造の場」を考えることが可能となる（図5-1）。

　この視座に立てば、たとえば、別府市、上勝町や神山町では、アーティス

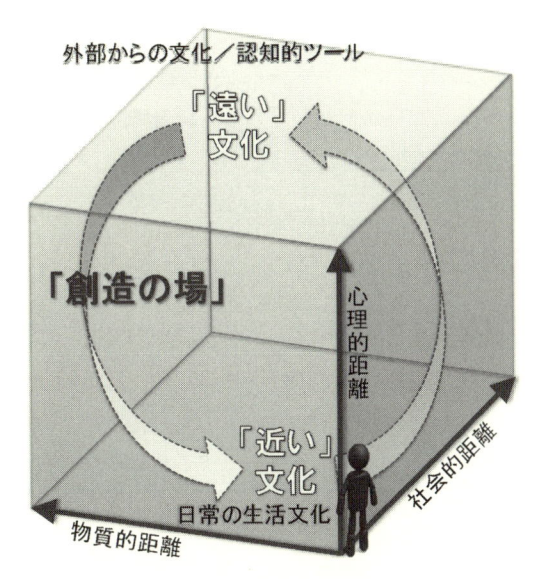

図5-1　文化のパースペクティブと「創造の場」
（出所）筆者作成

トなどによって持ち込まれた現代アートやゼロウェイストという先端的な芸術文化が、アートスペースや地域活動を介して日常的に触れることができるものになり、制作や実践にも関わっていくチャンスが生まれ、人びとに「近い」ものに変化していったとみることができる。一方で、「混浴温泉世界」やKAIRなどに参加した若いアーティストにとっては、まちなかや古民家に滞在し、地元の人と交流することによって、これまで「遠い」存在であった温泉文化や農山村の生活文化が「近い」ものとなっていったのである。近代の京都では、旧式のものとして打ち捨てられようとし、心理的に「遠い」ものになりつつあった伝統芸術・芸能の価値が、展覧会を訪れた外国人によって見出された。あるいは、古さびた社寺仏閣の景観が映画の情景に「見立て」られることによって、もう一度、多くの市民にとって、心理的、社会的に「近い」存在へとなっていった。

　このように文化のパースペクティブをとおしてみれば、これまで取り上げた事例の実践には、文化への物質的・社会的・心理的な距離の変化、文化のス

トックとフローの入れ替えや交差というダイナミズムが内包されている。そのような文化の再配置が起きることが、持続的な創造的営為の1つの動因であり、「創造の場」の機能ということができる。新奇で今までなじみのなかった芸術文化が地域固有の文化地勢と反応し、摩擦を起こし、受け入れられ、共に変容していくプロセスが起動することが「創造の場」のもう1つの位相である。

著名作家を招くなどの芸術文化イベントは、現代アートなどの「遠い」文化を人びとに「近い」ものとする機会として意味がある。しかし同時に、人びとから「遠い」ものとなっている地域文化の価値を再発見し、それを「近い」ものとする草の根の機会も必要である。この両方向の文化の流動が相まっていってこそ、そこに住む人びとにとっての日々の新しさが更新され、発見と創造を伴う暮らしが豊かに続く創造都市・地域が実現できるのである。

東京を中心とする大都市からマスメディアなどをとおして一方的に流れてくる、外部文化の洪水に多くの都市、地域がさらされている。「遠い」文化の流入に身を任せ、消費するだけではなく、いかにして生活を豊かにする「近い」文化を取り戻し、新たに創り出すことができるかが問われている。この問いに答えるためには、異なった文化資源を持つ地域との交流・対話が必要となり、物質的・社会的・心理的な距離の離れた多様な人びとと関係できる開かれたネットワークの形成が鍵となるのだろう。

4節　ネットワークの3つのレイヤー

前章の事例には、地域でネットワークの結節点となり、さまざまな人を巻き込む創造的営為の主体となったキーパーソンやNPOなどが必ず存在している。別府では、国際的に活躍していたアーティストである山出が、神山町ではグリーンバレーや大南代表がそうである。しかし山出は、世界に広がるアート関係者のネットワークを持っていたが、活動の舞台として選んだ別府には直接的なつながりがなかった。対照的に、大南は、海外での居住経験も持つUターン者で家業の経営者であったが、地域活動を始めた当初は、アーティストやクリエイターといったその後の展開にとって重要となる人びととのつながりは、ほ

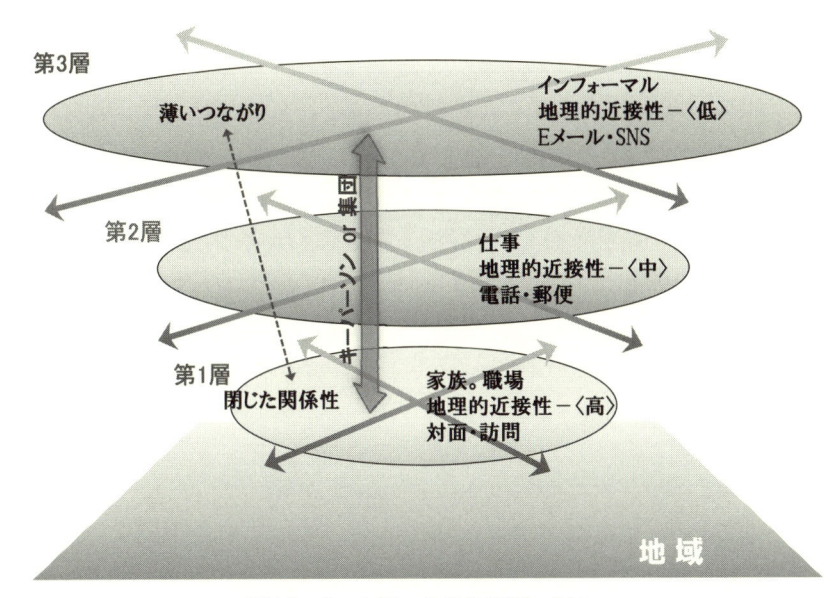

図5-2　ネットワークの3つのレイヤー

(出所) 筆者作成

とんど持っていなかった。

　この二人は活動を進める過程で、多くは「数珠つなぎ」に出会いを繰り返しながら関係を次々に橋渡しし、ネットワークを拡張していった。それにあわせて、温泉、空き店舗、細街区、古民家、自然、コミュニティ、ICT環境など地域が保有してきた文化地勢の潜在的な価値に気づく機会と、現代アートなどの新しい文化に近づくチャンスを得ることができたのである。上勝町のケースで触れた横石、近代京都での主要なアクターについても同じことが指摘できるだろう。

　創造的営為の起点となり、実践を進めていく人の多くは、そのために必要となるようなネットワークをはじめから資源として十分に持っているわけではない。むしろ、創造的営為のプロセスの中でネットワークをひろげ、密にし、同時にそれによって、新たな活動を行う主体として育てられていったというのが正しいだろう。

　「創造の場」におけるこの人のつながり、ネットワークの多様性について分

5章　創造するまちへ　　203

析するために、ネットワークを、それを持つ人にとっての親近性や効用の面から分節し、3つのレイヤーからなるものとしてとらえてみたい。この3層構造では、家族、親族、近隣関係や職場など常時顔を合わせ、強い紐帯で結ばれる地域に根ざした閉じたネットワークを基底の第1層とする。その上に、仕事上の取引関係、地縁団体などで定期的にコミュニケーションをとりあい、互いをよく知っている関係を第2層として置く。第3層には、インフォーマルなものも含む、メールやSNSなどでの情報交換によって薄く結ばれたような[3]、開放的でひろがりのあるネットワークを重ねるのである（図5-2）。

　我々が持つすべてのネットワークは、この3層のどこかに位置づけることができるが、経験、仕事・活動の領域や内容、生活スタイル、文化的環境、志向などによってそれぞれの層のネットワークは粗密があり、ライフイベントなどによっても変化すると考えられる。人の個性や特異性は、身体的・精神的な特質、積み重ねてきた体験、内在化した知識・スキル、認識の枠組みの違いであると同様に、その人の持つ社会的関係、3層のネットワークの差異としても表現される。たとえば地元にずっと住み続け、働き続けているような人は、第1層、2層に置くことができるような密度の濃い関係を保持しているが、第3層に位置づけられるようなひろがりを持つネットワークは弱いものと推測される。一方、地域外からの訪問者や移住者は、第3層に位置づけられるつながりを持ち込めたとしても、第1、2層のネットワークを密なものにするのには多くの時間がかかるであろう。

　前章の例では、山出はBEPPU PROJECTの活動を創始した時に第3層に含まれる関係をすでに広く持っていたが、さらに別府のまちづくりに関わる人びとや団体、組織とのインフォーマルな交流も進めて、第1、2層のネットワークを充実させ、まちづくりを進めるメンバーの一人として認められていった。一方で大南は、職場や仕事を通じ第1、2層の関係を厚く持っていたが、第3層に位置づけられるネットワークは薄いものでしかなかった。しかしこのことが逆に、新奇なアイデアを持ち込み、創造的営為を起動させる可能性を持つアーティストやクリエイターなど、なじみのない他者と「数珠つなぎ」につながれる余白となって、活動領域をフレキシブルに拡張することに成功したのである。

この2つの事例で取り上げた農山村や地方都市に比して、大都市(メトロポリス)は、情動、社会的関係、習慣、欲望、知識、文化回路からなるスキルの集まりを収蔵する社会環境であり、予測できない偶然の他者との出会い、諸々の特異性同士の予測できない遭遇の機会としての特性を元から持っている（Negri, Hardt［2009］、水嶋監修［2012］）。自然発生的に第3層のネットワークの伸張を可能にできるという点では、大都市が条件優位にあるといってよい。

大都市に具有された、関係を誘発することができる、このような集合的特性を、農山村や中小都市が備えることはきわめて難しく、日常的な交流の中から多様性に富み、ひろがりあるネットワークを形成できる人は数少ない。しかし、農山村や多くの都市においても、地域に根を張り、第1、2層に属するネットワークを密に形成している人や組織はいくつも存在している。それらが異なった関係性を持ち込むことのできる外部者と接し、次々と異分野の人と信頼をもってつながるネットワークを紡ぎ出すことによって、重層的な人間関係を積み上げ、創造的営為の主体となる力を持つ人や集団として生成される可能性があることを、これまでの事例は示している。

その可能性を開く機会をもたらすのもまた、C：カフェを中心とした「創造の場」の存在であろう。

5節　創造都市のアーキタイプ

前節で検討したように、都市や地域には創造的営為の起点となる可能性を持つ人や集団が伏在している。その覚醒を促し、創造的営為の主体を生成する動因となるのは、3層を成すネットワークの重層化と拡張である。ネットワークのひろがりによって得られた外来者は、「遠い」文化である新奇な文化／認知的ツールをもたらし、「近い」ものであった文化の再評価と文化地勢全体の再構成を促す。これらのムーブメントは、相互に依存し合っており、さらに関連し合うことによって発展し、対象へと向かう持続的な活動と成果をもたらす。このようなプロセスが集中して発現するプラットフォームとなるのが、C：カフェとL：実験室を中心とする「創造の場」システムモデルの体系である。そして、これらのすべてを支える基層となっているのが地域固有の文化地勢であ

```
   ┌─────────────────────────────────┐
   │   文化のパースペクティブ        │
   │     発見・再構成                │
   └─────────────────────────────────┘
              ↕
 ┌──────┐  C:カフェ・L:実験室   ┌──────┐
 │主 体 │  を中心とする「創造の場」│対 象│
 │個人  │                        │新しさ│
 │組織  │                        │      │
 └──────┘                        └──────┘
              ↕
   ┌─────────────────────────────────┐
   │   3層のネットワーク             │
   │    重層化・拡張                 │
   └─────────────────────────────────┘
                              文化地勢
```

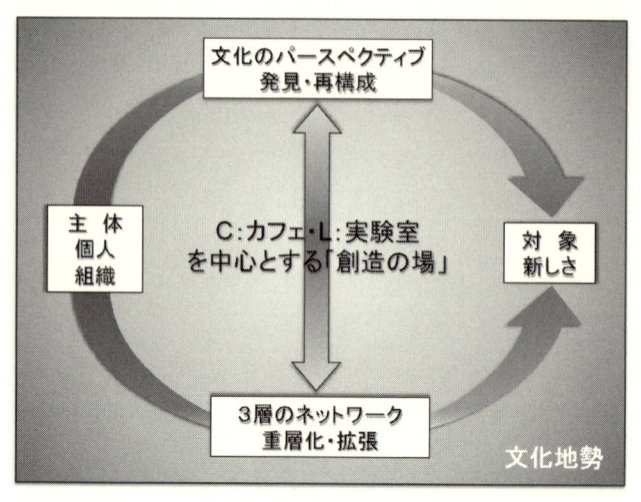

図5-3　創造都市の基本構造

(出所) 筆者作成

る。

　本章のここまでの再考察をまとめると、「創造の場」に基点をおいて、創造都市を構築するために不可欠なものとその相互関係を捕捉し、創造都市の基本構造、1つのアーキタイプを描くことができる。それは主体、対象、文化のパースペクティブ、3層のネットワークと、それらの根底にある文化地勢という5つのエレメントが存在し、「創造の場」を介して相互に働きかけ合う循環プロセスが集約的に実現する環境としての都市・地域モデルである（図5-3）。

　事例研究に繰り返しみてきたように、すべての都市・地域には、主体となる潜在力を秘めた人や組織、新しさをもたらす対象となるべき芸術文化、社会的課題・産業活動のフィールド、固有性を持つローカルな文化地勢がすでに内在している。しかし、それらが揃っているだけでは創造的営為は起動せず、創造都市は実現しない。散在する主体と対象、文化地勢をつなぎ、文化のパースペクティブの変容とネットワークの拡張を起動させる結節点となる「創造の場」を生み出すことができるかどうかが、創造都市形成の鍵を握っているのである。

【注】
1）「地勢」という言葉を、地表の起伏、山川海、森林の配置などに加え、田畑、交通網、集落などの利用状況を含む総合的な土地の有り様という意味を持つもつものとして、「資源」に替えて用いる。
2）桑子俊雄は、その空間でどのような出来事が起きてきたか、空間がどのようなものとして受け取られてきたか、どのように使われてきたかという空間の歴史的な意味の蓄積を「空間の履歴」という言葉で表現している（桑子［1998a・b, 2009］）。それに準じて、ここではまちの自然環境、成り立ちと盛衰、建造物や利用状況、そこにまつわる言説などを包含するものとして「まちの履歴」という言葉を使用している。
3）現代ではインターネットがこの3層目のネットワークを支えるインフラとなっていると思われるが、かつては同人誌等がその代わりとして機能していたことが知られている（萩原［2011］）。

おわりに

　本書をとおして、「創造の場」と創造都市に関するいくつかの知見を得ることができたとは思うものの、残されている課題も多い。とくに5章で提示した文化地勢、文化のパースペクティブやネットワークのレイヤー構造については、事例の検討をとおして得られた概念であるもの、さらなる考察、実証が必要であることは明白であろう。読者の皆様からの率直な批判を待ち、今後の研究を期したい。

　芸術文化が創生される「場」についての興味が筆者に芽生えたのは、40年前に遡る。NHKで放送された「レオナルド・ダ・ヴィンチの生涯」を見て、宇宙を探求する画家の姿にすっかり感化され、魅了されてしまったときである。中学生で見たこの映像の中で特に魅力的で、今でも印象に残っているのは、ミラノの領主のセレモニーのためにダ・ヴィンチが構想する壮大なアトラクションや巨大騎馬像、フィレンツェでの修業時代、ヴェロッキオ工房での共同制作や青銅像の鋳造の場面である。一人の画家に浮かんだ想念が協働によって増幅され、ワークショップによってヒューマンスケールを超える造形物になっていく場面が心に刻まれたのであろう。

　大学に入って東西の美術史を学ぶと、イタリアルネサンスのフィレンツェ、ヴェネツィア、18世紀の京都など、都市を覆うような芸術文化の創造と沸騰があり、芸術家が群がり出てくるように感じられる時代と地域がいくつもあることも知った。一人ひとりの能力の限界が引き延ばされるような「場」に対する関心と疑念は、このときにさらに深くなったものと思う。

　社会に出てから後も、このような関心は持ち続けていたものの、日頃の仕事と生活の中で具体的な形になることはなかった。ほぼ30年以上にわたって埋もれてきた関心や疑問が頭をもたげたのは、大阪市立大学大学院創造都市研究科に入学し、佐々木雅幸教授と出会い、創造都市論に接したことからである。2011年には、「創造の場」を対象とした研究をまとめ、博士学位論文「創造都市に向けた『創造の場』についての研究」を提出した。この論文が、本書の原形となったものであるが、その後の研究もふまえて、大きく改変してい

る。とくに4章2節以降は、2013年以降に発表した論文の内容を盛り込み、博士論文にはなかった事例や考察となっている。

　10代の頃に芽生えた疑念や関心をまとめることができたのは、創造都市研究科の先生方をはじめ、研究発表のときに貴重な助言をいただいた文化経済学会〈日本〉、日本文化政策学会会員の方々、そして毎週厳しい指摘と温い励ましをいただいた佐々木ゼミのメンバーの皆様のおかげである。深く感謝を申し上げたい。さらに本書で実践事例として取り上げさせていただいた、コクヨS＆T社、伊賀まちかど博物館、具体美術協会、NPO法人ココルーム、NPO法人BEPPUP ROJECTと別府市、上勝町、神山町とNPO法人グリーンバレー、京都の映画関係者の皆様には、それぞれの事例の中でお名前を記すことができなかった方々からも、本当に貴重なお話を伺うことができた。しばしば的外れとなることもあった筆者の質問に親切に、適切にお答えいただいた皆様に深甚なる謝意を表したい。

　この本が幸運にも出版までこぎ着けることができたのは、何よりも水曜社社長の仙道弘生氏と福島由美子氏をはじめとするスタッフの皆様のご尽力おかげである。厚くお礼を申し上げたい。そして終わりになったが、大学院入学以来、浅学非才の上に努力も怠りがちな筆者を指導、鞭撻いただいた佐々木雅幸先生に、心より感謝申し上げたい。

【参考文献】
【全体に関わるもの】
INAX BOOKLET［1995］『光悦村再現―琳派の萌芽』INAX
宇佐見承［1990］『池袋モンパルナス』集英社
大阪市立大学大学院創造都市研究科編［2010］『創造の場と都市再生』晃洋書房
小野二郎［1973］『ウィリアム・モリス ラディカル・デザインの思想』中公新書
川井田祥子［2013］『障害者の芸術表現 共生的なまちづくりにむけて』水曜社
川崎賢一・佐々木雅幸・河島伸子［2002］『アーツ・マネジメント』（財）放送大学教育振興会
後藤和子［1999］『芸術文化の公共政策』勁草書房
後藤和子編著［2001］『文化政策学―法・経済・マネジメント』有斐閣
後藤和子［2003］「創造的都市論への理論的アプローチ－文化政策学、文化経済学、経済地理学の視点から－場と関係性の概念を中心として」『文化経済学』第3巻第4号
後藤和子［2005］『文化と都市の公共政策―創造的産業と新しい都市政策の構想』有斐閣
後藤和子［2006］「創造性の三つのレベルと都市―欧州の動向を踏まえて」（端信行ほか編著『都市空間を創造する－越境時代の文化都市論』日本経済評論社）
近藤富枝［1983］『田端文士村』中央公論新社
佐々木雅幸［1997］『創造都市の経済学』勁草書房
佐々木雅幸［2001，2012］『創造都市への挑戦―産業と文化の息づく街へ』岩波書店
佐々木雅幸編著・オフィス祥編［2006］『ＣＡＦＥ－創造都市・大阪への序曲』法律文化社
佐々木雅幸［2007］「創造都市論の系譜と日本における展開－文化と産業の『創造の場』に溢れた都市へ」（佐々木雅幸・総合研究開発機構編著『創造都市への展望－都市の文化政策とまちづくり』学芸出版社）
佐々木雅幸・総合研究開発機構編著［2007］『創造都市への展望－都市の文化政策とまちづくり』学芸出版社
佐々木雅幸・水内俊雄編著［2009］『創造都市と社会包摂 文化多様性・市民知・まちづくり』水曜社
佐々木雅幸・川井田祥子・萩原雅也編著［2014］『創造農村―過疎をクリエイティブに生きる戦略』学芸出版社
佐藤良［1956］『光悦の芸術村』東京創元社
柴山哲也［2014］『新京都学派：知のフロンティアに挑んだ学者たち』平凡社
鈴木美和子［2013］『文化資本としてのデザイン活動 ラテンアメリカ諸国の新潮流』水曜社
高橋博巳［1988］『京都藝苑のネットワーク』ぺりかん社
竹田篤司［2001］『物語「京都学派」』中央公論社
立見淳［2010］「創造都市と知識創造－認知、制度、コミュニティー」（大阪市立大学大学院創造都市研究科編『創造の場と都市再生』晃洋書房）
玉井五一編［2008］『小熊秀雄と池袋モンパルナス』オクターブ
時ం仁弘［2007］『芸術家コロニー＋アンリ・ヴァン・デ・ヴェルデ』教育出版
長尾謙吉・立見惇［2003］「産業活動の集積としての都市－大都市の関係資産と産業再生」（安井國雄・富澤修身・遠藤宏一編『産業の再生と大都市－大阪産業の過去・未来・現在』ミネルヴァ書房）
野田邦宏［2008］『創造都市・横浜の戦略―クリエイティブシティへの挑戦』学芸出版社
野田邦弘［2010］「自治体文化政策の新モデル＝アートNPOと行政との協働」『文化経済学』第7巻第1号
野田邦弘［2014］『文化政策の展開：アーツ・マネジメントと創造都市』学芸出版社

萩原雅也［2008］「創造都市に向けた「創造の場」発展プロセスの考察」大阪市立大学大学院創造都市研究科修士学位論文
萩原雅也［2009b］「『創造の場』についての理論的考察－『創造の場』の4類型と『創造の場』のシステムモデル－」『創造都市研究』第5巻第2号
萩原雅也［2011］「創造都市に向けた『創造の場』についての研究」大阪市立大学大学院創造都市研究科博士学位論文
松永桂子［2012］『創造的地域社会：中国山地に学ぶ超高齢社会の自立』新評論
山納洋［2007］『common cafe～人と人が出会う場所のつくりかた～』西日本出版社
吉田孟史編［2008］『コミュニティ・ラーニング　組織学習論の新展開』ナカニシヤ出版
読売新聞社文化事業部［1999］『パリのカフェと画家たち展　図録』読売新聞社
渡辺淳［1995］『カフェ　ユニークな文化の場所』丸善
Csikszentmihalyi, M.［1975］, *Beyond Boredom and Anxiety : Experiencing Flow in Work and Play*, San Francisco, Jossey-Bass Inc. Publisher.（今村浩明訳［2000］『楽しみの社会学』）
Csikszentmihalyi, M.［1990］, *Flow : the psychology of optimal experience*, New York, Harper & Row.（今村浩明訳［1996］『フロー体験　喜びの現象学』）
Csikszentmihalyi, M.［1999］,'Implications of Systems Perspective for the Study of Creativity' in *Handbook of Creativity*, ed. by Robert J. Sternberg, New York, Cambridge University Press.
Florida, R.［2002］, *The Rise of the Creative Class: And How It's Transforming Work, Leisure, Community and Everyday Life*, New York, Basic Books.（井口典夫訳［2008］『クリエイティブ資本論』）
Jacobs, J.［1961］, *The Death and Life of Great American Cities*, New York, Random House Inc.（山形浩生訳［2010］『アメリカ大都市の死と生』）
Jacobs, J.［1969］, *The Economy of Cities*, Random House（中江利忠・加賀谷洋一訳［1971］『都市の原理』）
Jacobs, J.［1984］*Cities and the wealth of nations: principles of economic life*, Random House.（中村達也訳［2012］『発展する地域　衰退する地域／地域が自立するための経済学』）
Hayden, D.［1995］*The Power of Place : Urban Landscape as Public History*, Cambridge, The MIT Press（後藤春彦他訳［2002］『場所の力－パブリック・ヒストリーとしての都市景観』）
Landry, C.［2000］, *The Creative City: A Toolkit for Urban Innovators*, London, Earthscan Pubns Ltd.（後藤和子訳［2003］『創造的都市－都市再生のための道具箱』）
Polanyi, M.［1966］, *The Tacit Dimension*, London, Routledge & Kegan Paul Ltd.（佐藤敬三訳［1980］『暗黙知の次元』）
Sassen, S.［2001］, *The Global City: New York, London, Tokyo*, New Jersey, Princeton Univ. Press.（伊豫谷登士翁他訳［2008］『グローバル・シティ』）
Throsby, D.［2001］, *Economics and Culture*, Cambridge, Cambridge University Press.（中谷武雄・後藤和子訳［2002］『文化経済学入門』）
Williams, R.［1981］, *Culture*, London, Fontana Press.（小池民男訳［1985］『文化とは』）
Williams, R.［1983］, *Keywords : A Vocabulary of Culture and Society. Revised edition*, London, Fontana Paperbacks.（椎名美智ほか訳［2002］『完訳キーワード辞典』）
Wolff, J.［1993］, *The Social Production of Art, Second Edition*, New York, NYU Press.（笹川隆司訳［2003］『芸術社会学』）

【主に1章に関わるもの】
株式会社東大総研［2003］『「産業の国際競争力や生産性の低下要因と今後の活性化のあり方に関する日米欧比較調査」報告書』
コクヨ［2006］『コクヨ ユニバーサルデザイン商品カタログ Vol.5.1』
コクヨ［2007］『コクヨグループCSR報告書2007』
清水博［1990］『生命を捉えなおす 増補版』中央公論社
清水博［1996］『生命知としての場の論理』中央公論社
清水博［2003］『場の思想』東京大学出版会
DIAMONDハーバード・ビジネス・レビュー編集部編［2007］『組織能力の経営論 (Harvard Business Review)』ダイヤモンド社
日経デザイン編［2002］『ユニバーサルデザイン事例集100』日経BP社
日経デザイン編［2005］『ユニバーサルデザインの教科書【増補改訂版】』日経BP社
野中郁次郎・紺野登［1999］『知識経営のすすめ－ナレッジマネジメントとその時代』筑摩書房
野中郁次郎・紺野登［2003］『知識創造の方法論』東洋経済出版社
古瀬敏編著［1998a］『ユニバーサルデザインとはなにか バリアフリーを超えて』都市文化社
古瀬敏編著［1998b］『デザインの未来 環境・製品・情報のユニバーサルデザイン』都市文化社
ユニバーサルデザインフォーラム事務局［2002］『UDF NEWS Vol.16/17』
ユニバーサルデザインフォーラム事務局［2004・06］『第4・5回UDF調査「暮らしの中のデザインに関するアンケート」』
Argyris, C.［1991］, 'Teaching smart people how to learn', *Harvard Business Review*, 69(3). (ハーバード・ビジネス・レビュー編集部訳「防衛的思考を転換させる学習プロセス」『組織能力の経営論』ダイヤモンド社)
Nonaka I., Takeuchi H.［1995］, *The Knowledge-Creating Company: How Japanese Companies Create the Dynamics of Innovation*, New York, Oxford University Press. (梅本勝博訳［1996］『知識創造企業』)
Senge, P. M.［1990］, *The Fifth Discipline: The Art & Practice of the Learning Organization*, New York, Currency / Doubleday. (守部信之訳［1995］『最強組織の法則』)

コクヨ・ホームページ http://www.kokuyo.co.jp/ （2013.3.1確認）
パナソニック・ホームページ・UD先進企業訪問：コクヨ様
　http://panasonic.co.jp/ud/forum/study/02/index.html （2010.10.20確認）

【主に2章に関わるもの】
芦屋市美術協会・芦屋市立美術博物館編［1997］『芦屋市展1948－1997』
芦屋市立美術博物館編［1993］『具体資料集-ドキュメント具体1954-1972』芦屋市文化振興財団
芦屋市立美術博物館編［1994］『具体展Ⅰ・Ⅱ・Ⅲ』芦屋市文化振興財団
芦屋市立美術博物館編［2013］『ゲンビ New era for creations － 現代美術懇談会の軌跡 1952-1957』
新井重三［1995］『実践 エコミュージアム入門 21世紀のまちおこし』牧野出版
伊賀学検定委員会編［2006］『知ってかあ～"いがうえの"－なかなかツーな伊賀上野タウンガイド』上野商工会議所

伊賀地区市町村合併協議会・新市建設計画策定小委員会［2003］『新市建設計画　伊賀市まちづくりプラン』
伊賀まちかど博物館推進委員会［2004］『伊賀まちかど博物館 GUIDE MAP』伊賀びとのおもい実現委員会発行
今井祝雄［2001］『白からはじまる　私の美術ノート』ブレーンセンター
上田假奈代［2008］「こころのたねをもつこと　アートと社会の関わりの可能性を探る」（岩淵拓郎・原口剛・上田假奈代編著『こころのたねとして　記憶と社会をつなぐアートプロジェクト』こたね制作委員会）
上前智祐［1985］『自画道』共同出版社
上前智祐［1995］『孤立の道』共同出版社
上前智祐［1998］『ある人への返書』共同出版社
大阪市［2001］『芸術文化アクションプラン～新しい芸術文化の創造と多彩な文化事業の推進に関する指針～』、
大阪市［2002―06］『(各年度) 芸術文化アクションプラン事業報告書』
大原一興［1999］『エコミュージアムへの旅』鹿島出版会
加藤政洋［2002］『大阪のスラムと盛り場－近代都市と場所の系譜学』創元社
「具体美術の18年」刊行会［1976］『具体美術の18年』
国立新美術館・平井章一・山田由佳子・米田尚輝編［2012］『「具体」―ニッポンの前衛 18年の軌跡』国立新美術館
小林進［1998］『コミュニティ・アートマネジメント―いかに地域文化を創造するか』中央法規出版
小松光一［1999］『エコミュージアム 21世紀の地域おこし』
財団法人環境文化研究所［1994―96］『IGA PROJECT Vol.1－3』
坂出達典［2012］『ビターズ２滴半 －村上三郎はかく語りき－』せせらぎ出版
櫻田和也・吉澤弥生・渡邊太［2007］「大阪市『新世界アーツパーク事業』にみる文化政策の課題－文化と公共性の現場」『文化政策研究』第1号
社団法人伊賀上野観光協会編集・発行［2004］『伊賀上野ガイドブック 観光100問百答』
末本誠［2005］「補論エコミュージアム論再考－朝日町の実践によせて－」（星山幸男編著『自然との共生とまちづくり エコミュージアムの農山村から』北樹出版）
角知子［2003］「新世界アーツパーク事業～文化行政の現場から」『URC 都市科学』第54号、福岡都市科学研究所
「生誕360年 芭蕉さんがゆく秘蔵のくに 伊賀の蔵びらき」事業推進委員会［2004］『「生誕360年 芭蕉さんがゆく 秘蔵のくに 伊賀の蔵びらき」事業概要』
高橋亨［1979］「かたちといのちの力学」『美術手帖』1979年3月号
高橋亨［1992］「前衛と実業の経営者」『BT』1992年10月号
滝本潤造［1983］『上野市経済の素描－近代経済史と地域調査－』私家本
丹青研究所編［1993］『ECOMUSEUM～エコミュージアムの理念と海外事例報告』
特定非営利活動法人アートNPOリンク［2007―09］『ARTS NPO DATABANK 』
特定非営利活動法人こえとこころとことばの部屋、岩淵拓郎編［2009］『URP GCOE DOCUMENT 6 記憶と地域をつなぐアートプロジェクト釜ヶ崎2008』大阪市立大学都市研究プラザ
特定非営利活動法人コミュニティ・シンクタンク「評価みえ」［2005］『「生誕360年 芭蕉さんがゆく 秘蔵のくに 伊賀の蔵びらき」事業全体報告書』
内閣府国民生活局［2006］『平成17年度市民活動団体基本調査報告』
日本エコミュージアム研究会編［1997］『エコミュージアム 理念と活動　世界と日本の最新

事例集』牧野出版

萩原雅也［2009a］「エコミュージアム構想から市民学習活動のネットワーク形成へ〜『伊賀まちかど博物館』の展開〜」『エコミュージアム研究』第14号

萩原雅也［2010］「『創造の場』としてのアートNPOの可能性についての考察－こえとこころとことばの部屋（ココルーム）の取り組みから－」『文化政策研究』第4号

萩原雅也［2012b］「アーティスト集団の『創造の場』についての考察－『具体美術協会』の事例から」『文化経済学』第9巻第1号

華房良輔［1996］『伊賀の手仕事－職人の世界をたずねて』風媒社

「阪神間モダニズム」展実行委員会編著［1997］『阪神間モダニズム』淡交社

平井章一［2004］『「具体」ってなんだ？　結成50周年の前衛美術グループ18年の記録』美術出版社

平井章一ほか編著［2010］『復刻版「具体」』藝華書院

深見聡［2007］『地域コミュニティ再生とエコミュージアム』青山社

福永正三著、谷岡武雄監修［1972］『秘蔵の国　伊賀路の歴史地理』地人書房

ベルトッツィ，バルバラ［1992］「継承される先駆性　海外における「具体」の受容」『BT』1992年10月号

三重県伊賀市［2008］『伊賀市中心市街地活性化基本計画』

みえ地域づくり講・上野ワークショップ部会［1997］『いいかんじ「伊賀うえの」』

元永定正［1973］「『具体』と吉原治良」『みづゑ』NO.819、美術出版社

吉澤弥生［2007］「文化政策と公共性」『社会学評論』第58巻第3号

吉澤弥生、櫻田和也［2008］「行政とNPOの協働－芸術創造の現場から」『季刊家計経済研究』第79号

吉田稔郎［1979］「残された精神的遺産　吉原治良語録を中心に」『美術手帖』1979年3月号

吉原治良［1963a］「具体グループの十年（その1）〜（その3）」『美術ジャーナル』1963年3月号〜5月号

吉原通雄［1979］「父、吉原治良の思い出」『美術手帖』1979年3月号

伊賀市・名張市広域行政事務組合ホームページ http://www.e-net.or.jp/user/iga-7/index.html （2010.10.1確認）

伊賀まちかど博物館ホームページ http://www.iga.ne.jp/~matikado-hakubutukan/index.html （2014.4.5確認）

人事院ホームページ「国家公務員の初任給の変遷（行政職俸給表(一)）」http://www.jinji.go.jp/kyuuyo/kou/starting_salary.pdf （2010.10.30確認）

【主に3章に関わるもの】

石井淳蔵［2009］『ビジネス・インサイト－創造の知とは何か』岩波書店

上野直樹［1999］『仕事の中での学習－状況論的アプローチ』東京大学出版会

上野直樹編著［2001］『状況のインタフェース』金子書房

恩田彰［1994］『創造性教育の展開』恒星社厚生閣

関西大学人間活動理論研究センター編［2007］『関西大学人間活動理論研究センター Technical Report No.5』

葛原生子［2003］「学習論の系譜と展開」（鈴木眞理・永井健夫編『生涯学習社会の学習論』学文社）

小林伸生［2009］「地域産業集積をめぐる研究の系譜」『経済学論究』第63巻第6号、関西学院大学経済学部研究会

杉万俊夫編著［2006］『コミュニティのグループ・ダイナミックス』京都大学学術出版会
鈴木敏正［2000］『「地域をつくる学び」への道－転換期に聴くポリフォニー－』北樹出版
鈴木敏正［2001］『生涯学習の構造化－地域創造教育総論－』北樹出版
高尾隆［2006］『インプロ教育：即興演劇は創造性を育てるか？』フィルムアート社
友澤和夫［2000］「生産システムから学習システムへ：1990年代の欧米における工業地理学の研究動向」『経済地理学年報』第46巻第4号
夏堀睦［2005］『創造性と学校　構築主義アプローチによる言説分析』ナカニシヤ出版
比留間太白編［2006］『協働思考を通した学習』関西大学人間活動理論研究センター
福島真人［2001］『暗黙知の解剖－認知と社会のインターフェイス』金子書房
美馬のゆり・山内祐平［2005］『「未来の学び」をデザインする』東京大学出版会
矢田俊文・松原宏編著［2000］『現代経済地理学－その潮流と地域構造論－』ミネルヴァ書房
山住勝弘［1998］『教科学習の社会文化的構成－発達的教育研究のヴィゴッツキー的アプローチ』勁草書房
山住勝弘［2004a］『活動理論と教育実践の創造－拡張的学習へ－』関西大学出版部
山住勝弘［2004b］「活動理論・拡張的学習・発達的ワークリサーチ」（赤尾勝己編『生涯学習理論を学ぶ人のために－欧米の成人教育理論、生涯学習の理論と方法』世界思想社）
山住勝弘編［2006］『社会変化の中の学校』関西大学人間活動理論研究センター
山住勝弘、ユーリア・エンゲストローム編［2008］『ノットワーキング　結び合う人間活動の創造へ』新曜社
山本健児［2005］『産業集積の経済地理学』法政大学出版局
Cooke, P., K. Morgan [1998], *The Associational Economy : Firms, Regions, and Innovation*, Oxford, Oxford University Press.
Engestrom, Y. [1987], *Learning by Expanding*, Helsinki, Orienta-Konsultit Oy.（山住勝広訳［1999］『拡張による学習』）
Lave, J., E. Wenger [1991], *Situated Learning: Legitimate Peripheral Participation*, Cambridge, Cambridge University Press.（佐伯胖訳［1993］『状況に埋め込まれた学習－正統的周辺参加』）
Wenger, E., R. A. McDermott, W. Snyder [2002], *Cultivating Communities of Practice : A Guide to Managing Knowledge*, Boston, Harvard Business School Pr.（櫻井祐子訳［2002］『コミュニティ・オブ・プラクティス』）

【主に4章に関わるもの】
明田鉄男［2004］『維新　京都を救った豪腕知事』小学館
秋山國三［1980］『近世京都町組発達史』法政大学出版局
阿波のまちなみ研究会編［1992］『阿波の農村舞台』阿波のまちなみ研究会
池田剛介・東京藝術大学美術学部先端芸術表現科 たほりつこ研究室編［2011］『上勝Earthwork2010』上勝Earthwork2010
伊藤之雄編［2006］『近代京都の改造－都市経営の起源　1850～1918年』ミネルヴァ書房
稲垣浩［1978］『日本映画の若き日々』毎日新聞社
稲垣浩［1981］『ひげとちょんまげ』中央公論社
稲畑産業（株）編［1978］『稲畑八十八年史』稲畑産業（株）
植田豊橘編［1927］『ワグネル傳』博覽會出版協會
植村善博・香川貴志編［2007］『京都地図絵巻』古今書院
NPO法人BEPPU PROJECT［2010a］『BEPPU PROJECT 2010　アート・ダンス・建築・まち　事業報告書』

NPO 法人 BEPPU PROJECT［2010b］資料『観光資源としてのアート「別府市における芸術振興事業」』
大分県別府市［2009］『別府市中心市街地活性化基本計画』(第1回改訂版)
太田米男・水口薫・鴇明浩構成［1997］『別冊太陽 No.97日本映画と京都』平凡社
太田米男［1997］「映画都市としての京都」『別冊太陽 No.97日本映画と京都』
大槻喬［1927］『京都博覧協会史略』京都博覧協会
岡田清治［1997］『リヨンで見た虹　稲畑勝太郎・評伝』日刊工業新聞社
岡見圭［1989］『映画という仕事　聞書 映画職人伝』平凡社
笠松和市・佐藤由美［2008］『持続可能なまちは小さく、美しい－上勝町の挑戦』学芸出版社
加藤泰［2013］『加藤泰、映画を語る』筑摩書房
加藤幹郎［2006］『映画館と観客の文化史』中央公論社
兼山錦二［1997］『映画のスタッフワーク』筑摩書房
株式会社日本政策投資銀行大分事務所［2010］『現代アートと地域活性化～クリエイティブシティ別府の可能性～』
上勝町アートプロジェクト実行委員会編［2007］『上勝町アートプロジェクト－里山の彩生』第22回国民文化祭上勝町実行委員会
上勝町誌続編編さん委員会編［2006］『上勝町誌続編』上勝町
神山町［2011］『第4次神山町総合計画』神山町
神山町史編集委員会編［2005］『神山町史 上・下巻』神山町
神山町文化財保護審議会編［2000］『人形芝居の襖 (1)』神山町教育委員会
神山町文化財保護審議会編［2002］『人形芝居の襖 (2)』神山町教育委員会
川上貢監修［2007］『京都の近代化遺産　歴史を語る産業遺産・近代建築物』淡交社
川崎近太郎［1943］「京都舎密局」『薬業往来』第162号
衣笠貞之助［1977］『わが映画の青春』中央公論社
京都映画祭実行委員会編［1997］『時代劇映画とはなにか　ニュー・フィルム・スタディーズ』人文書院
京都市編［1974］『京都の歴史7　維新の胎動』京都市史編さん所
京都市編［1975］『京都の歴史8　古都の近代』京都市史編さん所
京都市教育委員会・京都市学校歴史博物館編［2006］『京都 学校物語』京都通信社
京都市市政史編さん委員会編［2004］『京都市政史第4巻　資料　市政の形成』京都市
京都市市政史編さん委員会編［2009］『京都市政史第1巻　市政の形成』京都市
京都市明倫尋常小学校［1939］『明倫誌』
京都商工会議所百年史編集委員会［1982］『京都経済の百年　資料編』京都商工会議所
『京都新聞』［2005.6.7～12.27］「興せ！近代新工風　京都舎密局の時代1～30」
京都新聞社編［1980］『京都の映画80年の歩み』京都新聞社
京都府・京都府立文化博物館編［1998］『INTERVIEW 映画の青春』京都府・京都府立文化博物館
京都府立総合資料館編［1969］『京都府統計資料集－百年の統計第1巻 (府の沿革・土地・気象・人口・衛生・財政)』京都府
京都府立総合資料館編［1970］『京都府統計資料集－百年の統計第2巻 (農林水産業・商工業)』京都府
京都府立総合資料館編［1971a］『京都府統計資料集－百年の統計第3巻 (金融・運輸・通信・建設・電気・ガス・水道)』京都府
京都府立総合資料館編［1971b］『京都府統計資料集－百年の統計第4巻 (物価・家計・府民所得・賃金・労働・社会保障・社会福祉)』京都府

京都府立総合資料館編［1973］『写真集　京都府民の暮らし百年』京都府
國雄行［2010］『博覧会と明治の日本』吉川弘文館
月刊京都［1984］『月刊京都7月号No.62特集 映画と京都－その深い関り』
後藤晶子・立木さとみ編著［2006］『いろどり－おばあちゃんたちの葉っぱのビジネス』立木写真館
佐々木信三郎［1932］『西陣史』芸艸堂（復刻［1980］思文閣出版）
佐藤忠男［2006］『増補版 日本映画史 I』岩波書店
篠原匡［2014］『神山プロジェクト 未来の働き方を実験する』日経BP社
島津製作所編［1985］『島津製作所百十年史』島津製作所
島津製作所編［1995］『島津の源流』島津製作所
週刊東洋経済編［2013］『週刊 東洋経済臨時増刊 地域経済総覧 2013年版』東洋経済新報社
住宅協会［1957］『京都市全住宅案内図帳　右京区南部』住宅協会
庄林二三雄［1994］『京都映画産業論－イノベーションへの挑戦－』啓文社
杉野國明［2007］『観光京都研究叙説』文理閣
菅谷実・中村清・内山隆［2009］『映像コンテンツ産業とフィルム政策』丸善
総務省地域力創造グループ地域自立応援課［2012］『創造的人材の定住・交流の促進に向けた事例調査～定住自立圏の形成を目指して』総務省
総務省自治行政局過疎対策室［2012］『平成23年度版「過疎対策」の現状について（概要版）』総務省
総務省統計局［2012］『統計でみる市区町村のすがた 2012』総務省徳島県上勝町『広報かみかつ』2012年6月号・7月号、2013年5月号・7月号
田中純一郎［1975］『日本映画発達史Ⅰ-Ⅴ』中央公論社
田中純一郎［2004］『秘録・日本の活動写真』ワイズ出版
田中緑紅［1942］『明治文化と明石博高翁』明石博高翁顕彰会
田中優子［1994］「江戸の見立て」（『現代・見立て百景展』INAX）
田村敬男編・住谷悦治校閲・青山霞村原著［1976］『改訂増補　山本覚馬傳』京都ライトハウス
千葉伸夫［1986］「評伝山中貞雄―若き映画監督の肖像」（『山中貞雄作品集 別巻』実業之日本社）
千葉伸夫監修［1998］『監督山中貞雄』実業之日本社
辻ミチ子［1977］『町組と小学校』角川書店
辻ミチ子［1999］『転生の都市・京都－民衆の社会と生活』阿吽社
寺尾宏二［1943］『明治初期京都経済史』大雅堂
鴇明浩＆京都キネマ探偵団編［1994］『京都映画図絵－日本映画は京都から始まった』フォルムアート社
徳島県上勝町編［2011］『いっきゅうと彩の里かみかつ－第3次上勝町活性化振興計画』上勝町
特定非営利活動法人阿波農村舞台の会編［2007］『阿波人形浄瑠璃と農村舞台』特定非営利活動法人阿波農村舞台の会
特定非営利活動法人BEPPU PROJECT［2010］『混浴温泉世界　人と場所の魔術性』河出書房新社
中島貞夫・筒井清忠・加藤幹郎・岩崎健二［1994］『京都シネマップ　映画ロマン紀行』人文書院
根本祐二［2013］『「豊かな地域」はどこがちがうのか－地域間競争の時代』筑摩書房
萩原雅也［2012a］「創造の場」4類型による事例研究：アートNPO BEPPU PROJECTの活

動」『大阪樟蔭女子大学研究紀要』第2号
萩原雅也［2014］「創造的活動のための人的資源と文化資源についての考察―徳島県神山町・上勝町の事例から―」『大阪樟蔭女子大学研究紀要』第4号
橋本治［1986］『完本チャンバラ時代劇講座』徳間書店
浜野潔［2007］『近世京都の歴史人口学的研究－都市町人の社会構造を読む』慶應義塾大学出版会
別府現代芸術フェスティバル2009実行委員会事務局［2009］『別府現代芸術フェスティバル2009　混浴温泉世界』事業報告書』
マキノ雅弘［1968］『カツドウ屋一代』栄光出版社
丸山宏・伊從勉・高木博志編［2008a］『近代京都研究』思文閣出版
丸山宏・伊從勉・高木博志編［2008b］『みやこの近代』思文閣出版
森谷尅久編［1994］『図説　京都府の歴史』河出書房新社
横石知二［2007］『そうだ、葉っぱを売ろう！－過疎の町、どん底からの再生』ソフトバンククリエイブ
嘉原妙［2010］「現代のアート・プロジェクトとプラットホームの形成に関する研究－NPO法人 BEPPU PROJECTを中心に－」大阪市立大学大学院創造都市研究科修士学位論文
八尋不二［1974］『時代映画と五十年』學藝書林
八尋不二［1980］『映画の都のサムライ達』六興出版
吉村康［1986］『心眼の人　山本覚馬』恒文社
四方田犬彦［2000］『日本映画史100年』集英社
柳池校百周年記念行事委員会［1969］『柳池校百年史』京都市立柳池中学校
鷲田清一［2007］『京都の平熱　哲学者の京都案内』講談社

相川俊英「山間の村に最先端の芸術家やＩＴ起業家が続々移住？"創造的過疎"を掲げて地域再生を図る神山町の先見性」ダイヤモンドオンライン　http://diamond.jp/articles/-/38205（2013.9.19確認）
イン神山　神山　アートでまちづくりホームページ　http://www.in-kamiyama.jp（2013.9.22確認）
京都市メディア支援センター・京都の映画文化と歴史 http://kanko.city.kyoto.lg.jp/support/film/culture/（2014.4.25確認）
創造都市ネットワーク日本ホームページ　http://ccn-j.net/?page_id=2（2013.8.18確認）
総務省統計局「平成22年度国勢調査 人口等基本集計結果・産業等基本集計結果・職業等基本集計結果」総務省ホームページ http://www.stat.go.jp/data/kokusei/2010/index.htm（2013.6.13確認）
別府市ホームページ http://www.city.beppu.oita.jp/03gyosei/jinko/index.html（2010.11.17確認）
山出淳也「projectroom」ホームページ http://project.cside.to/（2010.11.3確認）

【主に５章に関わるもの】
嘉田由紀子［2002］『環境社会学』岩波書店
桑子敏雄［1999a］『西行の風景』日本放送出版協会
桑子敏雄［1999b］『環境の哲学−日本の思想を現代に活かす』講談社
桑子敏雄［2009］『空間の履歴−桑子敏雄哲学エッセイ集』東信堂
後藤春彦・佐久間康富・田口太郎［2005］『まちづくり　オーラル・ヒストリー』水曜社
野沢慎司監訳［2006］『リーディングス　ネットワーク論−家族・コミュニティ・社会関係資

本』勁草書房
増田直紀［2007］『私たちはどうつながっているのか―ネットワークの科学を応用する』中央公論新社
安田雪［1997］『ネットワーク分析―何が行為を決定するか』新曜社
Negri, A. Hardt, M. [2009], *Commonwealt*h, Belknap Press of Harvard University Press.（水嶋一憲監修、幾島幸子・古賀祥子訳［2012］『コモンウェルス』）

索引

あ

アーキタイプ ……………………………… 205、206
アーティスト ……………………… 35、38、52、53、60、65、71、72、73、75、82、83、85、87、88、91、92、114、115、116、124、128、129、130、132、133、136、137、138、139、141、152、155、158、191
アーティスト・イン・レジデンス …… 124、133、141、154、155
アートイベント ……… 87、127、130、132、133、136、137、138、142
アートNPO ………………… 36、76、77、78、79、80、84、89、90、91、92、94、96、124、125、126、127、210、213、214、217
アートスペース …… 85、87、89、91、100、101、124、133、134、136、138、139、140、142、192、198、201
アートフェスティバル …… 124、125、126、127、139、140
アートプロジェクト ……… 132、141、150、151、152、153、196、199、213、216
明石博高 ………………………………… 168、217
空き店舗 ………… 79、91、124、125、128、133、136、137、139、141、142、198、199、203
空き家 …… 36、38、142、155、156、157、199
芦屋（市）‥ 53、55、58、59、60、63、64、65、69、70、95、114、212
アムステルダム ………………………………… 15
新井重三 ……………………………………… 49、212
アンフォルメル ……… 61、114、116、211、215
暗黙知（暗黙に知ること） ……… 17、18、22
伊賀上野、旧上野市 ……………… 36、37、38、39、42、43、44、45、47、48、49、94、113、116、212、213
伊賀まちかど博物館 ……… 36、37、38、39、40、41、42、43、44、45、47、48、49、50、51、52、94、100、101、113、116、213、214
石井淳蔵 ……………………………… 118、214
稲畑勝太郎 ………………… 170、176、216
イノベーション ………… 16、25、32、101、217
イマジネーション ……………… 29、31、196
インフォーマル ……… 22、25、36、48、50、52、68、69、72、100、101、119、158、174、204
インフォショップカフェ ……………… なし
インプロビゼーション ……… 11、196、197
ウィリアム・モリス ………………… 10、210
上田假奈代 …………………………… 78、213
上前智祐 …………………………… 66、68、215
太秦 ………………………… 180、184、194
映画 ……… 27、28、77、176、177、178、179、180、184、185、187、188、189、190、191、193、194、198、201、215、216、217、218
映画都市 ……… 161、170、176、188、193、216
永久別府劇場（A級別府劇場） ……… 131、133、137、141、142、191
A：アトリエ ……… 29、30、31、73、75、112、119、142、172、187、196、197
エコミュージアム ‥ 36、37、40、49、50、113、116、212、213、214
NPO ………… 35、36、38、76、77、78、79、80、83、84、85、87、89、90、91、92、94、95、96、97、101、124、125、126、127、133、136、137、139、140、141、149、151、154、157、191、192、202、210、213、214、

215、216、217、218
L：実験室 …… 29、30、31、51、75、100、101、102、112、119、139、140、141、142、152、158、174、187、196、197、200、205
エンパワメント …… 14、15、84、86、90、92、93、94、100、115、141
大阪（市） …………… 18、36、37、38、53、62、63、64、69、76、78、79、82、83、84、87、88、89、90、96、147、167、189、193、194、210、211、213、218
大南信也 …………………………………… 154
大文字の創造性 …… 103、105、106、107

か
開化政策 ……………………… 163、171
回遊性 …………… 49、50、125、141、142
界隈 ………………… 44、123、185、199
嘉田由紀子 …………………… 200、218
活動システム …………… 107、108、109、110
活動写真 …………… 176、177、178、217
金沢（市） ……… 11、14、15、20、103、192
釜ヶ崎 …… 82、84、86、87、88、92、96、115、213
カマメ（カマン！メディアセンター） …… 86、88、91、92、93、100、115、117、118
上勝町‥124、143、146、147、148、149、150、151、152、153、154、158、160、192、193、196、198、200、203、216、217、218
神山アーティスト・イン・レジデンス（KAIR）………………………………………… 155
神山町 …… 124、143、146、147、154、155、156、157、158、159、160、192、193、196、198、200、202、216、218
勧業機関 …………… 162、168、169、170、172
キーパーソン ……………………… 36、145、202
衣笠貞之助 …………………………… 180、216
木屋町二条 ……………… 170、173、174
京都（市・府） … 37、39、64、124、144、145、160、161、162、163、164、165、166、167、168、169、170、171、172、174、175、176、177、178、179、180、182、184、187、189、190、191、192、193、194、198、201、203、210、215、216、217、218
清島アパート ……… 129、131、132、133、136、137、141、142、191
近代京都 …… 124、160、161、172、198、203、215、218
具体美術協会（「具体」）‥36、52、54、58、59、214
具体美術展 …………… 60、62、68、69、70、73
グタイピナコテカ … 61、62、63、70、71、75、100
グリーンバレー …… 154、155、156、157、158、159、192、193、196、202
クリエイター ……… 136、155、156、191、202、204
グローバル経済 ………………………… 11
芸術家村／芸術家コロニー ………… 15、210
交流 ……… 15、25、27、30、31、36、39、43、44、46、47、48、49、50、51、71、72、74、75、77、82、87、88、91、92、93、95、100、101、102、115、124、125、128、129、136、137、138、139、140、141、142、144、145、152、154、155、156、157、158、160、166、168、172、174、179、185、187、190、192、193、196、199、201、202、204、205、217
コーホート ……………… 146、147、148、192
コクヨ ……… 18、20、21、22、25、26、31、32、33、73、118、212
ココルーム ………… 36、76、78、80、82、83、84、85、86、87、88、89、90、91、92、93、94、96、97、100、101、114、115、116、118、214
個人にとっての新しさ …… 32、102、103、119、139、196
こたね（こころのたねとして） …… 84、93、213
ゴットフリート・ワグネル ……………… 170
後藤和子 ………………… 15、32、210、211
ごみの減量化／ごみ問題 ……… 149、150、151
コミュニティ／ネットワーク …… 11、14、24、48、49、50、52、65、71、74、76、77、79、

索引　221

84、88、91、94、101、108、109、110、111、112、113、114、115、116、117、118、119、120、121、124、133、136、137、138、140、141、142、143、145、152、157、158、159、160、172、175、189、192、196、198、202、203、204、205、206、207、210、211、213、214、215、218、219

小文字の創造性 .... 103、105、106、107
コモディティ .... 18、19、25
コンテンツ .... 27、31、112、142、154、217
混浴温泉世界 .... 125、127、128、129、130、132、133、136、137、140、141、142、191、192、201、217、218

さ

細街区 .... 141、142、198、199、203
再生 .... 14、26、44、47、49、50、76、84、124、130、143、145、146、150、151、155、156、157、160、161、168、175、198、199、210、211、214、218
佐々木雅幸 .... 10、210
撮影所 ...... 28、177、178、179、180、181、182、184、187、188、189、190、194
撮影所システム 188
産業組織論 .... 16、25
三段階の創造モデル .... 105、106、107
C：カフェ .... 29、30、31、51、74、75、91、100、101、102、112、115、116、119、140、141、142、152、157、158、174、187、190、196、197、200、205
ジェイン・ジェイコブス 10
自画道 .... 66、68、69、213
時代劇 .... 178、179、180、184、189、216、218
自治体政策 31
シネマトグラフ .... 170、176、194
島津源蔵 .... 167、170
島津製作所 .... 170、172、173、193、217
嶋本昭三 53
清水博 .... 17、212
市民活動 ...... 10、11、14、15、18、36、37、38、40、44、48、50、51、76、154、157、213
社会にとっての新しさ ...... 102、103、139、196
ジャクソン・ポロック 60
集団作業場 10
数珠つなぎ .... 203、204
主体 .... 29、36、42、44、48、50、74、76、78、94、96、102、108、110、111、112、113、114、115、116、117、118、119、120、139、140、141、151、152、157、158、175、196、198、202、203、205、206
障がい（者） .... 19、24、25、26、83、118
使用権 .... 133、136、141
条件不利地域 .... 143、198
殖産興業政策 .... 162、163、168、171
所産 .... 28、32、103、112、196
ジョン・ラスキン 10
新世界アーツパーク事業（SAP事業）........ 79、213
新世界 .... 79、86、213
棲み込み（棲み込む）....... 117、118、140、196
星座型 面的アートコンプレックス構想 ....126、133、136、137、139、142
製品開発チーム .... 21、22、25、31、118
(京都) 舎密局 .... 170、172、174、216
世界都市 11
SECIプロセス 17
接遇文化 .... 188、190
ゼロ・ウェイスト（アカデミー）...... 149、150、151
前衛アーティスト、前衛美術家 .... 36、52、61、62、72、75、96
創造性 .... 10、11、14、15、16、26、27、29、32、91、93、101、102、103、104、105、106、107、109、110、111、118、119、121、145、174、196、210、214、215
創造性のシステムモデル（DIFIモデル）........103、104、105、106、107、109、110、121
創造的営為 .... 10、15、25、26、27、28、29、30、31、32、33、36、51、52、73、75、91、100、101、102、105、106、107、110、111、112、114、115、116、117、

119、120、121、124、139、140、141、142、152、158、172、174、187、189、196、197、198、199、202、203、204、205、206
創造都市 ···· 10、11、14、15、16、18、25、26、27、31、32、65、76、78、94、96、97、100、101、103、109、120、124、126、127、144、145、160、192、196、197、199、200、202、205、206、210、211、218
創造農村 ·························· 144、192、210
「創造の場」 ·········· 9、10、14、15、16、17、18、25、26、27、28、29、30、31、32、36、37、51、73、74、76、78、91、92、93、94、100、101、102、107、109、110、112、115、116、117、118、119、120、124、139、140、141、142、143、151、152、153、154、158、159、160、172、174、175、187、188、189、191、196、197、198、199、200、201、202、203、205、206、210、211、214、217
「創造の場」の4つのカテゴリー ········ 29、37、51、100、119、120
「創造の場」のシステムモデル ········· 119、120
「創造性の場」の連鎖 ························ なし
創造都市ネットワーク日本（CCNJ）······ 145、192、218
創造産業 ·················· 14、15、26、27、28、32
創発 ··· 117

た

対象 ······· 14、76、77、90、94、96、103、106、107、108、109、110、111、112、114、115、116、118、119、120、128、139、140、141、161、170、172、175、196、198、205、206
対話 ················ 17、27、30、33、36、44、46、50、51、52、74、75、84、91、92、93、100、101、102、111、115、124、125、137、140、141、142、158、172、174、196、199、202
高尾隆 ·························· 32、105、215
地域コミュニティ ··················· 38、49、214
地域再生 ······· 124、143、145、146、151、198、218

地域まるごと博物館 ··············· 39、49、113
「近い」文化 ··························· 200、202
地方都市 ·············· 36、47、49、124、205
チャールズ・ランドリー ··············· 10、126
中山間地域 ·························· 49、143、146
中心市街地（活性化）··················· 11、37、47、49、50、126、127、128、130、133、134、135、136、139、140、141、142、196
町組 ···························· 48、164、166、198
辻村勝則 ····································· 39
つまもの ··············· 146、147、148、152、153
TMO ··· 47
T：劇場 ······························ 29、30、31、52、73、75、91、112、119、141、142、152、158、174、187、196、200
デヴィッド・スロスビー ······················· 27
伝統産業 ·························· 37、42、189
伝統工芸 ······························ 168、178
伝統芸能 ··············· 76、77、145、178、188
伝統芸術 ······························ 168、201
東京奠都 ··············· 124、161、162、168、198
（創造産業の）同心円モデル ···· 26、27、28、29
動物園前1番街 ·························· 85、86、88
「遠い」文化 ···················· 200、202、205
トーキー ······························ 184、185、188

な

鳴滝組 ·························· 185、186、187、190、194
西陣（織）········ 39、161、162、168、175、176、178、189、194
西成区 ······························ 82、84、85、88、96
人形浄瑠璃 ······················ 154、160、198、217
ネットワーク ··············· 11、24、48、49、50、52、65、71、74、76、77、84、94、101、110、111、112、113、114、115、116、117、118、119、120、121、124、136、137、138、140、141、143、145、152、157、158、159、172、189、192、196、198、202、203、204、205、206、207、210、214、218、219
根本祐二 ····································· 146、217

農山村 ……… 124、143、144、145、146、199、201、205、213
ノーマライゼーション ……………………… 19
野中郁次郎 ……………………………… 17、212

は

「場」 …………………………… 16、17、18、25、26、27、28、30、31、32、41、51、52、71、73、74、75、82、91、92、93、94、100、101、102、112、114、115、116、117、119、124、139、140、141、142、157、158、166、172、174、187、190、196、197、200
(京都)博覧会 …… 163、166、167、168、172、174、175、193、217
ハサミ〈テビタ〉 ……………………… 23、31
場所 ……… 15、17、30、31、33、40、47、60、65、68、69、70、72、73、74、75、82、84、85、86、87、88、89、91、92、93、95、102、107、110、112、113、115、116、119、124、125、129、133、136、141、142、150、151、152、154、155、164、175、190、196、198、199、211、213、217
発掘現場 ……………………………… 199
「葉っぱ」のビジネス …………… 124、146、151
ハプニングアート ……………………… 53、63
パブリック …… 52、119、133、141、158、211
バリアフリー ………………………… 19、20、212
バルセロナ …………………………………… 103
(番組)小学校 …… 68、83、96、154、162、164、165、166、172、174、175、193、217
「ひとまねをするな」 …… 53、61、71、74、116
批評会 ……… 65、69、70、71、72、73、74、75、100、101、114、118
フェスティバルゲート ………… 79、82、83、84、85、86、87、89、90、91、92、93、94、100、114、115、116
フォーマル ……… 22、25、36、48、50、51、52、68、69、72、100、101、119、139、158、174、204
藤田嗣治 …………………………………… 53

物質的距離・社会的距離・心理的な距離 ……… 200、201、202
プライベート ……… 25、29、30、68、73、119、133、142
platform ……… 125、128、132、133、135、136、137、138、141、142、191、192
フロー ……………………… 112、118、202、211
文化経済学 ………………… 10、210、211、214
文化資源 ……… 39、44、114、124、142、143、145、151、152、153、154、157、158、159、160、166、168、172、174、175、176、187、188、189、190、191、197、198、202、218
文化創造拠点 …………………………………… 90
文化地勢 …… 197、198、199、200、202、203、205、206
文化的集積 ……………………………… 14、15
文化的生産 ……………………………… 14、15
文化的環境 ……………………………… 53、204
文化／認知的ツール …… 110、111、112、113、114、115、116、117、118、119、120、139、141、152、154、157、158、172、174、189、196、198、200、205
文化のパースペクティブ ……… 200、201、206
文化・歴史的活動理論(活動理論) ……… 107、108、109、110、119、214、215
文明開化 ……………………… 165、172、174
別府(市) ……… 124、125、126、127、128、129、130、131、132、133、134、135、137、138、139、140、141、142、191、192、196、199、200、202、204、216、218
BEPPU PROJECT 124、125、126、127、128、130、132、133、136、137、138、139、140、141、143、191、192、198、204、215、216、217、218
遍路 ……………………………… 160、198
ボローニャ ……………………… 11、15、103

ま

マイケル・ポランニー …………………… 17
牧野省三 …………………………………… 176

マキノプロ ………………………… 179、180
槇村正直 …………………………………… 163
まちの履歴 ……………………… 200、207
まちなか …… 124、125、128、130、133、138、
　139、141、198、201
町家 ……… 36、38、39、44、47、49、94、189、
　198
ミシェル・タピエ ……………………………… 60
ミハイ・チクセントミハイ ……………… 103
ミュージアム ………………………………………
　36、37、40、49、50、72、113、116、212、
　213、214
明治維新 ………………………… 124、161
面的展開 ………………… 124、125、136、139
モダニズム文化 ……………………………… 53
「持ち寄り」の行動スタイル ……… 153、198
もてなし ………… 159、160、190、191、198
元永定正 ………………………… 53、65、214

や
野外実験展 ……… 53、59、60、68、70、74、114
八尋不二 ……………………… 185、186、218
山出淳也 ……………………………… 124、218
山本覚馬 ………… 163、167、174、217、218
遊休施設 ……………………………………… 96
ユニバーサルデザイン（UD）……… 18、19、21、
　33、212
ユネスコ創造都市ネットワーク ……………… 65
横石知二 ……………………………… 146、218
吉原治良 ……………………… 53、96、214

ら
リチャード・フロリダ ……………………… 10
リノベーション ‥ 15、49、91、124、125、128、
　133、136、137、139、141、199
リュミエール兄弟 ………………………… 176
ルイス・マンフォード ……………………… 10
レイヤー ………………… 202、203、204
歴史的景観 ………… 145、178、188、189、190

老朽化施設 ……………………………… 199

わ
ワーク・イン・レジデンス（WIR）………155、
　156、157
鷲田清一 ……………………………… 191、218

索引　225

萩原雅也（はぎはら まさや）
大阪樟蔭女子大学学芸学部教授。1958 年生まれ。大阪市立大学大学院創造都市研究科博士（後期）課程修了・博士（創造都市）。大阪府立高等学校教諭、大阪府教育委員会事務局社会教育主事等を経て現職。文化経済学会〈日本〉理事、奈良市文化振興計画推進委員。編著に『創造農村』。

創造の場から創造のまちへ

発行日　2014 年 10 月 2 日　初版第一刷発行

著　　　萩原 雅也
発行人　仙道 弘生
発行所　株式会社 水曜社
　　　　〒160-0022 東京都新宿区新宿 1-14-12
　　　　TEL03-3351-8768　FAX03-5362-7279
　　　　URL www.bookdom.net/suiyosha/
印　刷　日本ハイコム株式会社

©HAGIHARA Masaya, 2014, Printed in Japan　ISBN978-4-88065-346-4 C0036

本書の無断複製（コピー）は、著作権法上の例外を除き、著作権侵害となります。
定価はカバーに表示してあります。乱丁・落丁本はお取り替えいたします。

【文化とまちづくり叢書】 地域社会の明日を描く──。

災害資本主義と「災害復興」
人間復興と地域生活再生のために
池田清 著
2,700円

医学を基礎とするまちづくり
Medicine-Based Town
細井裕司・後藤春彦 編著
2,700円

文化資本としてのデザイン活動
ラテンアメリカ諸国の新潮流
鈴木美和子 著
2,500円

障害者の芸術表現
共生的なまちづくりにむけて
川井田祥子 著
2,500円

文化と固有価値のまちづくり
人間復興と地域再生のために
池上惇 著
2,800円

愛される音楽ホールのつくりかた
沖縄シュガーホールとコミュニティ
中村透 著
2,700円

文化からの復興
市民と震災といわきアリオスと
ニッセイ基礎研究所
いわき芸術文化交流館アリオス 編著
1,800円

チケットを売り切る劇場
兵庫県立芸術文化センターの軌跡
垣内恵美子・林伸光 編著
佐渡裕 特別対談
2,500円

文化財の価値を評価する
景観・観光・まちづくり
垣内恵美子 編著
岩本博幸・氏家清和・奥山忠裕・児玉剛史 著
2,800円

官民協働の文化政策
人材・資金・場
松本茂章 著
2,800円

公共文化施設の公共性
運営・連携・哲学
藤野一夫 編
3,200円

企業メセナの理論と実践
なぜ企業はアートを支援するのか
菅家正瑞 監修編・佐藤正治 編
2,700円

創造都市と社会包摂
文化多様性・市民知・まちづくり
佐々木雅幸・水内俊雄 編著
3,200円

全国の書店でお買い求めください。価格はすべて税別です。